换个角度看会计

史罕明 著

西北大学出版社

图书在版编目（CIP）数据

换个角度换会计 / 史罕明著. --西安：西北大学出版社，2019.11
　ISBN 978-7-5604-4446-8
　Ⅰ.①换… Ⅱ.①史… Ⅲ.①会计文化—普及读物 Ⅳ.①F230-49

中国版本图书馆CIP数据核字 (2019) 第 241491 号

换个角度看会计

著　　者	史罕明
出版发行	西北大学出版社
地　　址	西安市太白北路229号
邮　　编	710069
电　　话	029-88303404
经　　销	全国新华书店
印　　装	陕西向阳印务有限公司
开　　本	710毫米×1000毫米　1/16
印　　张	22
字　　数	316千字
版　　次	2019年11月第1版　2019年11月第1次印刷
书　　号	ISBN 978-7-5604-4446-8
定　　价	88.00元

本版图书如有印装质量问题，请拨打029-88302966予以调换。

目 录
CONTENTS

前　言
　　为什么要换个角度看会计 / 1

视角一：站在历史角度看会计 / 1
　　中国的会计师为何不受尊敬 / 3

视角二：站在岗位角度看会计 / 7
　　会计工作的特点及内在要求 / 9
　　财务管理综合性的十种体现 / 15
　　会计与财务的关系 / 19
　　会计与出纳的关系 / 24
　　发票真伪的第一责任人是谁 / 28
　　银行未达账项调节表应该由谁编制 / 30
　　工资表应当由谁编制 / 32

视角三：站在部门角度看会计 / 35
　　财务与计划的关系 / 37
　　财务与人事的关系 / 43
　　会计与统计的关系 / 46
　　审计究竟在审谁 / 50

审计是挽救单位和个人的功臣 / 55

视角四：站在领导角度看会计 / 59

财会人员给领导提建议的三个原则 / 61

财会领导应具备的能力和意识 / 65

财会人员应当具备六大品质 / 73

视角五：站在单位角度看会计 / 77

全面预算管理应当"顶天立地"和"铺天盖地" / 79

视角六：站在法治角度看会计 / 83

程序与依据是法治社会的必然要求 / 85

财会工作的法治特点和法治要求 / 88

财会人员是单位经济管理活动的第四责任人 / 93

财务制度必须由财会专家把关 / 97

财务风险的四级内部防控体系漫谈 / 102

财务问题请问会计 / 106

依据与程序 / 111

费用列支渠道的意义和作用 / 114

视角七：站在社会角度看会计 / 121

财会工作的特点与要求 / 123

财会工作社会环境分析 / 128

干好财会工作真的不容易 / 132

财会人员被误解是套用了错误标准 / 138

财会人员的社会形象素描 / 142

如何改变财会人员的"四难"形象 / 145

说说被忽视的会计职能 / 149

亲兄弟明算账——说说会计主体 / 163

天下都是不散的宴席——说说持续经营 / 166

老婆算账摊摊清——说说会计分期 / 169

一把尺子量到底——说说货币计量 / 171

行业会计学会的性质和特点 / 175

会计与城管比较 / 180

视角八：站在国家角度看会计 / 185

为什么每个单位必须有财务会计 / 187

质量、安全、廉政、稳定与财务管理的关系 / 193

总会计师是企业财务管理的顶梁柱 / 196

视角九：站在未来角度看会计 / 199

财会人员面临的危机与出路 / 201

财务会计信息供求错位表现和改进建议 / 206

网络时代财会信息已不再是信息孤岛 / 211

企业财务与会计文化建设的目标措施 / 214

视角十：站在会计角度看领导 / 219

天下没有不称职的会计，只有不懂使用称职会计的领导 / 221

一把手的作风决定单位的会计环境 / 227

一把手重视财务就是重视自己 / 232

财务科长如何说服单位主要领导 / 236

财务"一支笔"审批存在的三个认识误区 / 240

财务科长转岗提职是人才浪费和管理倒退 / 244

对财会人员数量与素质认识的误区 / 247

视角十一：站在会计角度看单位 / 253

为什么国有企业要有行政级别 / 255

国有企业的特点与新理念 / 258

价格也是企业的第一生命 / 261

领导与管理是什么关系 / 266

管理工作的特点及其应具备的意识 / 271

经营与管理哪个更重要 / 276

视角十二：站在会计角度看教育 / 285

孩子，你只是个"在建工程" / 287

人品是永恒的固定资产，能力是流动资产 / 291

视角十三：站在会计角度看生活 / 295

生活中的折旧 / 297

生活中的应收应付 / 300

视角十四：站在会计角度看社会 / 303

爱的利息 / 305

论知识折旧与技能贬值 / 310

金钱是天下最具诱惑力的陷阱 / 315

金钱信仰者的四大缺陷 / 320

金钱的本质、特点及对其应有的认识 / 325

后记 / 330

前言

为什么要换个角度看会计

在我国，有很多企业单位的主要领导认为财会人员没有多大用处，除了报账、发钱之外，似乎什么也不干，什么也干不了。认为这些工作初中生都能干好，还要大学生干什么？两个人能干完的事，养那么多闲人没有必要。因此为了节约开支，把财会人员一减再减，该加不加。两个人干三个人的活，八个人干二十个人的活是普遍现象。行政机构改革，部分政府部门把财务与审计合并，有的竟然把财务部门并入办公室。"会计无用论"在中国大有市场。

人手不够，工作自然干不完、干不好，会计对单位的作用也就不能正常发挥。作用没有发挥，会计就无用，领导就有意见，会计就没有地位，待遇也不好，还整天被领导批评。出力不讨好，没有受到公平待遇，会计的积极性就不高，工作就干不好，领导不满意，这就形成了死循环。

还有部分单位的主要领导把会计看得过高，希望财会人员什么事都管，会计说行就行，说不行就不行。

全面预算管理由财务部门全权负责，内控制度由财务部门牵头建设。然而这些其实都是"一把手工程"，必须由主要领导亲自挂帅才能推动，由全员参与，全过程管理、控制才符合要求。部分职工不了解这个情况，对会计多有误解。领导换了，财务部门负责人和会计成了大家的"出气筒"，成了调离、辞退的对象。

"会计万能论"对于那些在与税务、审计、财政、银行等政府监管部门打交道时曾碰过钉子、摔过跤，让单位主要领导很头疼，后经过财会人员协调又从中获利的企业，表现尤为突出。

笔者从事财会工作近30年，总结的经验就是：审计检查一次，会计的地位提高一次；税务检查一次，会计的地位提高一次。

无论是"会计无用论"还是"会计万能论"，都是对会计工作的极端和片面认识。这两种思想对会计不利，对单位也没有好处。

一、国家和单位资金的性质与财会部门存在的必要性

在经济社会，所有人都必须与钱打交道。

凡是进入社会生活和工作的人，多数会加入一个社会组织。在这个组织内，大家一起工作，做单靠个人难以完成的大事、难事，一起为社会提供高品质的产品和服务，换取自己的劳动报酬、社会地位、认可和尊重，实现自己的人生理想。

要做事，就得有钱。这些钱有的来自政府拨款，有的来自他人投资，有的来自自己投资，有的是向借别人借款，有的是业务合作方预付，有的是大家劳动赚取。

多种性质的资金汇聚在一起，已经变成了大家共同的钱，不再属于某个人。此时，共同的钱无论谁管，其他人都不放心。因此需要一个大家信得过的专门机构，找专门人员来管。这个机构就是财会部门，这些专门人员就是会计。

二、财会工作的特点与要求

财会工作不同于非财会工作，主要表现在以下六个方面：

1. 所有正规的财会人员都受过专门的财会专业技能和职业道德培训，都有一个国家认可的适合算账管钱、会算账管钱的资格证书

通过三到四年甚至更长时间的专业培训，财会人员都具备财会职业道德素养，人品过关；都会使用一种全国乃至全球经济领域通用的会计语言，掌握一套专门的算账、记账、报账、确认、计量、记录、报告、分

前言：为什么要换个角度看会计

析、判断、预测、决策、计划、控制的方法，懂得按照国家、地方、单位等的规定，开设账户、建账、算账、报账、收付款、纳税、分利、出报表，能够行使会计的核算与反映职能以及财务的管理与监督职能。

简单说，会计是遵循会计职业道德，依据国家法律、行政法规、单位财务制度要求，能正确使用会计语言和会计专门方法完成财会反映监督职能的经济管理工作者。

非财会部门和人员，则不需要具备会计职业道德，不需要掌握会计语言，不需要使用会计专门方法，不需要懂得会计法律法规制度规定，没有财务管理与会计核算职能。

2. 财会工作具有全员性、全过程性、全方位性与双边性特点

所有人都必须与钱打交道，会计是专门管钱的人，所有人必须与会计打交道。同时，会计也必须与所有人打交道，这就是会计工作的全员性。

会计要从资金筹集开始，参与供应、生产、销售、投资等经济活动的全过程。只要有资金流动或者可能有资金流动的事项，会计必须参与管理，这就是财会工作的全过程性。

财会工作的全方位性因行业、单位、业务不同而有所不同。以高速公路集团公司的业务为例，高速公路建设、运营管理、经营开发三大业务领域，财务必须管理；运营管理业务从集团公司到分公司，从分公司机关到管理所、服务区，都要涉及；服务区管理方面，无论是加油、修理、餐饮、住宿、超市、加水，还是公益性的广场维修、厕所保洁、停车场保安、免费服务的公路信息查询设施购置等，财务都要全方位核算与管理。

双边性是指财务管理必然有其对象，而不是自说自话，自己和自己玩。一边是财务会计人员，另一边是业务与管理人员所运用的资金。

非财会人员多数没有必要与所有人打交道，没有全过程、全方位管理的要求，不一定有双边性特点。

3. 会计与他人交流使用的是专业性很强的会计语言，而不是普通语言

搞建筑的要懂得建筑语言，搞舞蹈的要懂得舞蹈语言，到美国要懂英语，到四川要懂四川话，这是基本常识和基本要求，否则就难以交流。同理，搞经济的必须懂得经济语言。经济语言最正统、最系统，应用最广的就是会计语言。

会计语言、会计技术、会计方法的专业性极强，如果非财会人员、会计的服务对象，特别是承担决策职能、有财务支配权、指挥和管理会计工作的单位领导不懂会计语言，就会出现沟通障碍。

比如，收入、成本、利润、资产、负债、净资产等，这些属于会计的"大话""粗话"，许多人大概能懂，就误认为会计很简单。但他们可能只知道一点皮毛，并不清楚其准确含义，更搞不清这些名词之间有什么关系，以及哪个变化后，会引起另外哪一个或哪几个变化，怎么变化，等等。

会计的"小话""细话"，如资产负债率、流动比率、资产周转率、净资产收益率、资产保值增值率、经营现金净流量、成本法、双倍余额递减法、永续盘存制、销售折扣、净收益营运指数、财务杠杆等，才是决定会计语言的含金量、决定和影响企业经营活动的核心因素。"大话""粗话"只相当于果皮，"小话""细话"才是果肉，才有味道和营养。

搞经济决策如果不懂经济语言，就像医生不懂医术，法官不懂法律，就会造成决策失误。所以，掌握单位财政大权的单位主要领导必须懂得会计语言；参与经济决策、经营管理的单位副职、部门领导也必须懂得会计语言。

隔行如隔山，语言不通、沟通有障碍，就会出现专业代沟。如同会计站在河南岸，领导和其他人站在河北岸。会计专业之河把两群人隔开，相互看得到对方的身影，却握不了手、交不了心，相互不了解、不理解。

很多单位的主要领导误认为会计很简单，没什么好学的。对会计的无知，造成了经济管理上的无畏。经济管理上的无畏，就潜藏着极大的法律、行政、审计、财政、税务、党纪风险。

4. 会计有法律赋予的反映监督和预测、计划、决策、控制的权力和神圣职责

很多人由于不了解会计的职责和权力，常常把会计认真审核、严格把关当成没事找事、难说话；认为会计指出的所谓不符合财经纪律和财务制度，是故意为难。我们拿的是单位的钱、国家的钱，又不是你家的，你干吗不同意？给职工办个福利，大家都赞同，只有会计反对，这是与大家过不去，与钱过不去。这些想法都是由于对会计缺乏正确认识造成的。

5. 会计工作的政策性、时效性很强

无规矩不成方圆。搞经济工作必须按照经济法律法规和财务制度办事，这是维护国家、地方、单位、投资人、债权人、业务合作者、职工等各方利益的需要，也是维护国家经济秩序，让国家、地区、单位能够长治久安的需要。

国家经济法律法规的要求常常要分解落实到单位才容易执行。在单位具体就会落实到财务制度上。因此，单位财务制度不仅体现单位的要求，同时还体现着部门、地方和国家的要求，它是会计工作的准绳，是使用会计语言和会计方法反映和监督单位经济活动的政策依据。但这些政策，非财会人员一般不关心、不了解。会计照此执行，很多非财会人员不理解，于是产生了矛盾和纠纷。

会计政策同时具有很强的时效性。去年的政策今年可能就不能用，会计政策变化非常快，也非常大。比如，《预算法》颁布后，财政预算管理与之前相比有了翻天覆地的变化；《政府采购法》《政府信息公开条例》《八项规定》、费改税、营改增、国库集中支付、放管服等，对经济工作特别是对会计工作有极大影响。会计要学习掌握新政策，非财会人员也要学习，配合会计执行好新政策。

6. 会计人员手握"绳子"执法，背后有被"尺子""鞭子""刀子"等惩处的风险

会计人员权力很大，责任更大。若没有尽职尽责，出现了违反财务制度和财经纪律问题、违法违纪问题，将会面临财政、税务、审计、纪检监察、法律等五个方面的问责和惩处。

财务制度好比绳子，一头握在财务人员手中，另一头则掌握在单位主要领导手中。领导让握紧，绳子就会变直，误差就小一点，问题就容易量出来。领导让握松，绳子就变弯，误差就很大，问题就会跑掉，但责任却不在领导，而由财务人员全部承担。

财政、审计好比尺子，两头都掌握在测量者手中，领导和会计都碰不到。尺子很直，没有误差。用尺子衡量绳子量出的结果，误差值马上就一目了然。有问题，财政审计就会问责单位和会计。结果是通报批评、罚款、不能晋升职称、吊销会计从业资格证书等。

《中国共产党党员问责条例》出台后，审计成了问责的切入点。审计发现问题、查找原因、追查责任部门和责任人、问责，成了当前审计工作的新常态。

税务、纪检监察好比鞭子，出现偷税漏税、违纪行为，加倍罚款、移交司法机关、给予党纪政纪处分是常见做法。

法律好比刀子，出现违法问题，被抓、判刑、坐牢，违法者会失去人身自由和个人尊严。

"绳子"紧了，"尺子"能找到的误差和问题就小、少，甚至没有；"尺子"找出的问题能及时整改，今后不再出现，"鞭子"上手的机会就不会出现，"刀子"上身的机会就不可能存在。

财会工作的严格受训、面对"三全"、专业性强、政策严厉、责任重大、风险巨大六个特点要求：其一，所有财会人员必须全面系统连续接受职业道德、财会业务、政策法规培训，具备承担重大责任的能力和消除巨大风险的意识与能力；要明白自己所肩负的重任和不尽职尽责所面临的风险；要熟悉单位的所有人员、所有业务、所有工序程序；要积极宣传财会法律法规政策，要严格按政策办事。其二，所有与会计打交道的人，必须能够听懂会计的语言，交流才顺畅；必须了解会计的职责职能，才能理解支持会计的工作；必须了解理解会计所遵循的法律法规制度，才能服从会计在审核监督时拒绝不合规票据报销的做法的合法合理性。其三，单位主要领导是《会计法》明确规定的单位会计工作的第一责任人，要用好自己手中的人事大权，给财务部门配置数量足够、素质合格的财会人员；要用好手中的财务大权，按制度要求带头握紧"绳子"，同时监督财会人员握紧"绳子"，确保单位和个人可以经受得住任何"尺子"的检验，避免"鞭子"和"刀子"进入自己的视野；要动员、协调、督促单位副职、部门负责人了解、理解并支持财务工作。

只要大家都能按照法律法规制度办事，财会工作就会成为单位发展的物质动力源泉，单位安全、健康、稳定、可持续发展就会成为必然。

三、不了解财会工作的特点和要求而出现的问题

现实中，单位主要领导、单位副职、中层管理者、财会人员、普通员工，不了解财会工作的特点和要求者大有人在。

单位主要领导不了解财会工作的特点和要求，听不懂、不听会计的话，不知道会计有如实反映经济活动和依法监督经济行为的职责，不知道会计不履行职责所面临的审计、税务、财政、行政、法律等风险，自己同样会面临这些风险。靠拍脑袋决策，把国家政策制度、财经纪律抛在脑后，出台土政策、安排一些不符合国家政策和财务制度的事项，等到被国家审计机关发现，要进行处罚之时，才明白会计的提醒、阻止原来是正确的。

很多单位副职、中层管理者不懂会计，都站在自己的立场上思考问题。认为我是领导，会计没有权力管我；我们是平级，财务科长凭什么要管我这个科长。导致会计监督名不正言不顺。有职有权者拒绝监督、我行

我素，成了很多单位的普遍现象。认为自己才是单位财富的创造者，自己创造的财富就应当由自己说了算，轮不到会计管，使得单位财务制度在他们那里如同一张废纸。

普通员工不了解会计，把会计严格审核当成没事找事，把拒绝不合规票据入账当作与自己过不去，记会计的仇。然后找自己的部门领导、分管领导协调。部门和分管领导协调不成，就去找主要领导告状。他们都认为会计态度不好，很难说话；太固执，几个领导给他说他都不听；太教条，现实已经到了这个程度，这个会计总拿制度规定的条条框框套。

结果，会计成了谁见谁讨厌的人。当先进没门，提职无望，地位很低，待遇不高。如果找到合适机会，这些坚持原则的会计就会因群众意见很大等理由被调离财务，换上听话的、好说话的人。如同战场上让敌人胆寒的将军被人诬陷，遭到撤换，换上让敌人满意的将军后，边关很快失守。

换上不懂专业、不懂政策、不会反映、不敢监督的财会人员把关，会计的"边关"等于交由一群盲者看守，甚至可以说是让卧底值守，财务管理的混乱就会成为必然，违规、违纪、违法现象的出现就不可避免，单位和个人被问责、受到党纪政纪处分，甚至因违法被撤职坐牢就难以避免。

内行会计整天提心吊胆，怕上级检查，怕出事。也很苦恼，有怨无处申、有苦无处诉。会计成了风箱中的老鼠，一头是上级审计、财政、税务部门要求他们按政策制度办，另一头是单位主要领导、单位副职、中层领导、员工不同意他们按照政策制度办。左也不是，右也不是，出力总是不讨好，又找不到解决的办法。

四、存在问题的原因

出现上述问题的原因是多方面的。

首先是会计自身的原因。许多会计自身学艺不精，对会计语言、会计技术、会计方法、会计政策、会计制度、会计职责、会计的风险等了解不

前言：为什么要换个角度看会计

够，掌握不准。导致没有办法向别人简明扼要地介绍、宣传和"推销"，让大家了解会计、理解会计工作的特点和要求，从而让大家支持配合自己共同做好会计工作，完成好反映和监督职责。

一部分会计只熟悉会计语言，不会将其翻译成领导和其他人员能听懂的普通话，造成"酒香却因巷子深"，或者"酒香却因瓶子丑"，没人愿意看；或者因酒是由麝香、人参、灵芝等名贵中草药调制而成，有刺鼻气味，虽疗效好但无人愿意靠近。又像忠言逆耳，虽利于行，但不利于耳，很多人一句没听完扭头就走，也无法利于行。

大部分会计的工作成果就是上级财政部门规定的"三张表"。但这"三张表"在单位主要领导眼里没有多大用处，自己看不懂，会计说不明，就是一堆中看不中用的废纸。单位领导关心的目标任务完成情况、业绩数据等，表上看不到；单位经营管理中存在的核心问题，表上没有说；针对存在的问题要采取哪些措施，财务不知道；国家政策已经有了很多重大变化，会计没有及时准确向领导报告。会计说了一堆正确的废话，做了一堆无用的工作，只有苦劳，没有功劳，当然无法取得领导的信任、重视、重用。

其次是单位主要领导的原因。单位主要领导是单位会计工作的第一责任人，是掌握财务人员安排权、财务支出审批权两大核心权力，对会计的生死存亡有决定意义的关键人物。

中国绝大多数单位的主要领导都不是学管理学经济出身，学财会的领导更是凤毛麟角。隔行如隔山，没有学习就不了解会计工作，就不理解财会工作的重要性。认为财会工作不重要的领导，就不会重视和支持财会工作。把财会部门当成服务部门而不是管理部门的领导很多；不知道会计有反映和监督职能的领导很多；不知道会计与自己一样，都时刻面临审计、财政、税务、行政、党纪、法律风险的领导很多。

再次是单位副职和部门负责人的原因。单位副职和部门负责人各有各的职责和目标，他们的职责目标与会计的职责目标往往呈逆向态势。会计监督松弛一点，他们的目标实现会容易一些；会计监督严格一些，他们的目标实现难度会变大。加之社会和市场环境中，违规、违纪、违法现象较多，他人的违规、违纪、违法问题会延伸和影响到本单位的很多业务，很难做到出淤泥而不染。个人利益、部门利益的驱使，常常让单位副职、中层管理者站到了会计的对立面，如果靠会计去协调，失败者多，成功者少。这时单位主要领导就成了双方的裁判。认为业务部门是单位财富创造者而财务是享受者的领导，会宣布业务胜，财务服从业务；认为一个是创造者、一个是监督者，各有各的道理的领导，会让双方各让一步，打个平手；认为业务必须服从财务的领导和管理，无条件接受监督，财务是严格按制度办事，财务胜、业务败的领导，估计占比很难超过二成。财务在与单位副职、中层管理者的争执之中，始终处于下风。

会计与非会计之间出现了普遍且越来越严重的交流障碍，这个障碍将单位会计工作拆分成两个阵营，一个是由单位副职挂帅，带领中层管理者和普通员工的多数派，另一个是由总会计师或财务科长挂帅，带领全体财会人员的少数派，两大阵营长期对峙，一方想攻破这个关口，一方想守住这个关口。

五、解决会计与单位主要领导之间相互不了解、不理解问题的思路

请会计走出财务室，分别站在主要领导、副职、中层管理者、员工的角度看问题。要努力说服单位主要领导理解、支持财务。主要领导通过带头，让单位副职、中层管理者支持配合财务，让中层管理者带领全体员工配合财务工作。

会计要使用既可以让领导和员工听懂，又能讲清会计特点和要求的半会计语言半普通话，不要使用在财务部门内部使用的会计专用语言。要主动了解领导和职工对会计的要求，在不违反制度的前提下，尽可能满足他们的要求。

前言：为什么要换个角度看会计

请单位主要领导走进财务室，向会计靠拢。

单位主要领导必须学会基本会计语言，即掌握半个会计语言，成为半会计型领导。领导可以不会说、不会写会计语言，但必须能听懂、能读懂会计所说的主要意思。

会计和单位主要领导只要相向而行，主动走近对方，积极与对方沟通、交流，就能增进双方的相互了解，达到相互理解、相互支持的目的。

六、换个角度看会计的目标和要求

首先，会计要率先转换角度，要站在领导和非财会人员的角度，重新认识和解释会计，用领导能听懂的话提出会计的大要求和中等要求，只作原则、原理、道理、法规、制度方面的解释，不作技术性、业务性和非原则方面问题的解释说明。

语言要尽可能形象生动，让人容易理解和接受。不要求严谨和严密，只要能抓住大方向就行，不要求全面、细致、具体。

其次，领导和非财会人员要转换角度。

一要站在经济管理者而不是行政管理者、党务管理者的角度看会计工作。

二要站在国家经济、政治、社会角度看待会计法律、法规，财经纪律和单位财务制度。

三要站在国家利益、单位利益角度，而不是个人利益、部门利益的角度审视会计的审核把关和利益分配行为。

四要站在权力、责任、利益、风险统筹平衡角度，而不能只考虑权力和利益，不考虑责任和风险。

五要站在全局和长远角度，而不能只考虑局部和眼前利益。

只要领导和非财会管理人员能站在上述五个角度看问题、想事情、作决策、搞管理，财会人员按照法规、制度、原则、原理等新视角看问题，双方就一定能产生交集、出现共鸣。

当双方有共识并产生出良好效果之后，领导、非财会人员与会计沟通交流的积极性、主动性就会大增。如此循序渐进，交集会越来越多，效果会越来越好，换角度就非常成功。

七、换个角度看会计能达到的效果

能促进单位管理更规范、更公平、更高效、更安全、更健康，企业效益更好；能促进员工工资福利提高，企业的感召力、向心力和凝聚力进一步增强；能确保领导离任审计、任期经济责任审计顺利过关，管理更轻松，自己更有尊严和人格魅力，升职更顺利；会计说话有分量，有人听，有作用，地位会提升，待遇会提高，形象自然改善。

八、本书的作用

本书是给会计和非会计之间架设的一座沟通之桥；一本将会计专业语言、会计的职责权限与责任利益风险变成大家能看懂的白话文的"翻译"书；一本分别站在历史、岗位、部门、领导、单位、法治、社会、国家、未来等角度看会计，又站在会计角度看领导、看单位、看教育、看生活、看社会，不断地转换角度、换位思考的书。从上到下、从内到外，从决策者、管理者、执行者、监督者等多方位、多视角，重新审视会计及其工作。其核心目的是让会计走近、了解、理解领导和他人，让单位主要领导和他人走近，了解、理解会计。

视角一
站在历史角度看会计

视角一：站在历史角度看会计

中国的会计师为何不受尊敬

世界上有三种职业最受人尊重，分别是医师、律师和会计师。

医师是救命的。

没有人不生病，没有人不想活得更久、更好。生病需要找医师治疗，活得更久、活得更好，更要听医生的忠告。人人需要医生、全社会永远不能缺少医生。天然需求决定了必然供给。满足了人们对健康的需求，做了救死扶伤的好事，必然带来他人感恩，赢得全社会尊敬！

律师是救事的。

专门帮人打官司、让人摆脱麻烦缠身者是律师。人与人交往难免会有矛盾、纠纷和官司，没有人敢保证这辈子不会遇到纠纷和官司。人们对律师也有天然需求。为避免身体、财富、地位、名誉等受到侵害，对法律不熟悉的人就会找律师帮自己减少财产和名誉损失，避免或者减少牢狱之灾。帮人打赢了官司，洗清了不白之冤，挽回了经济和精神损失，理应受到尊敬，让人感恩。

会计师是救钱的。

会计师的职责是为国家、单位、个人管钱救钱，免遭他人挪用、贪污、损失、浪费。让单位在经济业务往来中效益最大化、损失最小化。理应受到尊重、感激。

在中国，会计师、律师远不如医师受人尊敬，原因是：

其一，传统思想影响较深。

中国有几千年的封建统治历史，受自给自足的小农经济生产模式、小富即安的传统思想观念、重农轻商的传统习惯、儒家以仁义治天下的传统道德等影响,商品经济极不发达,市场意识极其淡薄,理财不被重视。善理财、管财者常常被冠以斤斤计较、锱铢必较的"小人"头衔。

站在柜台里、鼻梁上架着一副老花镜,拨拉一下算盘珠子,说对方还欠自己多少、应给对方多少,一脸严肃,没有笑容,给人一种吝啬、小气、守财奴式的账房先生的印象,是中国会计师的原型,是刻进人们脑海、几乎无法改变的会计师的第一印象。第一印象不好,长期影响着会计师在国人心中的形象。

其二,古代社会经济结构简单、落后。

中国长期以来是农业大国。农业经济结构相对简单、生产方式较为落后。以家庭为基本生产单位、以土地为基本工作场地、以粮食为主要核算对象是农业经济的三个主要特点。

一年的账扳着指头都能算清,根本不需要会计。粮食产量低,没有剩余产品可以交换。大家都种粮,没有互补性,有余粮也卖不出去。都是自家人,肉烂在锅里,没必要算账。至于种什么、种多少、收多少,由老天爷决定,与算账关系不大。水灾、旱灾等自然灾害频发,即使账算得再好,也无法预测灾害对收入、成本的影响,所以搞家庭农业,基本不算账。

以前的账房先生已超出了农业经济核算的范畴,主要是对工业、商业、手工作业、服务业、典当业、租赁业(收地租)等农业之外生产经营的核算。因这些业务不是主业,属于副业,相当长一段时期内不受社会重视,为这些财东打工的账房先生,当然也受到轻视。

其三,古代政治体制不健全,财政财务会计被兼管。

在唐宋元明清 1000 多年的历史中,中央政府只有吏、户、礼、兵、刑、工六部,其中户部主管全国户口赋役方面的业务,职责包括土地资源管理、赋役征收、为移民垦荒、安抚流民、抑制豪强兼并等。以限田裁异端之民,以草地养马放牧,对灾区贫老进行抚恤救济,评估物价,赡军疏、督漕运，定期编造户口册籍、调整户等，了解人口及土地增减变化，对隐匿户口、侵占土地等不法行为及时进行制止、纠正等，这些是其日常工作。

可以说，我国古代的会计管理的最高组织——户部，相当于现在的财政部＋税务总局＋人民银行＋公安部治安管理局＋自然资源部＋民政部＋农业农村部＋林业局＋国家发改委＋物价局＋水利部（部分）＋交通部（部分）＋国家人口计生委＋移民办＋农垦局＋建设部等。

集近20个现在部委的职能于一身的户部，职能很多、编制有限，不可能有专门管理财务与会计工作的下设机构和专职人员。会计的最高首长——户部尚书没有受过专门培训，不知道财会工作的重要性，也没有精力去抓核算与管理工作。会计的概念、职能、作用在中国古代如同白纸一张。

会计管理在行政体制、机构、人员方面长期缺失，财政、财务会计工作被兼管、代管历史悠久，导致人们对新的独立管理部门的设立，以及财务监督工作的开展有所不适。

其四，会计理论长期空白，借米下锅总是不对胃口。

我国对会计的认识至少比世界会计科学的鼻祖卢卡·帕乔利1494年提出的会计理论晚了500多年。回顾历史，民国时期学习借鉴美国的会计核算理论，中华人民共和国成立后20多年一直沿用苏联的计划经济时期的会计理论，改革开放后又学习美国的市场经济会计核算理论。理论长期空白，不断借米下锅总是不对胃口，消化不了，吸收不好。

中国会计师没有全社会支持的思想基础，经济条件不成熟，政治环境不成熟，历史空白期太长，没有自己生长的根基。中国与苏联、美国的国情有很大差异。计划经济体制重计划、轻核算。核算是为计划服务的核算。在计划经济体制下，会计师实际上只是出纳员和记账员。拨多少花多少，花多少报多少，报多少记多少，记多少报告多少，仅此而已。在这种情况下，会计就是经济活动的照相机、录像机，会计账表就是胶片、磁盘。会计仅仅是反映的工具，就谈不上监督，更没有财务管理的概念。

虽然中国从计划经济走向了有计划的商品经济，又走向了市场经济，但会计师们依然干着过去农村生产队会计、以前账房先生的活，不搞成本控制、不搞经济分析、不搞风险评估等有较高含金量、对社会经济发展有较大贡献的工作。不能参与预测，无法参与决策。制定政策与会计核算结果无关，制订的计划与会计无关，是否要进行监督和控制，会计说了不算。会计师没有业绩，干会计没有成就，当然不会有地位，很难受到别人尊敬。

改革开放后，特别是在市场经济体制全面建立和运行后，西方的经济理论、财务管理理论、成本控制理论、内部控制理论逐渐引入中国。企业上市、发债、兼并、重组、融资等业务逐步开展。但市场经济法制体系不健全，人们追求利益胜过一切，违反法律、法规、制度，违背道德的事件时有发生。这就造成站得住的顶不住、顶得住的站不住，成为中国会计师的群体经验和普遍现象。

视角二

站在岗位角度看会计

视角二：站在岗位角度看会计

■ 会计工作的特点及内在要求

笔者在参加财务检查、审计时发现：一些单位的会计科目凭想象设置，一级科目随意增加，二级科目、三级科目用一级科目名称；会计凭证随心所欲填制，凭证后没有任何附件；会计账簿长期不核对，致使账目长期不符，甚至出现一些不合常理、令人啼笑皆非的账面数字；认为只要以后的账目记录正确就行，以前的错误属于过期的问题，会自动消失；还有人将发票夹在账簿上作为会计业务处理方法……

出现的错误甚至笑话五花八门，这里不一一列出。但归纳起来，许多会计人员会计基本知识不扎实，有的竟全然不知。笔者以会计工作的特性及内在要求为题，浅显说明会计人员必须知道些什么，会计工作必须做到哪些。换句话说，会计工作最基本的特性是什么？会计基础工作内在的、基本的要求主要有哪些？

一、会计工作的基本特性

1. 严格的政策性及强烈的时效性

有人说，会计和医生一样，是越老越吃香，我认为不见得。医学属于自然科学，它的发展与国家政策、制度变化基本无关，医学的绝大部分知识是不会老化的，老医生积累的知识和经验非常宝贵、不会失效，所以会越老越吃香。

会计学是一门社会科学，受国家政策、制度的影响极大。会计学的许多知识、方法等是随国家政策、制度的变化而变化的。不断出台的新的会计准则就是对原有会计制度的调整和变革，变化极大。如果老会计不认真学习新制度、新知识，只凭原有的知识对付新形势下的会计工作，不说吃香不吃香，应付日常工作也很困难。当然老会计的优势与才干也是绝不能抹杀的。这里说会计工作政策性强，是指所有会计人员，无论新老会计都必须时刻注意学习新政策、新制度，及时更新知识和方法，不可只凭经验甚至凭想象从事会计工作。

与政策性有密切联系的便是会计工作强烈的时效性，它包括长期、中期和短期时效三种。在市场经济条件下，对企业来说，会计工作的中期和短期时效有着更为重要的现实意义，如果会计信息失去其应有的时效，可能会给企业造成难以弥补的巨大损失。

知道了会计工作政策性与时效性的特性，我们才会在今后的会计工作中不断学习和吸收新知识、掌握新政策，紧跟时代潮流，努力满足各层次、各部门对会计信息时效性的要求，为单位的发展贡献出应尽之力。

2. 服务对象的随机性及其固定性

会计工作最主要的任务就是服务于其特定主体的全体员工，这种服务对象的固定性显而易见；而服务对象的随机性指的是某时期要服务于哪些对象、服务什么项目、工作量有多大等，往往在事前不得而知。这种随机性类似于医生看病、商店营业员售货。但医生、售货员的服务对象却不固定，且大多属本单位之外的人员，而会计的服务对象主要为本单位员工，遇到借钱、报账等会计问题只能找本单位会计，不能找其他人，更不能找其他单位的会计。会计服务不好，员工有意见，领导可能要批评、处罚，医生、售货员服务不好，患者、顾客可以找其他医生、其他售货员，可以到别的医院、商店，这是会计服务对象固定性的特别要求。

了解到会计工作的这一特性，对于我们合理安排服务时间、尽可能降低随机性造成的消极影响，更为有效、更有针对地开展会计工作大有裨益。单位领导、财务科、处长更有必要懂得并正确运用这一特性。有些单位规定报账时间，就是为了减少随机性给会计工作带来的负面影响。

视角二：站在岗位角度看会计

3. 会计工作的层次性及其严密的逻辑性

这里所说的层次性，是指会计工作从原始凭证审核、记账编制凭证、记账、对账、调账、结账、编制会计报表到会计报表分析是分层次进行的，且是一层接一层，上一层次的工作没有完成，无法进入下一个层次，不能跳跃，也不能并进。逻辑性则是指会计工作如同数学计算和论证一样，一个依据一个结果，一种结果一种报告，有很强的逻辑关系，从上步可推算到下步，反之亦然。

懂得了会计工作的层次性及其逻辑性，有助于我们正确认识和严肃对待会计工作，消除对会计工作简单、片面的认识，端正会计工作态度。

4. 会计工作成果的实用性及工作深度的无穷尽性

会计工作成果集中表现在会计报表上。会计报表所提供的各种资料，是社会经济细胞的重要生命特征，是国家宏观经济管理和决策的基础与支撑资料，也是地区、行业中观经济管理与决策的基础资料。对本单位内部管理来说，也是非常综合、非常重要的基础资料。

比如，审阅某企业某期会计报表，分析其资产、负债、权益总量和比例关系，可知道该企业的规模和在行业内的排位，企业的社会贡献与行业地位；分析其资本结构，可知企业的发展潜力与负担；分析其资产周转率，可知企业的管理水平；分析其净资产利润率，可知其盈利能力和成本费用控制能力，从而发现企业管理中存在什么问题，有什么长处，等等。

至于说会计工作深度的无穷尽性，这是由社会科学、经济学、管理学深度的无穷尽性决定的。管理实践、经济社会发展变革为会计工作的无穷尽的深度性提供了支持和舞台。

懂得了这一特性，对于我们坚定从事会计工作、搞好会计工作、不断深入研究和发展会计工作的信心，增强主人翁意识，努力在会计工作中干出一番大事业，至为重要。

二、会计工作的内在要求

1. 会计记录的复式性与规范性

会计记录的复式性是指会计核算与记录运用的是复式记账原理,即对于发生的每一笔经济业务,必须在两个或两个以上有联系的账户上予以记录,这是会计业务处理的最基本要求,但目前仍有一些会计人员不懂得这个要求。

会计记录的规范性是指:首先,会计记录有一定的规范标准,原始凭证该附什么附件,所附附件是否齐全,经办人、审核人、审批人签字是否齐全,原始凭证是否合规,这是凭证审核的规范要求;其次,什么业务借什么、贷什么,用什么科目,这是会计制度规定的内容,也是凭证录入的规范要求,填制会计凭证、编制会计记录必须按照规范要求来处理,不得凭主观想象、凭经验各行其是。

这个要求是会计工作最基本的要求,是达到其他要求的前提和先决条件。如果不懂、不按统一要求办,会计账簿记录、编制的会计报表就会出错,会计信息就会成为误导决策的罪魁祸首。

2. 会计账簿的相互牵制性及其连续性

如前所述,会计记录要求采用复式记账原理,按照一定的规范进行,这种复式性与规范性要求体现在会计账簿上,就要求其记录结果具有相互牵制性,也就是有明确的相互对应关系。各明细账簿的数字之和,必须与该账户的总账余额数字相符,部分账户的余额数必须保持相关关系,要有钩稽性,这是会计最基本的数学特征,也是对会计账簿的基本要求。会计账簿的另一基本要求是数据的连续性,即本年各账目数据是在以前年度各账目数据基础上加减本年发生额而形成的,属于连续滚存余额。

懂得了会计账簿的相互牵制性及其数据的连续性特征,我们在进行会计账务处理时,就必须充分认识和全面了解每一笔经济事项的内在含义,找出与其对应的、有密切联系的两个或两个以上账户,再予以记录和反映，不得贸然将与此事项无关、没有必然联系的账户任意套用；对于账户记录的内容要经常核对和检查，发现问题及时解决。连续性则要求每一笔业务的数据必须真实、正确。如果有一笔数据错误又没有更正，就会出现累计多年、若干账户数据都不正确的现象，如同多米诺骨牌效应。

3. 会计报表的综合性与钩稽性

会计报表是综合反映企业财务状况、经营成果及理财过程与结果的会计工作手段，它分别按日、月、年从财务活动角度，总结企事业单位经营管理活动的过程和结果，全面反映企事业单位人、财、物等各个方面，供、产、销等各个环节的工作质量和效果，其综合性不言而喻。

会计报表的钩稽性是指：各种报表之间必须有一种必然的联系，通过某期报表或其中的某一个数据，可勾连到另一期报表及其相关项目的数据，以利各表数据的稽核，这也是会计工作严密逻辑性的重要表现之一。

对会计报表综合性与钩稽性要求的了解与认识，可以增强经办人员编制会计报表的质量意识，有助于对会计报表的分析运用，使财务人员真正成为领导的参谋和助手。

4. 会计档案的长期性与会计人员责任的持久性

所谓会计档案的长期性，是指各单位的会计档案按不同类别、要求，分别按永久、定期保存。

会计人员责任的持久性与会计档案的长期性如影随形。责任持续时间的长短决定了会计档案保存期限的长短，会计档案长期或永久保存，又决定了财务人员的责任将永久或长期存在。只要会计档案没有销毁，档案中涉及的有关当事人的经济责任及法律责任就不会终止，会计人员当然是无法替代的当事人。

也就是说，会计人员的工作一旦有错误，或会计人员在工作中有不良行为，但又未能及时纠正，会计人员就要持续未尽责任。

只有清楚认识上述会计工作的特点和内在要求，我们在从事会计工作时，才会自觉按制度办事，有问题及时查明、及时处理，尽好会计人员应尽的全部责任。

（本文发表在《陕西交通会计》1994 年第 2 期，被《甘青交通财会》1994 年第 4 期转载，并配发了编者按。本次收录有改动。）

财务管理综合性的十种体现

财务管理是经济管理的重要组成部分,是经济管理的基石,是微观经济管理的核心和精髓。这里所说的财务管理包括财务管理和会计核算两方面内容。

有识之士指出:"经济越发展,会计越重要","企业管理以财务管理为中心",但真正理解这些至理名言的人并不多。

财务管理是一项综合性很强、较为复杂的工作,但其综合性到底有多强、有多复杂,许多人说不清。广大财会人员不辞辛劳、默默工作,付出了其他岗位数倍的劳动,到头来还是有许多问题未处理好,受到领导批评,职工也不满意。

在许多单位,财务工作得不到足够重视和有力支持,财务人员的地位不高、待遇不好,这源于大家对财务工作的综合性、复杂性认识不足,对财务工作的重要性和难度没有正确认识和全面了解,对财务人员的辛勤劳动没有真正理解。本文就财务管理的综合性予以浅显分析,让大家充分认识和全面了解财务管理工作,以期达到逐步了解、理解和支持财务工作的目的。

笔者认为,财务管理的综合性主要体现在以下十个方面。

一是管理对象的综合性。

财务管理是对资金及其运动的管理,它涉及单位人、财、物等全部资源,每种资源引起的资金变化过程和变化结果都须在财务管理及相关的会计核算中得到反映。人员的增减,人员工资、福利、社保的变化等情况,财务部门均有记录；资金的进出、物质资源的增减变动，财务账务都有详尽记载，这是财务人员工作内容的综合性的表现。

二是管理过程的综合性。

财务管理关注单位供、产、销活动，关注筹资、投资、经营活动，关注利润分配等单位经济活动的全过程，每种经济业务过程引起的每种资源的变化过程和结果，都须在财务管理及其相关的会计核算中得到体现。这是财会人员工作过程综合性的表现。

三是管理环境的综合性。

社会经济环境复杂，相关法规体系不完善、部分法规相互矛盾，各主管部门对同一经济事项在财务上的要求大相径庭，这些使财务管理与会计核算有时无所适从，左右为难。这是财会人员工作环境复杂性的体现。

四是管理职能的综合性。

财务管理有预测、决策、计划、控制四大职能，每个职能的实施过程都非常复杂，实施结果很难满足各方意愿。

会计核算有确认、计量、记录、报告四个职能，每项职能的实施都有严格规范。不断修改的规范和日新月异的经济事项，使会计确认、计量、记录、报告不断面临新课题。这是财会业务本身综合性、复杂性的体现。

五是政府管理部门要求的综合性。

单位财务部门对外与财政、税务、工商、海关、审计、行业主管等政府部门有非常密切的联系，各业务主管部门的要求和执行结果都须在财务与会计信息中予以披露。这是政府众多部门对财会人员要求的多样性、复杂性的体现。

六是企业管理者要求的综合性。

企业所有者的要求和满足过程、满足结果，企业经营者的管理思想和经营行为，企业监管者的监管要求和结果，都须通过财务与会计予以反映。这是企业内部管理者对财会人员要求的多样性、复杂性的体现。

七是企业内部单位、部门、职工要求的综合性。

视角二：站在岗位角度看会计

企业内部各单位、各部门，每位员工对财务工作有多种要求，拨款要多、要快，资金使用要少限制，每个部门和单位的各项业务经费要给予支持和保障，而单位的资金供给有限，难以满足无限的资金需求。特别是依据不足、程序不全的事项，大家都希望财务人员能高抬贵手，给予关照。职工报销各种费用要尽量不卡、少卡、马上兑现。这些内部各单位、部门、员工的要求与财务制度、财经纪律有冲突之处时时存在，财务人员既要坚守财经纪律和财务制度，为国家和单位把好关、守好资金大门，又要为职工服好务，给业务工作全力支持。这是企业内部单位、部门、职工要求与国家、单位要求不匹配、处理难度大、综合性强的体现。

八是企业业务合作方要求的综合性。

企业债权人、债务人，供货方、销货方，参股经营方等业务合作方的不同要求，都会通过资金和利益流入流出方式，由财务会计人员予以满足。这些要求有合理与不合理、合规与不合规、合法与不合法之分，财会人员必须做出准确判断和正确满足。这是企业业务合作方要求多样性、复杂性的体现。

九是财务内部管理要求的综合性。

持续经营要求财务与会计信息保存期限较长，有连续性，这与会计分期要求一起给财务管理和会计核算增加了不少难度。仅查阅档案资料，财会人员的工作量就会增加数倍；会计主体使财务管理和会计核算空间相对固定，固定的会计主体与变化的经济业务、变动的财会人员使长期、连续的会计信息在质量上参差不齐，增加了财会人员提供符合现行要求会计信息的难度。这是会计档案、财会人员变动给财会工作造成的复杂性和综合性的体现。

十是平衡各种利益关系的综合性。

平衡各种利益关系是财务部门难度最大的工作。财务工作要在国家、集体、个人利益间寻找平衡，要在所有者、经营者、债权人、企业各部门、各下属单位、每个职工利益间寻找平衡，综合性极强。

满足了一方利益，其他各方利益就可能受到侵害。财会人员不得不在各类人员、各种利益间寻找平衡。利益平衡工作的复杂性、综合性说多大就有多大。

综上所述，财务管理无论从广度还是深度，无论从政策角度还是技术角度，其难度和综合性都是其他管理工作无法企及的。无论对政府管理部门、企业管理者还是企业业务合作方及相关人员，平衡各种利益关系是财务管理要始终关注的问题，同时也是最难处理的问题。

财务管理的综合性特征，决定了财会人员必须具备较高的综合素质。除了具有扎实的财会理论功底、较高的政策水平、丰富的财会实践经验之外，强大的沟通与协调能力，良好的职业道德素养，忠诚于国家、忠诚于单位的个人情怀，公道处事、公正待人的作风，也十分重要，它们共同造就了能够应对各种复杂问题、化综合为简单的会计能力。

（本文发表在《交通财会》2011年第1期，本次收录有改动。）

视角二：站在岗位角度看会计

会计与财务的关系

会计与财务这两个看似不同却又难以分清的概念在我国实在像是"烟和雾"，会计界的大部分人也说不清、道不明两者之间的关系。

中华人民共和国成立后，在计划经济体制下建立了财务会计概念，运用着计划经济时代的财务会计理论指导财务会计实务工作。当时国家实行"统收统支"的大包干政策，产品实行统一定价，企业（实际上相当于现在的车间或班组）对人、财、物无权进行自主管理，供、销活动无须企业过问，没有真正意义上的市场、商品，因而不可能有实际意义的理财（包括聚财、生财、用财）活动，财务没有存在的土壤和条件，往往被会计淹没，不可能实行财务与会计的严格区分，两者之间的差别被掩盖，以致经常把两者作为一个整体来看待。

历史遗留的观念、方法对今天的影响依然深远，确实有必要花一定力气对两者的本质关系作一探讨，让更多的人了解、理解与人们息息相关的财务会计工作，让财务会计人员理直气壮地履行财务管理职能，发挥会计核算和监督作用，使我们财务人员的地位逐步提高，使财会工作对企业、对社会的贡献越来越大。

一、会计与财务概念、职能、原则比较

会计是通过一系列专用方法，按照通用的准则和规范对经济事项、经济业务以货币方式确认、计量企业资金形成过程、使用过程、盈余处理过程及其结果，按照规定格式记录并报告这些过程和结果的工作。只有通过

"国际通用的商业语言"——会计传送、表达的情报和信息,才能被国际商界听懂、看懂,有关人员才能依据这些情报和信息作出是否投资、是否贷款、是否进行相关经济业务的决策。

财务管理是有关资金的筹集(筹资)、投放(投资)、分配(股利分配)等方面管理工作的总称,即主要负责资金的形成(目标是资金成本最低)、使用(目标是投资效益最大)、盈余处理(目标是稳定现有股东,吸引潜在投资者)等管理和决策工作。

会计职能是确认、计量、记录、报告经济事项。财务职能是预测、决策、计划、控制经济事项。

会计是总结过去,财务是展望未来。

会计结束之时就是财务开始之日。会计以会计报表为终点,财务以会计报表为起点,通过预计资产负债表、预计损益表方式规划未来经济活动,预测未来的资金需求。

财务管理须遵循自利行为、双方交易、信号传递、引导、有价值的创意、比较优势、期权、净增效益、风险报酬权衡、投资分散化、资本市场有效性、货币的时间价值等十二条原则;会计核算要遵循真实、有用、可比、一致、及时、清晰、权责发生制、配比、谨慎、全面与重要性、实际成本计价、划分收益性支出与资本性支出等十二个会计基本原则。财务与会计遵循的原则相差极大,两者的异同显而易见。会计核算的基本前提——会计主体、持续经营、会计分期、货币计量是会计的直接前提,同样也是财务管理的前提,如果没有此前提,财务管理工作同样无法进行。

从财务与会计的概念、职能、原则比较可以看出:财务与会计的相互独立性较强,同时也存在着非常密切的相互依存关系,没有会计职能的切实体现和有效发挥,财务职能的实现和充分发挥便如无米之炊;同样,如果没有财务的预测、计划、决策、控制,会计确认、计量的数据信息,记录、报告的情报资料,便对企业单位的经济管理参谋作用甚小,财务与会计作为经济管理的重要手段的作用便很难发挥,财务部门的作用难以充分体现，财会人员的地位也就难以真正提高。

二、会计与财务的依据、方法、要求、工作范围比较

会计运用复式记账原理按借贷记账法对经济事项进行记录，财务则无须记账，其记录方式没有限定，并且财务在预测、计划时没有资金占用与资金来源相互对应的要求，算资金来源（财务称为"筹资"）不考虑资金占用（财务称为"投资"）；财务是在已知筹资下算（计划）投资去向，在已知投资下算（计划）筹资来源，其基本理念是筹资成本最低、投资效益最大，但这里的"成本最低"和"效益最大"财务自身无法给出答案，必须通过会计记录的经济活动结果（会计报表）来衡量和考核是否达到了预测和计划的目标，此为财务控制和评价。

会计的确认、计量、记录、报告有会计法、会计准则、会计制度约束，财务的预测、决策、计划、控制没有具体的法律、规章约束；会计是被动执行，财务是主动创造；会计有证、账、表等一系列法定的核算方法，要求准确、客观、全面，财务无证、账、表等法定方式，其预测、决策、计划、控制过程无准确、客观性要求，带有很大的主观成分。

财务管理的重点是筹资、投资、分配，其多数事项会计不予反映，如方案的选择过程、方案的影响，会计均不予以记录。会计真正记录的是已经实施的决策结果引起的资金流入或流出。财务时时要运用好货币的时间价值与投资的风险价值的理论与方法对经济事项进行计算、决策，会计以历史成本原则为基础，不考虑货币的时间价值与投资的风险价值。

就存货管理而言，财务注重存货采购批量、采购成本、储存成本、机会成本等因素的比较，取舍标准为总成本最低；会计只以财务决策和计划好的数量、价格、时间等按实际付款额或应付款额或企业设定的存货价格确认、计量、记录、报告，不考虑隐含的储存成本、缺货成本、机会成本等因素。

有些经济活动只有财务参与，会计并不参加。如企业的兼并与收购活

动,财务须对并购收益、并购溢价、并购费用、并购净收益等作出预测,这其中财务人员要进行大量的调研、谈判工作,会计则无须在未达成协议和付诸实施前进行任何工作,只有真正有款项收付或确定并购活动的债权债务时才开始工作,对已确认部分进行计量、记录和报告。

从财务与会计的依据、方法、要求比较可以看出:财务与会计的差别极大,会计有严格的依据、相对固定的方法、较为明确的要求、相对具体且较窄的核算范围;财务的依据较为宏观、方法非常灵活、要求相对宽松、范围较为宽泛,两者的依据、方法、要求、工作范围差异性较大。

三、西方对会计与财务的机构设置借鉴

在西方,财务(Finance)与会计(Accounting)分属两个不同的部门。财务部门属业务管理部门,以资金流为管理对象,具有直接决策的职能,由财务主任(Treasurer)领导。会计部门不是业务管理部门,是综合性的信息部门,以信息流为管理对象,是决策支持系统的重要组成部分,由会计主任(Controller)领导。

四、会计和财务的内涵随着社会经济的发展逐步丰富

20世纪初,许多美国公司通过增加资本、兼并、联合等活动成立了许多大公司,要求研究诸如兼并、联合以及发行股票、债券等问题,财务管理就作为一门学科应运而生。随着20世纪30年代出现的经济萧条,许多公司清理歇业,破产倒闭,财务管理的任务转而侧重于解释研究公司盈利能力、公司改组、清理和证券市场等问题;第二次世界大战结束后,世界经济日趋繁荣,财务管理的任务发展到注重分析投资机会、有效利用资产、探索投资最优决策问题;20世纪60年代开始,计算机使用日益普遍,人们开始重视数学模型,更使财务管理的分析职能强化,使财务管理由解释经济现象进而转为分析经济现象,由事后提供报告转为事先分析作出决策、事中进行控制和反馈。财务管理的职能由静态转变为动态,为管理决

策提供决定性的依据。

会计作为经济事项的"录像机""照相机",对企业发生的经济事项应作出记录,如实进行反映。新会计准则的出台就是顺应经济社会的需要而产生的,股票、债券、关联交易、债务重组、非货币性交易、租赁、清算会计等均是随着社会经济的发展变革而产生的。

可以预言,随着社会经济的发展变革,会计与财务的内涵还将不断丰富,它们均将随着社会经济的发展而逐步成长、成熟。

会计与出纳的关系

会计与出纳是什么关系？

这个看似简单的问题，许多单位的一把手说不清，人事部门说不清，财务科长、处长说不清，会计说不清，出纳说不清，一般职工更是说不清，于是就产生了不少误解。

不少人认为：出纳不算会计，不需要会计知识就能干；出纳不需要会计从业资格证书；出纳是收钱付钱的简单体力劳动者，与打字员、收发员差不多，比保洁员、勤杂工稍高级一点。

基于这种认识，全社会给出纳的待遇远比会计和其他管理岗位要低，可以说出纳是单位工资待遇最低的正式工。

笔者认为，这样的认识是一种偏见，这样的待遇对出纳不公。

会计需要给用户（包括单位内部用户和外部用户）提供两种产品：第一种是钱，包括现金、银行存款、其他货币资金三个型号、三种规格；第二种是账，包括会计凭证、会计账簿、会计报表三个型号、三种规格。

企业的财会产品主要用户包括投资者、经营者、企业员工三个内部用户和债权人、业务合作者、政府管理机构、社会中介组织、社会公众五个外部用户等八个群体。

企业内部三个用户都不喜欢第二种产品。外部用户中，与企业有密切关系的业务合作者不关心第二种产品；债权人中除贷款银行和发债公司外，其他债权人也不关心第二种产品；社会公众对第二种产品的关注程度也非常有限，只有政府财政、审计、税务、国有资产管理四大管理部门和中介组织中的会计师事务所对第二种产品兴趣比较浓厚。兴趣最浓厚、使用最扎实的莫过于政府审计机关。

可以看出,会计第一种产品的用户数量要比第二种大得多。按道理,多数人关注和喜欢的产品,其供应商——出纳应该受到重视和尊重。可现实是,人们非但不重视,连平视也达不到。几乎所有出纳都遭到轻视、忽视,这是为什么呢?

原因就是大家不了解出纳。

出纳是会计工作的重要而且不可分割的组成部分,是一个不能缺少的会计岗位。如果一个单位只有会计没有出纳,这个单位的正常业务将无法开展;如果一个单位只有出纳没有会计,这个单位的正常业务更是无法开展。出纳与会计如同一个人的手和足,各有其用,缺一不可。

与其他会计岗位(以下简称"会计")相比,出纳岗位有七个不同:

第一,工作职责不同。

会计的职责是管账(含证、账、表、档案);出纳的职责是管钱。出纳的全部工作,会计不能插手,管账不能管钱;会计的部分工作,如收入、支出、费用、债权债务账目登记工作,出纳不能兼管,管钱不能管账。出纳这个会计岗位负责提供一半的会计产品,其他多个会计岗位合起来,负责提供另一半更高端、更专业的会计产品。

第二,工作内容不同。

会计的工作内容是审核原始凭证,编制记账凭证,登记明细分类账、总分类账,编制会计报表;出纳的工作内容是办理银行开户手续,保管银行部分预留印鉴,购买并保管各种支票,提现、转账、付款、收款,将所收款项存入银行,登记银行存款日记账和现金日记账,每天与会计核对现金余额、与库存核对现金余额,每月与会计核对银行存款各户余额,与各开户银行核对银行存款发生额、余额,与会计共同编制现金盘点表,未达账项余额调节表,编制资金周报表、旬报表、月报表。

第三,工作流程不同。

如果对整个会计工作列出流程表，那么应当包含以下八道工序或叫八个流程：其一，做凭证；其二，收付款；其三，记账；其四，结账；其五，对账；其六，调账；其七，编制报表；其八，归档。

八个流程中，只有收付款是出纳的专项工作，记账、结账是会计与出纳共同的各自工作；对账、调账是会计与出纳必须配合才能完成的工作；做凭证、编报表、归档是会计的专项工作。两者的工作流程有很大差异。

第四，工作场所不同。

会计的工作场所几乎全部在办公室；出纳的工作场所一半在办公室，一半在去银行和回单位的路上、在银行柜台。出纳属于会计中的外勤人员。

第五，设备工具及安全要求不同。

出纳因直接掌管资金，安全要求比会计更高。出纳办公室大多单独设置、单人办公。室内必须配备保险柜，用以存放现金、有价证券、支票、预留印鉴等重要物品；出纳办公室要安装防盗门、防盗窗、报警器等安保设备。会计不需要这些安保设备。出纳去银行取款存款一般都必须由本单位派专车接送，经常还配备一名押解员以防不测。会计出门办事，可以坐公交和出租，甚至自己骑自行车，出纳去银行则不允许这样。

第六，经济责任不同。

出纳少收钱或收到假钱要自己赔，与会计无关；多付钱、库存与账面对不上、到银行取款数目变少、多开支票、透支、坐支、白条抵库等，产生损失要被处罚，都只能由自己承担，会计可以不负责任。会计账错了可以调整，出纳钱错了，像泼出去的水一样，是难以收回的损失。出纳管理的银行账户较多，资金进出量频繁、数额较大时，出错的概率也会较高，可能承担的经济责任更大。

第七，工作要求不同。

出纳要特别谨慎、特别有耐心、特别要细心，还要比较勤快，更不能有贪钱的毛病。从人品和性格上讲，对出纳的要求要远高于会计。

会计与出纳之间也有很多相互依存、相互牵制、互为补充、难舍难分的内在联系。主要表现在：

首先，会计岗位与出纳岗位共同构成了单位资金管理的一个有机整体——财会部门的全部岗位，它们对外是一个整体中的两大部分，不可分割。财会工作的性质决定了内部岗位设置和岗位分工，会计与出纳两者之间是分工与协作关系。

其次，出纳的资金收付业务，必须以会计的记账凭证为依据。出纳按照会计的指令工作，不能为所欲为。

再次，出纳与会计之间有着极为严格和明确的相互牵制关系。会计的明细账牵制着出纳管理的每一个银行账户资金的发生额和余额；会计的总账牵制着出纳各个银行账户资金余额的合计数、账面现金数、库存现金数。也就是说，出纳的全部业务活动均在会计的掌控范围之内。相应地，出纳也反牵制着会计。会计出现数字颠倒、遗漏凭证等在手工记账汇总条件下容易出现的差错，出纳也能发现并予以纠正。

综上，会计与出纳既有密切联系，又有各自特点。出纳工作并不简单，要干好也相当不易。希望大家了解出纳，理解出纳，支持出纳，尊重出纳。

发票真伪的第一责任人是谁

在假冒伪劣猖獗的当今社会，假发票也沦为重灾区。

我们常常可以看到，在不少地方的火车站、汽车站等人员稠密之处，几个农民模样的中年妇女不时地凑到看着像"公家人"的乘客、游客跟前，小声问："要发票吗？"每个人的手机中常会收到某某公司代开发票的广告。每个人的汽车门把手上常能看到写有代开发票联系方式的名片。就连到国外，外国人推销商品，也不忘叮嘱一句："有发票。"中国会计生存环境的污染已经到了十分严重的程度。

众所周知，发票是经济活动最重要、最合法的原始证明，是打官司的重要凭据。如果连作为核算依据和法律依据的发票都是假的，重要证据都不靠谱，会计编制的报表就不可信，经济核算、经济分析、经济预测、经济决策、经济纠纷裁判、经济领域的真实性、准确性、完整性、公平性、公正性，就都无从谈起。

发票真伪的第一责任人是谁？笔者查阅了《中华人民共和国发票管理办法》（1993年颁布实施），发现对此没有明确规定。该办法只规定了不得有转借、转让、介绍他人转让发票、发票监制章和发票防伪专用品等五种行为，提出税务机关应当提供查询发票真伪的便捷通道，违反规定由税务机关没收非法所得并给予罚款。

发票管理办法出台20多年来，发票违法一直处于不纠或者以罚代纠状态，违法成本极低，违法现象自然就会有禁不止。

2015年颁布了修改后的《中华人民共和国发票管理办法实施细则》，

该细则仍然没有明确发票真伪的第一责任人是谁。法律法规的设计缺陷，给现实的发票管理带来极大困难，同时等于给发票违法敞开了方便之门。

几乎所有人都认为：发票真伪鉴定的第一责任人是会计，会计如果连假发票都识别不了，那就是不称职、失职、渎职，要承担相应的责任。这样的思想认识助长了虚开发票、购买假发票报销的业务人员的嚣张气焰。得利的是自己，受害、受苦、受累的是会计，不开白不开，不赚白不赚，赚了也白赚。

这是责任、风险与权力、利益严重脱节的表现，是有意放纵"小偷""坏人"，处罚"警察"的不公平、不公正、不合理的做法。

财政部中国财政科学研究院研究员孙永乾2016年提出，财会人员仅仅对发票的形式合法负责，实质性内容的真实性、合法性不是财会人员的责任，是业务经办者的责任，报销经手人应该对发票的真实性合法性负责。

据财政部中国财政科学院办公室主任、财政部内部控制标准委员会咨询专家王泽彩介绍，该院财务处规定：所有报销人员必须在每一张发票上注明"本人对该发票的真实合法性承担完全责任"字样，否则，不予受理。该要求实施后，经院财务处核查，本院未发现一张假发票。

单张票据金额超过800元，需经办人自行上国税地税网站验明发票真伪，并打印检验结果。这是孙永乾研究员的原话，但笔者在网上没有查到该话的出处。

笔者认为，财政部作为会计的最高管理机构，孙永乾作为财科院的研究员，此话应该属于对发票真伪鉴定责任的权威解答。

我们应当牢记：发票真伪鉴定的第一责任人是业务经办人，不是会计，别再承担别人的责任，种别人的田，荒自家的地。

银行未达账项调节表应该由谁编制

在日常工作中,财会人员普遍认为:银行未达账项调节表应当由出纳编制,许多单位实际上也一直由出纳编制,但这是一种错误的认识和做法。

按照不相容职务必须分离的制衡原则,会计与出纳属于不相容职务,会计不能管钱,出纳不能管收入、支出、费用、债权债务账目登记,不得兼任稽核、会计档案保管工作。出纳管支票,开支票所要加盖的银行预留印鉴必须由会计或单位领导人保管,不得由出纳一人同时保管。这些规定大家都知道,绝大多数单位也能做到。一旦做不到,由会计兼任出纳,出纳兼会计,会计和出纳有一人被架空,单位资金安全就面临重大隐患。会计、出纳用单位资金炒股、赌博、私人理财赚利息,或借给朋友赚取好处等违法犯罪案件就会发生。

部分财会人员认为:管银行账户的人,自己对自己的账,自己编自己的银行账户未达账项调节表,有什么不对?怎么能把出纳分内的事儿交给会计来做?

笔者反问一句,管现金也是出纳的责任,为什么盘点现金必须由出纳以外的两名会计共同负责,而不是由出纳自己写个盘点表交给会计?出纳自己填的现金盘点表,您信吗?有问题您愿意承担贪污、挪用、白条抵库、坐支、库存现金与账面数不符、库存数额巨大等连带责任吗?只有亲自盘点,亲眼看有没有白条,有没有超额存款,有没有挪用等问题,您才会放心，出纳有问题才能被发现、及时纠正和制止。否则，出纳的胆子可能会越来越大，他们把单位的钱拿光，会计和其他人员也不知道。

管现金如此，管银行存款更应如此。银行存款中的钱比现金要多得多，出租出借账户是出纳利用管理账户的便利条件进行舞弊的常见手段。

出纳将单位的银行账户出租出借给亲朋好友，自己从中捞取好处，但会计因没有做凭证，就不知道。会计凭证不包括出租出借账户的收支业务痕迹。银行存款日记账是按照会计编制的凭证记录的，同样看不到出租出借账户的业务信息。单位的会计账与出纳账核对，永远相符。

然而只要有出租出借账户行为，有账户资金的流转，银行系统的单位对账单上就一定会显示。若让出纳编制银行未达账项余额调节表，这种舞弊的痕迹一定会被隐藏，没有人能够发现。但若改为由会计编制，银行发来的对账单上出现了本单位没有发生、会计没有做账的业务，就会立刻引起警觉，会马上发现出纳的舞弊行为，将其公之于众，能挽救出纳、挽救会计自己、挽救单位免遭更大的损失。

所以，如同现金盘点一样，对出纳账、编制银行未达账项调节表，就是盘点银行存款，必须由会计完成。

需要提醒的是，部分会计、出纳在从事违法犯罪行为之时，常常会伪造、变造银行对账单以掩盖自己的违法行为。财会人员应定期到银行柜台打一份真实的银行对账单，要将此单与会计账、出纳的银行存款余额、发生额进行多角度、多项目核对，防止不法分子利用同事熟人的信任、抹不开面子等钻空子，坑害同事，让大家因失职、渎职而赔钱受处分，让财会部门因出了贪污犯、挪用公款犯而抬不起头。

广大财会同仁请牢记：编制银行未达账项调节表是会计的责任，是会计履行盘点银行存款账户余额发生额是否正确的监督控制措施，是防止出纳舞弊的内部制衡制度，是运动员与裁判员不能为同一人的基本游戏规则。因此千万不能让出纳编制银行未达账项余额调节表。

工资表应当由谁编制

在许多国有企业，工资表的编制责任一直不清晰。现实中，部分企业的工资表由人力资源部门编制，经人力资源和财务部门负责人审核、总经理或董事长审批后，由财务部门发放。部分企业由财务部门根据人力资源部门提供的员工增加减少信息，职务职称变化，考勤、医疗、养老、失业、工伤、生育保险及住房公积金变动信息，计算并扣除个人所得税后，直接发放。

那么工资表到底该由谁编制呢？

笔者认为，工资表当然由人力资源部门编制，理由如下：

其一，工资、奖金、福利、社保是一个家庭的四个兄弟，奖金由人力资源部门或者人事劳资部门计算似乎毫无争议，社保由政府人力资源和社会保障管理部门计算是法律规定，但是工资、福利该谁管说不清，好像从道理上讲不过去。

其二，工资是员工的基本劳动报酬，是员工养家糊口的主要来源，是企业与员工的雇佣与被雇佣生产关系的最关键证据，是企业向员工分配的主要手段和渠道，是计算单位和个人应缴纳的医疗、养老、失业、工伤、生育主要保险费和住房公积金的主要依据，是企业与员工发生劳资纠纷时确定员工是临时聘用、有期限合同工，还是无固定期限合同工，确定赔偿与否及赔偿额度的变更参照。工资不仅体现员工的劳动付出每个月实际得到了多少回报，还包括员工应得但实际没有得到的回报，即包括由企业和个人缴纳到医疗、养老等社会保障机构的钱。这几笔债务并不能按月结清，其结算不属于财务范畴业务，而属于人事业务。

其三，由人事部门造工资表，有利于理顺每个员工的各项社保关系。员工的各项社会保险均须人事部门按人按月逐笔核算登记。单位负担多少，个人负担多少，累计缴纳了多少年，以及要缴纳多少年才能达到国家规定的领取年限，员工调离如何转移各项社会关系，等等，事关每个员工的切身利益，是员工未来生活保障的大事，如果主管部门不管或者没管好，没有算清，显然不合适。

其四，国有企业都有其相应的工资标准，包括基础工资、职务工资、工龄工资、职称工资、交通补助、通讯津贴、特岗津贴、高原津贴等，内容很多，结构很复杂；企业员工的工资分很多级别，每一级又分很多档别，职工工资晋级、晋档有严格的条件；员工请病假、产假、事假以及旷工应该如何扣除工资，有详细规定；员工日常加班、节假日加班、法定节日加班时发放加班费的标准均不同。

对国家和单位而言，工资的政策性很强，但这些政策财务部门不掌握，遇到问题，很难向职工解释清楚。

对职工个人而言，工资可能是其唯一或者主要的收入来源，一旦用错政策或者自认为是用错政策，工资少了，就可能影响其工作热情，使其对单位的公平性、对工作人员的公正性产生怀疑，还可能影响正常生活。

让财务部门造工资表，就像让铁匠干花匠的活，出力不讨好，还可能弄出乱子，把一个问题弄成几个问题。

其五，让财务部门造工资表然后直接发放，缺少必要的审核与监督程序，不符合内部控制要求，不符合不相容职务必须分离原则。

虽然财务部门运用的是由人力资源部门提供的经过单位领导同意的相关工资变动信息，但是否全部采用无人监督，录入变更信息时是否该变更未更改，也无人监督。这就给个别心术不正的财务人员创造了作弊之机，待发生错误后，造成多方被动，引起诸多矛盾。

当然，绝大多数财务人员的职业素养较高，很少出现类似现象。但也正因为很少出现，才让单位领导和人事部门放心地将造工资表之事交给财务部门。然而，属于机制的漏洞必须堵塞，否则就可能给单位和个人造成重大伤害和损失。

由财务部门造工资表，人事部门给出的理由主要是扣除个人所得税他们算不了，应该由财务算。其实这个理由也不成立。只要编表人员按照《个人所得税法》的计算公式套上去，很容易就能算出来。当然，由于不熟悉，心里没底，拒绝也是人之常情。财务人员可以带着人事干部教会他们怎么算。再退一步，可以先由财务人员代替人事干部计算扣除个人所得税，再交回人事部门履行审核审批程序。

造工资表的问题本来不是问题，人事部门编制工资表，天经地义。由于许多单位一把手对财务的认识和重视程度远远低于人事，人事不愿干的事硬压给财务，作为相对弱势的财务部门和财务科长，只好逆来顺受，大家都这样，就形成了财务造工资表是普遍现象、是惯例的不当做法。

笔者认为，由财务部门编制工资表不正常，且弊大于利。

过去没有出问题，是因为财务人员素质高，没有人愿意利用制度漏洞去谋私利。过去没有，不等于以后永远不会有。

改变由财务部门造工资表的现状，纠正弊多利少的习惯做法，堵塞机制和制度漏洞，才是确保企业长治久安的最佳选择。

视角三

站在部门角度看会计

视角三：站在部门角度看会计

财务与计划的关系

计划与财务是经济管理的两种手段、两种方法，这两种手段、两种方法在国家宏观经济管理，行业、省市自治区宏观经济管理，企事业单位微观经济管理中均不同程度地发挥着作用。中华人民共和国成立初期至改革开放初期，三十多年时间实行计划经济，执行计划管理，财务管理服从和服务于计划管理，财务管理地位不突出，作用不明显。几十年的思维定式和思维惯性一直影响着中国各级政府机构、各类行政事业单位，以及各个国有大中企业。时至今日，政府机关、事业单位、国有企业几乎都设置有计划部门，以计划管理统筹政府管理、事业管理和企业管理全局。一些单位计划与财务部门合并设置，计划与财务能够达到较好的统一，还有许多单位的计划部门与财务部门分设，有不同的分管领导分别管理，较难统一。

一、计划与财务脱节的表现及弊端

据笔者了解，部分计划与财务部门分设、单位领导分管，计划与财务两张皮现象较为突出。计划部门以为，计划就是统筹全局的，所有单位和部门必须听计划部门的，按计划部门的要求办理。最为典型的表现是计划随心所欲，想怎么下就怎么下，想下多少就下多少。个别单位以正式文件下达的计划和批复的事项，存在计划列支渠道不正确、不准确、不明确的现象。比如，批复的改造工程支出在已竣工决算并取得上级批复的建设项目中列支，此为计划列支渠道不正确；批复的某些费用支出在预备费中列支，此为计划列支渠道不准确；批复的某些费用支出无列支渠道，此为计划列支渠道不明确。对于批复的列支渠道不正确、不准确、不明确的文件，除了财务部门能够指出、说清并关心外，其他部门、领导均不关心，也看不出、说不清。对于批复文件中没有明确列支渠道的支出事项，财务部门无法办理。让总部机关经费会计办理不合适，让建设项目会计办理无依据，让运营会计办理无依据，让经营会计办理更不合适，但不办理所属单位不答应。结果，财务部门和财会人员不执行单位文件，单位领导批评，所属单位不满；按单位文件执行违反国家财经纪律和财务制度，上级财政、审计、财务部门要追究责任。财务部门和财会人员处在两难境地，无法选择。所属单位认为，计划部门替他们考虑，解决他们的实际困难，财务部门却生搬硬套、抠抠掐掐，这钱不愿给，那钱不愿付，总扮演反面角色，当坏人、唱黑脸。

还有一种典型表现就是计划只管想干什么事、办这些事需要多少钱，至于单位有多少钱、缺多少钱、如何弄钱、能弄多少钱，这是财务部门的事，与计划部门无关。结果由于资金无法落实，许多计划事项落空。

第三种表现就是计划与财务预算口径不一致。

财务预算一般要根据业务特点、财务制度、会计制度等要求编制，所涉及的预算收支事项，支出中的成本、费用，均按照会计制度规定的会计科目或类似于会计科目的收支项目编制填列，而单纯的计划经常不考虑上述要求，只按照下级单位申报事项，单位领导、上级领导安排的事项编制填列，两者的口径差异极大，已下达的计划财务部门在会计核算方面会遇到许多困难。在有上级财政部门批复预算的单位中，单位下达计划中包含许多上级批复预算之外的支出事项；个别单位，对财政批复预算中的内容，计划没有下达，财政批复预算中没有的内容，计划以预备费统揽下达。

第四种表现是文件批复某费用支出列支在上年度计划之中。

在上年财务决算报出之后，单位文件批复某费用支出列支在上年度计划之中，财务不按文件执行有问题，按文件执行就得重新编报上年度决算，重新上报董事会审定，重新上报上级主管部门，这从财务角度肯定行不通。计划部门认为，项目计划当年完工，年度当年已经下达，计划不能重复下达。业务部门认为，业务执行中由于主客观原因导致项目实施工期滞后，该项目有计划，实施是有依据的，财务按工期拨付了资金，具体当年有无计划是计划部门的事。财务部门认为，财务按照年度计划筹措、拨付资金并进行会计核算，跨年度项目未完成计划必须结转到下年度，当年没有计划的支出视同无依据支付、无依据核算。计划、财务、业务部门及其分管领导三者之间很难达成一致。

由于计划中存在与财务预算口径不一致，与单位资金情况不匹配，列支渠道不准确、不正确、不明确，列支渠道前置等问题，财务执行后被上级财政、审计、财务部门批评，要求财务部门整改，财务部门与计划部门无法沟通，结果变成了财务部门不遵守财经纪律、不执行财务制度。对于无法执行的计划，单位主要领导不满意，查明原因后要求计划按照财务预算批复和财务管理、会计核算规定的口径编制，计划与财务两张皮现象才得到初步扭转。原来一味追加项目、追加计划的文件不得不核减那些不切实际、不迫切的计划项目，不得不一次又一次调低计划额度。

计划不考虑资金的配套情况，不考虑列支渠道的正确性、合理性，不考虑实施的可行性，不考虑与财务管理口径的统一性，非但不能统揽全局，指导单位工作，还可能导致单位内部部门之间、部门与所属单位之间产生重重矛盾，以致推诿扯皮现象不断发生。出现问题难以分清责任，难以及时、正确解决，可能导致单位管理效率低下和管理混乱。

二、计划与财务的共同点

计划与财务同为单位经济管理的手段，其管理内容相同，均为单位各种经济业务；管理对象相同，同为单位内部各部门、所属各单位；管理目标相同，都是为了提高单位的管理效率和经济效益，促使单位合法、合规、合理、更好、更快发展。

三、计划与财务的不同点

1. 管理思路和指导思想不同

计划是以想干什么、要干什么为指导思想，是事前管理行为，以预测、规划为主要思路；财务是以能干什么为指导思想，以干了什么为参照，是事中管理行为，以政策制度是否允许、资金是否有保障，是否有利于提高经济效益为主要思路。

2. 制度要求不同

计划主要依据上级部门计划、单位发展规划、单位实际需要等编制，没有硬性的法律、制度的约束，财务主要依据《会计法》《财务制度》《会计制度》等要求实施，由刚性的法律、法规、制度和严肃的财经纪律约束，有严格的条条框框限制。

3. 责任不同

无计划、超计划、计划不切实际均不会受到直接处罚，处罚的责任被转嫁到下一站，即转嫁到财务头上，以财务把关不严为由处罚、责怪财务部门和财会人员。违反财务制度、财经纪律，就要承担经济的、行政的、法律的责任。

4. 技术含量不同

计划的技术含量相对较低，仅仅需要调研、统计、预测等简单技术，财务的技术含量相对较高，需要财务会计专业知识和专业技术，需要掌握国家相关财政货币经济政策、法律、法规，需要合规、合理地确认、计量、记录、报告经济事项，需要对经济事项进行预测、决策、计划、控制，要运用凭证、账簿、报表技术和预计资产负债表、预计损益表技术对单位的财务状况、经营成果进行全面总结和准确预测。财务要求全面、连续地记录经济事项的产生、发展、完成过程和结果。计划一般只管两头，不管中间；财务要求会计要素间的钩稽性、逻辑性。常言道，"吃不穷、穿不穷，计划不到一辈子穷"，讲的是计划和预测的重要性，而"计划没有变化快"又讲出了计划的不准确性。财务管理中常用的资产负债率、资产周转率、流动比率、速动比率、收入利润率、每股收益、利息保障倍数等技术指标，计划一般不用。计划中的核算为经济核算，相对简单、粗糙，没有准则、制度约束，财务中的核算为会计核算，相对复杂、细腻，要受到会计法、会计准则、会计制度的限制和约束。

四、计划与财务的关系

计划与财务的关系如同战略与战术、自由交通与轨道交通、敞口管理与收口管理、理想与现实的关系。

如果说计划是工可研，详细计划就是初步设计，财务预算则是施工图设计，财务预算的执行就是施工，对财务预算执行情况的监督检查就是审计。

财务预算执行，实施的主体，即施工单位是各业务部门和管理部门，是所属各单位；施工最高指挥者、组织者是各单位领导；施工的现场指挥者、组织者是各业务和管理部门领导、各所属单位领导；具体的施工人员就是各部门员工、所属各单位员工。

财务部门领导有资格参与决策、指挥和组织工作，但他们的意见和建议必须得到本单位领导，特别是本单位最高决策者的采纳，才能起到作用。如果最高决策者不采纳财务部门领导的意见和建议，由于各业务部门、管理部门、所属各单位与财务部门是平级机构，财务部门无权对他们发号施令。出于部门利益、单位小团体利益的考虑，财务部门的监督、审核经常会受到抵制和反抗。所以财务的监督、审核、决策建议权利的行使，必须取得单位最高决策者的全面、全过程、全力支持，否则，计划与财务相互掣肘，财务预算、财经纪律与财务制度的执行可能会大打折扣。

笔者建议，单位分管计划的领导与分管财务的领导最好为一个人，最好为单位一把手，这样计划与财务的关系从体制上、根本上能够理顺。计划与财务的关系藕断丝连、千丝万缕，看起来简单，讲起来却并不简单。笔者在此浅议两者关系，难免挂一漏万，希望专家、学者赐教。

视角三：站在部门角度看会计

■ 财务与人事的关系

众所周知，每个单位管理的多个部门中，以人事部门和财务部门为核心，基本上都是单位一把手亲自抓、直接管。事在人为，抓住人权就是抓住了根本；办事必须花钱，抓住了财权就抓住了命脉。人权和财权共同决定着事权。单位的发展、个人的成长都是建立在事业的基础之上的。那么人事管理与财务管理之间有什么关系呢？

这里所说的人事管理和财务管理均是狭义的，是重要人事管理和财务管理。本文以大中型企事业单位为参照。

第一，财务管理以人事管理为基础，人事管理是起点，财务管理是过程和结果。

一个单位的成立是先有机构后有人员，这个机构中财务部门和人事部门是必须设置的独立部门。无论机构怎样设置，单位领导班子成员、财务管理人员、人事劳资管理人员是单位必备的综合管理人员。这里说的财务管理以人事管理为基础，主要是指财务业务的发生是以本单位人员、本单位业务为基础，这是会计主体假设的要求。本单位人员由人事部门管理，人员的工资、福利、奖励、处罚由人事部门确定，所以说人事管理是财务管理的基础和起点，财务管理记录和反映着单位业务发生的过程和结果。

第二，财务管理是频发的、日常的，人事管理是偶发的、阶段性的。

只要办事情搞业务就需要花钱，只要花钱财务管理就必须跟上，单位每天需要办理许多事，所以说财务管理是频发的、日常性的。与财务管理相比，人事管理属于偶发的、阶段性的工作，只有在人员增减变动、晋级、晋职、调动、奖励、处罚、普调工资等情况下，人事管理才介入。

第三，人事变化情况在财务上有记录和反映，财务变化情况在人事上不作记录、不予反映。

单位人事变动情况在财务上均有相关记录和反映，如职工调入、调出，职称变化、职务变化、工资变化、受到奖励、受到处罚，甚至职工家庭出现伤亡事故、家庭经济困难等，财务上均有相关记录和反映。而单位财务状况的变化、经营成果的变化在人事部门不作记录、不予反映。

第四，部分人事劳资政策法规财务上必须执行，财务制度、财经法规对人事部门和其他部门是同样要求，没有特殊要求。

对于人事劳资政策法规，单位人事部门、财务部门都要学习、掌握、贯彻、执行，人事劳资政策的执行，下文件、发通知是人事部门的事，具体的落实、兑现则是财务部门的事。对于财经法规和财务制度，单位财务部门和财务人员必须学习、掌握、贯彻、执行，人事部门与其他各部门一样，没有特殊要求。

第五，财务股长、科长、处长的任免，财务人员的调动、调整，往往由单位人事部门和财务部门共同决定，其他部门负责人的任免、调整、调动则主要由人事部门负责。

按照相关制度规定，许多单位财务处长、科长、股长的任免，财务人员的调动、调整往往由单位人事部门和财务部门共同决定，其他部门负责人、其他人员管理则主要由单位人事部门负责，足见财务部门和财务人员的重要性和特殊性。

第六，单位财务管理的好坏决定着单位领导班子，特别是主要领导的去留升降，财务管理反作用于人事管理。

单位财务管理混乱，内控机制不健全、有制度不执行、违反制度不处罚，有违法违纪问题发生，可能会造成单位领导班子的撤职、降职、调离等后果，而单位财务状况不佳，长期处于亏损状态，资金周转不灵，可能会引起单位破产倒闭。换句话说，单位的财务管理会反作用于人事管理。

综上所述，人事管理和财务管理是单位管理的两个支柱，也是单位发展的重要根基。与人事管理相比，财务管理之根更深、更密、更盘根错节。若养护管理不到位，更容易生虫、腐烂。重视财务管理、加强财务监督、对违反财务制度的人和事进行及时纠正和处罚是每个单位必须正视的严肃问题，这是财务管理的要求，更是单位长期、稳定、健康发展的要求和保证。

会计与统计的关系

从事会计工作的同志应该对统计工作不算陌生。财务快报、融资情况月表、单位基本情况表等非财务报表，其实就是统计报表。

部分单位的财会部门与计划部门合并为一个部门，而计划部门一般都要兼搞统计工作。没有计划部门和统计部门的单位，财会部门一般都是集财务、会计、计划、统计、审计等经济管理职能于一身。从这个意义上讲，财会部门绕不开统计工作。虽然很多会计已经干了不少统计工作，但并不一定清楚会计与统计到底是什么关系。

常言道：三分统计，七分估计。意思是统计数据的水分很大。这是统计工作留给人们的最深印象，换句话说，统计数据的准确性较差，这是会计与统计的第一大区别。

会计数据的产生过程非常严格。依据要充分、程序要合规、计算要准确、结果要经得起审计和检查验证，且必须满足合法、合规、合理、效益等基本要求。统计数据产生的过程和结果，除合理要求与会计相当之外，其他几项要求要么没有，要么没有严格的标准。

会计数据从原始凭证到记账凭证，从账簿到会计报表，每一个环节都有严苛且具体的标准。比如原始凭证中的发票，其抬头、日期、用途、所购物品规格型号、数量、价格、大小写、币种、发票专用章、发票有无涂改、发票附件等非常具体和严格。再比如发票之后还要求提供合同、协议、文件、预算、计划依据，工程结算要提供计量支付报表，购买商品要有验收入库单，发票背面要有经手人、审核人、审批人的签字手续，等等,这一系列入账条件,有一项不符合制度要求,就无法变为记账凭证,无法成为会计账簿和报表数据。

即使上述原始凭证符合要求,再用是否违反现金管理制度,是否有大额现金支出现象,是否违反计划和预算管理制度,出现无计划、无预算或者超计划、预算的支出来衡量,若有,同样难以进入记账凭证、账簿和报表,难以形成会计数据。

也就是说,会计数据产生的第一个环节要过发票关、与发票配套的附件关、制度依据关、审批程序关四大关口,一关过不去,就形成不了会计数据。

数据间互有逻辑和钩稽关系,是会计与统计的第二大区别。会计账簿数据、报表数据等具有严格的逻辑关系和钩稽关系,相互可以印证,从一个数据可以推算出另外一个或几个数据。会计的银行余额数据与出纳的银行账数据有内部钩稽关系;出纳的银行账数据与单位在开户银行的数据有外部钩稽关系;会计的往来账与往来单位的往来账,有外部钩稽关系;会计的纳税账户与税务部门纳税账户有外部钩稽关系;企业对外投资、短期借款、长期借款、投资收益、利润分配、产品销售、原材料和固定资产购置、人员工资奖金支付等,几乎每一笔会计数据都有内部或外部的钩稽者、印证者,这种关系统计台账、统计报表一般都很难找到。会计的总账与明细账、利润表的本年利润与资产负债表的未分配利润,都有明确而准确的钩稽要求。

会计中很多确保数据质量的原则和方法,统计一般不用,这是会计与统计的第三大区别。

会计的借贷记账法、折旧计提方法、费用摊销方法、成本和费用分配方法、计价原则与方法、盘存、盘库、结转的原则与方法,统计一般不用;会计的谨慎性、权责发生制、配比、划分收益性支出与资本性支出等原则,统计可以不遵循。统计所使用的抽样调查、样本推算等原则和方法,会计也不用。这些基础性工作决定了会计数据的信息质量要远远高于统计数据的信息质量。

会计有反映和监督两大职能，统计只有反映职能，没有监督职能。会计工作直接关系企业经济利益的流入流出，统计工作不涉及经济利益流入流出。会计的法律责任大，要保护国家利益、集体利益和个人利益，并有协调利益关系的职责，统计的法律责任相对较小，没有保护国家集体和个人利益的直接义务，没有协调三者关系的直接责任，这是会计与统计的第四大区别。

会计与统计的第五大区别是统计数据的及时性要求要远远高于会计。

统计把握大局和方向，预测发展大势。就像工程建设领域的初步设计。要求按月、按季及时公布GDP、CPI、PPI等宏观经济指标，预测次月、次季度经济走势，为国家、行业、地区发展把大脉、定大调、指大方向。

会计主要着眼于微观、中观经济方向和准确调控。就像工程建设领域的施工图设计。会计按月、季、年报告的经济信息，是真实的运行轨迹和结果，不是统计报告出的大概运行轨迹和结果。

统计因其原料"粗"而快速及时，及时性是统计的第一生命，准确性次之；准确性是会计的第一生命，及时性次之。统计是粗算概算，会计是精算决算。

会计工作与统计工作都是国家经济管理的手段，都属于经济工作的范畴。统计是先遣部队，会计是压轴部队和垫后部队；统计是轻骑兵，会计是步兵。

会计侧重的是过程控制和观念总结，是以准备粮草、跟踪打仗、打扫战场、计算和报告战果为任务的事前、事中和事后工作一条龙服务；统计不用准备粮草，不跟踪打仗，也不打扫战场，战争刚结束，就估算推算战果和物资人员消耗，主要为下一阶段战役提供预计情报。

统计工作关注数量和价值两方面数据，会计工作主要关注价值信息，不太关注非价值信息。统计工作关注的国土资源、矿产、企业机关事业单

视角三：站在部门角度看会计

位数量及其分布、人口状况、结构、分布、学历、就业等非经济信息，会计一般不关注。

总之，会计有会计的用处和优势，统计有统计的用处和优势，两者缺一不可，并且有非常强的互补作用。会计应用统计信息可以掌握宏观全局，扩大会计的视野，为会计把握大方向；统计利用会计的信息可以更深入、更准确地把握经济命脉，将预测经济大趋势的准确性提高到更科学、更合理的范畴。

审计究竟在审谁

审计是全社会所有经济组织必须面对和接受的经济业务。有经济活动就有财务管理和会计核算，有财务会计业务必有审计。

审计分政府审计，即政府审计机关安排和实施的审计；社会审计，即会计师事务所等社会中介机构实施的审计，部分由政府审计机关、财政部门、国有资产管理部门、业务主管部门等指定和安排，部分由各社会经济组织自行委托；内部审计，即社会经济组织内部设立审计部门，主要对单位内部相关业务安排和实施的审计活动。

政府审计具有强制性、无偿性；社会审计具有非强制性、有偿性，部分经济业务具有强制性，如企业注册资本验资审计、企业年度财务决算审计、企业合并审计、企业转制审计、企业产权变更审计、企业破产清算审计、领导人任职经济责任审计等；内部审计具有强制性、无偿性。

审计对象包括政府部门、事业单位、社会团体、企业等全部社会经济组织。

审计被誉为"经济警察"，又被称作经济发展的保健师。通过审计查错纠弊，能帮助社会经济组织在政策、法规的框架下，合法经营、规范运作，促使社会经济组织健康发展，促使全社会和谐、稳定。

审计都审什么？

审计一般包括财务收支审计、财务决算审计、经济效益审计、重点工程审计、经济责任审计、企业管理审计等内容。

审计究竟审谁？

视角三：站在部门角度看会计

在许多人眼中，这个问题太简单了，审计就是审财务，这还要问？

审计人员是这么认为，也是这么操作的。审计与财务变成警察与小偷、猫和老鼠的不正常、不和谐、互生敌意的业务关系。

社会经济组织的主要领导和全体员工也这么认为。审计来了，财务部门、财务人员要加班加点、精心准备，要回头望，认真应对。该调账的调账，该补手续的补手续，千万不能让审计查出问题，特别是不能查出大问题。如果查出了问题，首先说明财务人员账没有做好，工作能力有问题；其次说明财务人员把关不严，工作责任心不强，有问题的经济事项怎么能入账？再次说明财务人员攻关协调能力不强，这些小事还摆不平？最后，审计查出的问题必须由财务部门解释、解决。

多数财务人员也是这么认为的。既是领导说审计就是审财务，那还有错？审计就是查账，账是财务做的，不是审账审财务吗？审计指出的所有问题都要求财务答复，即便不是财务问题，也必须由财务部门协调，找相关人员答复，多少年是如此，各种审计都如此，所有单位都如此，无数事实证明，审计就是审财务。

笔者认为，审计就是审财务这种观念不正确。

分析研究一下财务资料、会计凭证、账簿、报表，财务制度的制定、执行、监督过程就能明白其中的原因。

所有有经济活动的单位都有财务制度。财务制度是否健全、有效，经济活动是否执行财务制度，制度执行情况是否进行监督检查，检查结果是否要求整改，整改情况是否进行复检等一列问题，是必须由单位领导班子成员特别是法定代表人研究、决策。这些事项的决策情况、执行情况是财务会计工作的前提和基础。如果前提不完备、不具备，基础不扎实，甚至无基础，财务会计工作能做好吗？能没有问题吗？

财务会计的职能一般表述为核算与监督。财务管理的职能是预测、决策、计划、控制；会计的职能是确认、计量、记录、报告。从财务的职能上看，它有导向作用，有决定权、控制权。可事实上，财务的导向作用在实际的发挥中却大打折扣。因此不分青红皂白让财务人员为别人的决策负责、为他人的过错承担责任，是财务管理方面权力与责任不对等的表现。对于财务人员来说非常不公平。

从会计职能上看，会计确认、计量、记录、报告的是单位全部经济和管理活动，是单位内部各部门、各种业务和管理活动的经济运行轨迹。就像农夫山泉广告语说的那样："我们不生产水，我们只是大自然的搬运工。"会计人员不直接参与单位业务活动，不制造经济业务，只是经济业务和管理活动的记录员、书记员，只充当照相机、摄像机。财务会计部门仅仅是单位经济活动的资料仓库，是资料寄存处，是经营活动的终端、末梢。

从表面上看，审计就是审财务资料，是看会计凭证、查会计账簿、翻会计报表。这就让大家误认为审计就是审财务。但凭证上记的是什么，附的是什么，附件能说明什么？凭证，就是发生经济业务的凭据和证明，也是打官司的唯一会计类证明，特别是凭证附件，原汁原味，以此为线索，可以对经济业务追根溯源，一直追索到底。如查看一张购物发票，就可知道是谁经办，此人是哪个单位的（看发票抬头），在什么时候（发票日期），什么地方（出票单位），购了什么东西（发票摘要），购了多少（数量），什么规格型号（规格型号），单价是多少（发票单价），总共花了多少钱（发票总价），谁安排的（部门负责人签字），谁审核的（会计签字），谁复核把关的（财务部门负责人签字），谁验收的（验收人签字），谁批准的（单位负责人签字）。所购之物数量是否正确、规格是否合适、单价是否合理等十七条主要经济与管理信息都显示在这一张小小的发票和审签单据上面，其中涉及财务的信息只有两条，占11.8%，其他十五条占88.2%，特别是决策和执行信息均与财务无关。其他各类发票至少能显示出十二条相关信息，涉及会计的仅占16.7%。

凭证是经济与管理活动支取现金的依据，签字审核报销过程就是经济业务管理的程序。这一程序和依据一般通过单位财务制度加以规定和规范。审计检查的就是单位经济与管理活动的合法性、合规性、合理性、效率性，以及效益性。

凭证附件全部是单位经济与管理活动的轨道和结果。比如，×××因成绩突出受到奖励，要发给奖金，×××因工作失误受到处罚要求扣发资金、工资；为了提高工程质量，开展质量大检查、质量回头望活动；为推动安全生产，进行安全生产培训；为堵漏增收，进行相关动员、部署、调研、整顿、处罚、奖励等；干部职务晋升、工作调动、人事任免，一句话，只要花公家的钱，花单位的钱，财务上一定有记录，有凭证可查。谁想赖也赖不掉，谁想跑也跑不了。

会计账簿是对会计凭证上记载的零散琐碎的经济业务，按照会计的原则方法进行编辑、剪辑、加工、整理，使其成为条理清晰，总体与分类结合，资产、负责、权益、收入、成本、利润单独列示的会计信息。

会计报表是对会计账簿记录的会计信息进行汇集、汇总、合并生成的会计信息集合体，它能总体反应单位的财务状况和经营成果。通过报表的对比，能反映出单位经济业务的发展变化情况、变化方向，能预测单位未来的走势，能评价单位经营和管理水平的高低。

单位管理体制、管理制度决定经济业务，经济业务决定会计凭证，会计凭证决定会计账簿，会计账簿决定会计报表，会计报表反映经营管理水平。单位管理规范，制度健全，制度执行到位，检查监督到位，运作高效，能严格执行计划、预算，能勤俭办事业，这一切可以通过会计凭证、会计账簿、会计报表上的信息予以揭示和反映，但根子并不在会计资料本身，根子是单位的管理体制、管理制度和经济业务。

财务原始资料的设计者是单位领导和各部门负责人，是单位和部门的决策者，也就是民间所称的"前三排"和"主席台"上的人；财务资料的源头，真正的生产者、制造者是单位领导和各业务部门、管理部门的工作人员；财务资料的质检者是单位和部门负责人，是有审核、签字、把关权力的领导；财务资料的使用者是各单位内部相关人员，是单位外部财政、税务、审计、工商、银行、业务主管单位、业务合作单位，单位的投资人、债权人和社会公众，等等；财务资料的剪辑、加工、保管者才是财务部门和财务人员。

单位经营业绩的好坏、管理水平的高低的确可以从财务会计资料中获得许多有用的信息和答案，审计往往能够从财务资料中发现许多单位经营与管理方面存在的问题。部分单位领导办理一些经济业务根本不管什么财经纪律、财务制度，就要求经办人员按领导的意旨办事，越简单越好，越快越好，限制越少越好。想怎么办就怎么办。一把手这么干，副职也学着这么干，部门也跟着这么干，久而久之，财务制度形同虚设。有专家指出，不按制度办事，带头违反制度的往往都是领导，其他人员无权改变制度，也不敢违反制度。审计部门、审计人员发现了问题就拿财务人员是问，让财务人员解释、答复。财务人员对有些事项可以说清，有些事项无法说清。审计去找相关部门和相关人员，个别有过审计经历、知道问题严重性和审计威严性的部门、人员能积极配合、认真解答，绝大部分部门、领导没有这种经历，对审计认识不清，总以为审计与自己无关，是审财务的，应该由财务部门和财务人员解答，不予配合或配合不积极。审计不去找相关部门、相关领导，就找财务，造成审计对财务人员极为不满，双方走向对立。

《会计法》修改得好，"单位负责人对本单位的会计工作和会计资料的真实性、完整性负责"。俗称，"单位负责人是本单位会计工作的第一责任人"。但单位负责人到底负责什么，如何负责？不负责要承担什么责任，如何处罚？这些并没有明确的说法。无法操作，导致职责不清、奖罚不明，结果就是把所有的罪过都推到财务人员头上，财务员几头受气，里外不是人。

审计就是审财务的观念不改变，审计发现的问题难以解决，审计查错纠弊的职能不能有效发挥，单位经营管理的水平就无法提高。财务部门和财务人员当尽早觉醒，加大审计是审单位全部业务与管理活动的宣传，尽快摆脱目前这种尴尬处境，努力提升财会人员的地位，树立财会部门应有的新形象，为单位发展贡献最大力量，为个人发展搭建最佳平台。

视角三：站在部门角度看会计

■ 审计是挽救单位和个人的功臣

有人提出审计是一个免疫系统，有人认为审计的职能是防错纠弊，都有一定道理，但似乎不够准确、不够到位。

免疫系统的作用是防患于未然、预防疾病发生。但是审计的这个作用似乎没有得到发挥。许多单位审计发现的问题多数是老问题，年年查年年犯，几年、十几年都得不到重视和解决。比如，债权债务清理不及时，超范围、超标准列支费用，支付依据不充分，程序不合规等问题，说明审计作为免疫预防系统，根本不起作用。

防错纠弊同样收效甚微。审计认为是错，单位也知道是错，就是不改，错也防不住，弊也纠不了，审计此功能的发挥令人大失所望。

笔者认为，把审计定位为一种安全报警信号，是挽救单位和个人的功臣更为贴切。

安全是所有人的一种基本需求，是仅次于吃穿住行，但同时又包含在吃穿住行等生理需求之中的一种前置性需求。

知道什么东西不卫生，人们就不吃；知道哪件衣服有细菌，就不穿；知道是危房，就不住；知道汽车刹车有问题，司机是"二把刀"，宁可走路也不愿上车。这一切首先都是为了确保安全，有安全保障人们才会考虑下一步。前提是知道有不安全因素、有隐患，才选择安全第一，吃穿住行第二。

审计的对象、很多被审单位同样存在不少不安全因素和隐患，但是被审单位的领导不知道是隐患，不知道隐患有多大、发生的概率有多高，会给自己和单位造成多大的伤害，这叫无知者盲、少知者惑、误知者迷，犯错误的"勇气"很大，所以不怕。

被审单位的隐患通常包括法律风险、行政风险、党纪风险、廉政风险、税务风险、国有资产流失风险、经营风险、财务风险、质量风险、安全生产风险等十种。遇到涉及自己安全的问题，谁都不敢掉以轻心。

审计发现和揭示的问题多数是铁板钉钉、证据确凿、依据充分的违规违纪甚至是违法事实，容不得抵赖和狡辩。这些问题是单位财务关口失守、一把手管理失职的铁证。凭此铁证问责处理一把手、财务把关者、业务经办者及其分管领导，顺理成章，天经地义。审计有权移交、上报和向社会公布被审单位的问题。有时之所以没有移交、没有上报、没有公告，可能基于以下原因：其一，审计人员要保护自己，不想得罪人；其二，错综复杂的人际关系、人情网让审计被套在其中，不能处理；其三，审计人员自身的道德素质、法律意识、业务能力有限，没有认识到发现的问题的严重性，等等。隐患被隐藏、掩盖，暂时没人知道，但绝不等于没有隐患、隐患不可能变为事故。

人都有欲壑难填的毛病，有得寸进尺的习惯。既然上次说是问题，但问题没有处理，也没有人再过问，说明问题不大，可以继续这么干。于是违规违纪力度进一步加大，形成了习惯性违规违纪的想法做法，按规定来，反倒不会了。就像一个人进入了赌场，输了钱就想再玩几把，把输掉的捞回来或者少输一点。结果越陷越深，卖房卖车也补不上那个大窟窿，最后落得妻离子散、身陷囹圄。赢了钱的想，玩就玩，还有机会再赢，大不了把赢的钱吐出来。结果要么变成了大赢家，输家却闹个没完，可能还会拼命，上演人间悲剧；要么又变成大输家，最后的结果只能是两败俱伤。

违规违纪违法者就是与规定纪律、法律赌博的人，就是少数人与多数人斗争。最后谁胜，大家心里都清楚。

审计是一种安全报警信号，这个信号对审计人员、财务人员、业务人员、单位一把手分别有不同的警示意义。

对审计人员而言，在发现和揭示审计问题的同时，一定要告诫被审单位一把手及相关人员，这些问题的潜在风险有哪些，有多严重，会伤害到谁，伤害到什么，伤害到什么程度。就像医术高明的医生为患者诊断，诊断病情，要查病因，要开药方，要提醒禁忌事项，要能治病、能防止病情加重，而不是有病说没病，大病说小病，不治不防。要能说到患者的心坎上，能触动其心灵。做不到这些，就是不称职的医生，就是失职、渎职的审计人员。

对单位财务人员而言，审计发现的问题首先是财务管理失守、失职、失控造成的，这里有财务的重大责任，必须想办法弥补。要向一把手建议赶快堵塞制度和管理漏洞，纠正错误，尽最大可能挽回损失，让自己的责任轻一点。千万不能隐瞒"病情"、耽误"医治"的最佳时间，让"小病"变"大病"，"大病"变为"不治之症"，那时财会人员将罪责难逃。

对业务人员而言，自己才是真正的"患者"，是肇事者，是法律要追究的直接责任人。凭证上、发票上都有自己的名字，自己是违规、违纪、违法的，"警察"说该怎么罚就怎么罚，财务说该怎么改就怎么改。

对单位一把手而言，审计发现的所有问题都是一把手的问题。财务管理失守的责任是一把手的责任，业务管理失控的责任还是一把手的责任。有责任就要承担，有问题就要整改，单位变好变坏的方向盘在一把手手中，单位"肇事""翻车"的原因就是一把手没管好。审计是经济警察，又是诊断经济疾病的医生，审计报告就是病情报告，重大问题就是病危通知书。知道病情严重，不赶快住院做手术、打针吃药，有病的部位就可能会感染全身。到了晚期，单位会由违规、违纪变成违法，一把手可能会被处分、被撤职，甚至还会有坐牢的危险。

审计的安全报警作用应该得到审计人员、财务人员、业务员，特别是被审单位一把手的认可和重视。审计警报有作用，单位和个人才不会由违规滑向违纪、违法的深渊。审计是挽救单位和个人的功臣。

视角四

站在领导角度看会计

视角四：站在领导角度看会计

■ 财会人员给领导提建议的三个原则

反映和监督是会计的两大基本职能。无论是反映职能的履行还是监督职责的实施，无不引起强烈的抵制和强大的阻力。反映越真实、越客观、越全面，遇到的抵制越强烈、越人多势众；监督越严格、越全面、越持久，遇到的阻力就越强大、越持久。来自各方面的阻力足以让财会人员退缩，甚至被同化，能顶住压力、扛住阻力者少之又少。即所谓"顶得住的站不住，站得住的顶不住"。

财会人员要是单枪匹马孤军奋战，其结果可能是"被俘投降"或者"英勇就义"，若"抬高枪口"、撤岗换哨，或者装聋作哑，看见全当没看见，或者与闯关者同流合污、狼狈为奸，都可能被当成失职渎职处罚，甚至被当成"叛徒卖国贼""处决"。很多财务人员每天都会面临"顶与不顶""挡与不挡""听与不听""干与不干"的两难选择，退也退不得，进也进不得，心灵整日受到人情与法律制度的双重煎熬，心中的压力日积月累，变成了大山。每日背负这个大山，工作放不开手脚，生活的步伐也日趋沉重。这是财务人员自酿的苦果。

财务工作本来就不是个体工作，而是团队合作。

财务团队中，包括会计、出纳、科长、总会计师、总经理、董事长等五个层次的近十名或几十上百名成员。

单位负责人或者法定代表人，才是财务团队的队长，法律规定他才是单位财务工作的第一责任人，而不是总会计师、科长，更不是会计、出纳。法人代表之外的其他所有成员都是为队长打工，是按照队长授权，替队长把关，一级向一级负责。

会计、出纳向科长负责，科长向总会计师负责，总会计师向总经理负责，总经理向董事长负责，这是一个职责权限非常明确、非常清晰的团队，五级管理体制健全、机制完备，没有争议，没有漏洞。

明白了财务管理团队的组织架构、权责关系，每一个管理层就能够做到在其位、谋其政、尽其职、负其责。

然而，在实际工作中，许多单位不设总会计师，组织机构存在天然缺陷，财务科长就替代了总会计师的多数职责，但没有能承担其相应职责的职权做保障，造成权小责任大、权责不对等，进而出现管理不顺，该管但无权管、想管管不了、管了但没人听等问题。

多数单位的总经理、董事长非财会专业出身，对财务工作既隔行又隔山，不知道财务的有关规定、规矩、规则，需要财务人员告知，但又听不懂财务的话，不了解财务的要求，不理解财务的工作到底是为什么、为了谁，更看不懂财务的行为，进而不支持甚至抵制和阻止财务工作。

财务团队的队长与队员想法不一致，财务人员常常"办事不由东，累死也无功"。领导不了解财务、不理解财务，是目前我国财会人员数量不足、素质达不到要求、地位不高的主要原因。

数量不足就干不过来、干不好；素质不高就不会干、干不好。干不好就没地位、没好待遇；没地位说话没有人听，做事无人看；没好待遇就无心干好，工作的积极性主动性提不起来。

财务工作就陷入了领导不了解、不理解、不支持——数量不足、素质不高——干不了、干不好——没地位、没好待遇、没积极性——干不好——领导不支持的怪圈，永远也绕不出来。

原本五级的管理体制机制，被人为简化为二级；原本最高、次高、高、中、低五级的责任和压力承担与传导体系所要求的五级节点、五道关口，被简化和扭曲成中、低二级，上不接天，压力无法传向董事长或总经理，下不接地，普通员工无法替会计分担配合，所有的压力只有会计自己扛，财务人员所承受的压力之大不难想象。

问题的根子不能怪单位没有总会计师，也不能怪领导不懂财务，而在于财务科长。

财务科长意识不到位、业务能力不强、组织协调能力不强，没有做到让领导了解财务、理解财务、支持财务的工作，才会出现队长和队员不能同心同德的局面。

财务科长是财务管理团队的中流砥柱，是连接领导、部门、会计、员工的组织和协调者，是单位信息与管理的枢纽，是财务工作的一线指挥员，又是重大事项的战斗员。上情下达、下情上达、外情内达、内情外达，做好内外协调工作是财务科长的第一责任。协调好与外部财政、审计、税务、上级财务等的关系，协调好与内部主要领导、分管领导、各部门负责人的关系，是财务科长必须解决好的两大难题，重点是协调好与主要领导的关系。

要解决领导了解、理解、支持财务的问题，财务科长必须经常与领导沟通，多向领导提意见和建议，但应当把握好以下三个原则。

第一，角度正确。

必须站在单位的角度看问题、提意见、提建议，不能仅仅站在财务部门的角度；必须站在领导的角度提意见和建议，不能仅仅站在自己的角度；必须站在全局的角度，不能仅仅站在局部的角度；必须站在长远的角度，不能只看短期不看长远。

第二，内容合理、可行。

所提的意见和建议必须有充分的法律和制度依据，针对性要强，能解决某一个或某几个问题；重点要突出，要着眼解决领导最为关注的重大问题、急需解决的问题；操作性要强，提出问题的同时，必须将详细的解决方案、操作步骤、所需人员、所用时间、所需设备工具、所需费用、预计实施效果等一揽子方案全部向领导呈现。要对领导提出的有关疑义，在限定时间内给出肯定性答复，让领导没有顾虑，便于尽快决策、短期内组织实施。

方案中对预期效果的表述一定要留余地，有一定弹性，或以最高、最低表述，或以高、中、低表述，不能只表述一种效果，不能将预期的最好效果当成方案中的实施效果来汇报。一旦实施结果达不到预期，领导就可能有一定的不满情绪。如好于预期，领导对财务科长的信任度就会增加。实施的成本要在单位可以承受的范围之内，也必须在领导的心理承受范围之内。

第三，表达合适、严谨。

要用领导能听懂的话讲，尽量避免使用过多、过于专业的术语，这是给领导汇报工作、与领导沟通交流的基本前提。

财务科长一定要学会将财务专业术语翻译成领导能听懂、能理解的"白话文"。给领导讲专业术语，如同给没有任何外语基础的人讲西班牙语、意大利语、德语，都是听不懂。听不懂就难以回答，无法决策。

要简明扼要，没有多余话，句句有血有肉。语言要严谨、逻辑性要强，没有明显漏洞，没有夸夸其谈，没有虚估冒算，让领导听得懂，认为可靠、可信、可行，可以决策和执行。

财务科长与单位一把手沟通，给领导提意见和建议，是让领导了解财务、理解财务、支持财务的重要手段和必要过程，是找准靠山、上接天的重要步骤，是因事而谋、应势而动、顺势而为的借势借力之举，是主动归队的表现，是个人服从组织、少数服从多数的表现，是团队合作的体现，是增强团队凝聚力、战斗力的体现。

财务人员把握好给领导提意见和建议的三个原则，领导采纳财务人员的意见和建议，单位的管理效率和经济效益有所提升之时，就是财务部门和财务人员在领导和员工心目中的地位提升之日，就是财务人员的话语权分量增加之时，就是形象提升、待遇改善之时。

视角四：站在领导角度看会计

■ 财会领导应具备的能力和意识

财务领导是指专门分管财务工作的单位领导和财务部门负责人。对单位而言，他们属于管理者，不是有最终决策权的领导。但对财务部门负责人和一般财务人员而言，他们就是领导。

财务工作是一项集政策性、技术性为一身，每天都要与人打交道，每件事都是以钱、财、物，以经济利益流入流出为核心的经济管理工作。以技术为支撑处事，以政策为支撑待人管人是财务工作的两大分野。前者适宜由一般财务人员完成，后者才是领导工作的重点，也是财务工作的难点所在。

财务工作是一项综合管理工作，其出发点和落脚点必须放在管理上而不是技术上，技术是实现管理目标的手段而非目的。所以，财务领导仅仅精通业务技术远远不够，还必须在此基础上，具备识人、用人、沟通、协调四大能力，具有团队意识、公平意识、担当意识、奉献意识、换位意识、双赢意识六种意识，才算称职。

1. 识人能力

就是知道自己部门员工和主管领导的性格特点、优缺点、关注点和要求的能力。

比如说单位领导，有的心细如发，向其汇报工作必须实事求是、逻辑严密，不能有半点马虎。有的心粗似腰，听汇报、看材料只要求个大概，差不多就行。如果说得太细、太严密，他反而认为太啰唆、效率太低。有的喜欢大气，稍微强调一下他才觉得有魄力、有气度。有的喜欢严谨，没有依据的话、没有准确把握的数据，在他看来就是不实在，慢慢地，他对部下的信任度会打折。

比如说部门员工，有的干活麻利，安排的事情很快就能完成，质量也比较高。有的麻利却很粗心，错误百出。有的干活磨蹭，安排的工作几天也不见动静，催上多次才能完成。但这种人干出的活质量一般很高。有的不管分什么活，都能痛快答应，态度极好，而要结果时总拿不出。有的不管分什么活，都会有意见，推三阻四。但只要他答应的事，一定会保质保量完成。有的对金钱看得很重，每发一分钱都要计较谁比自己多，为何会多。有的则从不过问，发了要，不发也不问。有的文字水平、分析能力、预测能力很强。有的写的东西每一句话都别别扭扭、颠三倒四、逻辑混乱，不知他想说什么。有的外向，严厉批评也不在乎。有的内向，稍加指责就几天吃不下饭，睡不着觉。

百人百性，没有性格相同的人，没有境界一样高的人，没有优缺点完全重合的人。只有长期认真观察，才能发现每个人的不同所在。

2. 用人能力

懂得了识人但如果不用，识人就没有意义。用其所长、避其所短是用人的基本原则。

对单位领导一定要合其胃口，符合领导的要求。

对部门员工，出纳一定要选心细、坐得住且不爱钱的；急事要交给动作麻利且工作质量好的；质量要求高、时间要求不高的事可以交给磨蹭的；重要事要交给虽然会提意见，但能保质保量完成的；难事要交给爱动脑筋、善于分析总结的；对钱计较者发钱时适当予以倾斜；文字能力强的应安排他写总结、编计划、搞统筹；对性格内向者说话，要启发引导、点到为止。

3. 沟通能力

识人能力和用人能力主要用于团队内部管理，沟通能力与协调能力则主要用于团队之外，即与非财务人员的沟通与协调。当然团队内部也需要沟通协调，但其难度比外部小得多，频率也要低得多，其收效也没有外部明显。

沟通的目的是统一思想、统一认识，让别人了解、理解和支持财务人员的想法和做法。它属于做思想政治工作的范畴，是务虚工作，是推销和介绍设计方案，是取得方案审核通过的前提和基础工作。需要沟通的问题一般达不到实施条件，没有实施行为，不产生真正的利益和损失。

沟通工作几乎不涉及财务技术，主要靠财务政策。财务技术是财务领域自己的事，外界并不关心做凭证、记账、编报表、保管会计档案等财务技术工作，也就是会计工作。外界只关心能不能报账，能不能马上付钱等财务管理问题。至于为什么不能报账，缺少什么东西，等等，就属于财务政策因素，即国家财经法规、单位财务制度等。

财务沟通就是通过讲政策让非财务人员知道为什么不能报，怎么完善、如何更正才可以报。如果不能报的账报了，可能会给报账人、报账部门负责人、单位领导、分管财务领导、财务部门领导、主办会计、出纳等有关人员带来什么样的伤害，相关人员分别要承担什么责任，会受到怎样的问责处罚等。沟通的目的是让报账者、审核者、审批者了解不能报账的原因、理解不予报账的行为，打消企图蒙混过关的想法，纠正不知者不为过的错误认识，让大家在思想上心悦诚服地接受财务人员的意见和建议。

财务沟通更重要的任务是与外部审计、财政、税务、国有资产管理、业务主管等部门和人员之间统一思想、统一认识，让他们充分了解单位的地区与行业特点、单位背景、市场环境，从而理解和支持单位的某些做法。

4. 协调能力

协调的本质是重新分配利益，让失衡的利益格局达到再平衡，让已经完成施工的作业，在绩效分配、利益分配方面，达到公平合理，让各方不再感到有失公允，能基本接受。

协调除与财务技术无关之外，与财务政策的关系也不密切。协调主要靠相关利益各方的人品、情商、智商、胸怀、境界等非财务因素。

比如评选先进，没有硬性指标要求，有两个都比较优秀的员工，让谁当，需要协调；部门领取了年终奖、科研课题奖、某专项工作奖，如何分配，需要沟通加协调；部门内两个员工闹矛盾，需要协调；审计结果、财务检查结果、税务稽查结果等，都必须由财务领导亲自出面协调。如果仅指派一般员工去，一方面显得单位重视程度不够；另一方面员工站位偏低，掌握的信息量不足，责任意识也不如领导强，很难站在整个单位的长远利益上思考问题；第三方面是员工的经验和能力相比财务领导有明显不足，如同让小马拉大车，小马用尽全身力气，车也走不了、走不快。

比能力更重要、更能决定单位发展的持续时间、业务拓展空间、上升高度的是财务领导的意识。

1. 团队意识

财务工作是团队工作，是团体比赛的项目，非个人竞技项目。就像足球比赛，场上11个人，一个也不能少。少了就可能输，甚至必输无疑。比赛中每个人必须在自己最擅长的位置。若随意调换，将后卫变成前锋，就可能让两个甚至多个位置都变成对方攻破球门的致命点，其他位置补救，又会造成其他位置出现空缺。

团队意识要求，其一，团队人数必须足够；其二，每个人的岗位与其能力必须相匹配；其三，团队所有成员必须将团队看成一个整体，作为一个核算单位，一个利益共同体、责任共同体对待，不可拆分；其四，所有成员要以团队的利益最大化为目标，不能以个人利益、小团伙利益最大化为追求。

2. 公平意识

公平是团队所有成员对团队领导的基本要求，也就是平常所讲的一碗水端平，不能偏心眼，不能厚此薄彼。

不患寡而患不均是中国人普遍认同的是非标准。无论你认为多么合法、多么合情，只要部下认为不公平，就等于认定你的做法不合理，就不愿接受，就会产生抵触情绪，就会有怨言，就会影响今后的工作。

想做到绝对公平，根本不可能，但只要能做到规则公平、程序合理、过程公开、机会均等，无论结果如何大家都能接受。比如抓阄的结果大家能接受，打麻将输赢大家能认账，就是因为它们符合公平的几个核心要求。

3. 担当意识

担当的前提是必须明白谁应该担什么，该自己担的担子和责任就不能扔给别人。必须搞清单位财务部门和财务人员的担子和责任都有哪些，谁应该担什么。凡是属于自己责任范围之内的事，就必须全部担起来，你不担无人愿意担、无人能够担。没担的责任永远都是自己的，没担好的责任永远都需要自己负责。

担当的第二层意思是，凡是财务领域的责任首先是财务领导的责任，凡是财务方面的错误和问题，首先是财务领导的错误和问题，即使直接责任人不是领导本人，而是一般财务人员，财务领导的间接责任、领导责任永远推卸不掉。

所以，财务领导要有团队所有成员的错误和问题，首先是团队领导的错误和问题的意识，要主动承担。同时要积极帮助有错误和问题的员工寻求解决办法，制定防止此类问题和类似问题再次发生的对策措施。

4. 奉献意识

奉献的前提是，财务领导必须有所有成员的成绩首先是团队集体的成绩的意识。即在单位内部，要以团队为第一核算对象；在团队内部，团队的成绩首先应归功于作出直接贡献的个人，领导只起了辅助作用。只有团队的整体成绩大于问题，团队领导才有成绩；如果是问题大于成绩，团队领导非但无成绩，而且还有大问题。

一个团队的工作必须靠大家共同去完成，大家不好好干，领导的能力再强，也不可能一个人完成团队所有的工作。若能够完成，团队就没有存在的必要。

在团队中，领导的任务是引导、指导、监督、考核、奖惩，要为大家铺路架桥，要扶上马还要送一程。财务领导要勇于为团队利益牺牲个人利益，要以公正无私的品德感召员工，要以吃苦在前、迎难在前、牺牲在前、奉献在前的作风，团结和凝聚大家，让员工感觉到工作在这样的集体很安全、很舒服、很快乐。领导之恩令人敬仰，领导之威让人畏惧。充满敬畏、充满正能量的团队，一定有极强的战斗力。

5. 换位意识

财务工作的专业性极强，决定了其服务对象中，绝大多数甚至全部人员，没学过财会专业，听不懂财务语言，不了解更不理解财务政策；决定了服务者与被服务者之间存在着一堵墙、一座山，双方注定会出现沟通和交流障碍。相互不了解、不理解，产生误会、抱怨，相互指责甚至相互攻击的机会必然增多，或者说必然会产生误解和矛盾。这就是大家评价财务人员门难进、脸难看、事难办，很多人不喜欢财务人员的核心原因。

换位意识要求财务领导必须清楚，财务人员所供应的专业技术和财务政策等财务产品和财务服务，在单位内部没有市场。财务技术不是员工所需，而是上级财税部门，外部投资人、债权人所需；财会政策为国家和单位所需，非但不被服务对象所需，而且还限制被服务对象所需的供给。

因此，在非财务人员看来，财会人员提供的一个是无用产品，一个是有害产品，怎么会有市场？怎么会受到包括单位一把手在内的单位所有人员的欢迎？

世界上有三种职业地位最高，最受人尊敬。一是医师，二是律师，三是会计师。在中国，医师地位尚可，律师很一般，会计师最差。

基于这样的国情民情，基于中国多数民众对会计不了解、不理解、不支持的事实，会计界必须转换思维，搞好供给侧改革。要将所提供的无用、有害产品，变为有用、有益产品；将会计的专业语言供给，转变为大家能听懂、能进行有效沟通的语言供给；将原来对财务政策的生搬硬套，转变为大家能理解，能感到执行财务政策对自己、对部门和单位、对全局和长远有利，对国家和民族有益。

要改进财务产品和服务的性能，提高其附加值；要延长服务链条，要想客户所想，供客户所求；要增加财务产品供给的品种和数量，创造出适销对路的有用产品，创新出能改善经营管理、提高经济效益和社会效益的有益产品。

财务领导第一个要换位，要站在单位领导的角度，用领导能听懂的语言，将政策以容易理解的方式解释给领导，提出意见和建议；要分别站在单位副职、其他部门领导的角度，提出意见和建议。要在指出不能办的同时，向其说明可以让他们听懂、理解并接受的原因，以解除他们心中的隔阂和顾虑。要打消非财务人员脑海中认为财务人员坚持原则是有意刁难，执行财经纪律和财务制度是只管自己、不顾单位和别的部门利益的成见和偏见，同时必须指出如何补充、更正、完善有关依据程序，才可以办理的具体对策措施。要让他们知道，不是财务人员不愿意办，而是确实是由于所提供的东西不符合要求才无法办，只要符合要求，一定能办。这样做，既符合财务要求，把住了关，又符合业务和其他管理要求，没有影响他们的工作和利益。

只要足够真诚、足够耐心，他们一定乐意接受，一定会吸取教训，下次不再犯同样的错误。这样不但促进了财务工作，又促进了其他部门的工作，更有利于整个单位的安全稳定和可持续发展。

6. 双赢意识

双赢意识是指，凡是合作的项目和事务，必须能够对合作双方或多方都有好处，不能是你输我赢或你赢我输的零和游戏。

只有本着双赢的思想，双方的合作才会长久，彼此的关系才会融洽。否则，合作的第一次就是最后一次，吃亏者可能会报复，会加倍收回损失和利益。其结果就可能成为双方循环报复，最终只能是两败俱伤。

双赢的本质是赢者让利，让输者减亏。让利还是赢，减亏也是赢，这是改变零和游戏的规则，将输赢的原有数值适当调整，比如甲应该赢100

元，实际只收 80 元，等于还赢 80 元；乙应该输 100 元，实际只输 80 元，等于赢 20 元，这就是甲乙合作的双赢。

站在哲学角度看，双赢是通过量变改变质变。

站在人性角度看，双赢满足了人们趋利避害的本能要求。

两利者比取其重，两次赢 80 元，自然比一次赢 100 元多；两害相比取其轻，输 100 元自然不如输 80 元让人好接受。

站在心理学角度看，退一步海阔天空。退一步就是让出一点利，海阔天空，就是用让小利的方式，换来今后合作的大空间、长时间、大利益；就是放水养鱼，而不是竭泽而渔。就是改变严格按规则进行零和游戏的新零和游戏。销售返券的目的意在掏空顾客的钱包，比普通的零和游戏更狠毒。表面上看像新的零和游戏，其本质却与新规则背道而驰，其生命力不会很长。

财务领导只要能具备以上四种能力和六种意识，单位的财务工作就不愁搞不好，单位财务部门的地位也肯定会提高，形象一定能变好，财务人员的地位和待遇也一定会提高。

视角四：站在领导角度看会计

财会人员应当具备六大品质

在经济社会，人权和财权成为所有单位的核心权力，此两大权力往往都掌握在单位一把手手中。即使单位有分管副职，但最终决策权始终属于一把手。

与此相对应，单位的人事部门、财务部门就成为单位的核心部门，其成员也就成为单位的重要成员、关键成员。

各单位在配备和筛选人事干部和财务干部时，选拔条件常常会高于其他管理部门，更要高于业务人员。稳重、正派、思想觉悟高、嘴牢、可靠等，成为人事干部和财务干部的基本条件。而对财务干部来说，不仅要符合上述要求，还要有会计从业资格证书，有财务会计政策知识和理论水平，财务部门负责人还要具有会计师职称，这都是相比其他专业人员更高、更严的要求。也就是说，单位财会人员的人品素质和专业素养一般要高于其他人员。

笔者以为，要成为一名合格的财务人员，至少应当具备以下六大品质。

一、忠诚

必须忠诚于聘用你、为你发工资、让你生存、为你提供联系社会的平台、锻炼你的能力、体现你的价值的会计主体，即忠诚于公司和单位；必须忠诚于你的职业，才能证明单位和领导选拔你当财务干部是非常正确的决定，没有看走眼；必须忠诚于你的老板、单位领导，老板和单位领导给你提职加薪，是对你能力的认可，老板和单位领导没有将你调出财务部门，是对你的人品的信任和认可，信任只有忠诚才能换来；必须忠诚于行业、地区和国家，没有行业和地区，就没有你所服务的单位，而没有国家，就没有你所服务的行业和地区。

二、廉洁

财务工作是与钱打交道的工作，是分配利益的工作。不贪财是财务人员的前置条件。长期算钱、数钱、分钱，这是财会人员的职责，财会工作就是干这些事。但必须牢记，你是替单位算钱，为你所服务的会计主体算钱，数的是单位的钱，不是自己家的钱，分的是公家的钱，不是私人的钱。此时你和非财务人员一样，没有动用一分钱的权利，没有贪财的特权。该自己得多少，不是由自己决定，而是由单位决定。该得多少，是大家认可的工资、奖金、福利等合法合理的劳动报酬，超过这个界限，就是不合法、不合理的所得，是要被没收、处罚的，甚至还会坐牢！

廉洁的另外一层意思就是不眼红。不能看到某某部门某某人员的收入是单位平均收入的几倍，是自己收入的十几倍、几十倍，就眼红，就生异心、起怪心。要知道，能有高于单位平均收入几倍的收入，说明该同志对单位的贡献，是平均水平的几十倍乃至上百倍。正因为有这些创收大户，单位的平均收入才会提高，你自己的收入才有所增加。没有这种多劳多得的激励机制，单位就会陷入平均主义大锅饭的泥潭，谁也没有积极性。单位就会在激烈的市场竞争中慢慢被淘汰，财务人员也会下岗。到时候不是眼红，而是眼前一片漆黑。

三、公道

财务工作是把关的工作，是监督工作，是利益分配工作，是财务执法守法工作，是裁判工作。一碗水端平，是对裁判工作的核心要求。不能厚此薄彼，不能遇到难说话的人，就把"尺子"放松，遇到好说话的人，就将"尺子"拉紧。更不能对领导是一个标准、一种态度,对老百姓是另一个标准、另一种态度。能否坚持原则,能否对领导和普通员工一个标准、一把尺子量到底,是检验财务人员是否公道正派的一杆秤,也是衡量财务人员职业能力的一杆秤。财务人员敢于制止、善于制止单位领导违反财经纪律和财务制度的行为,是对领导的保护,是对单位安全稳定发展的保证,也是对个人职业前途的珍惜和爱护。

四、担当

财务人员的基本职责是反映单位的经济运行情况,监督单位的经济活动合法、合规、合理高效运作,控制出轨越界行为,为领导决策当好参谋。

反映、监督、控制、把关常常被误认为是拖后腿,被错当成使绊子、泼冷水,会受到来自各方面的抵制、阻挠和反对。只要财务人员心底无私,为了单位、为了大多数职工的长远利益,群众都能理解,领导都会支持。敢于担当,不怕被人骂,宁可当恶人,绝不当罪人。这样一来,财务人员非但当不了罪人,反而成了单位的功臣;成为大家心中敬佩的正直之人,有原则、能坚持原则的能人、强人,是受好人尊敬、令坏人畏惧的大好人。

五、严谨

财务人员最突出、最被公认的特点就是严谨。稳重、细心、坐得住、保守、放不开、难说话等,是大家对财务人员的普遍印象,其核心词实际上就是严谨。

严,就是严格。就是凡事都能以财务制度为参照。合则办,不合则拒,没有商量的余地。财务人员的严,是忠诚于职业、忠诚于职责、忠诚于单位、忠诚于人民的表现。部分想钻空子、占便宜的人,则视之为难说话、放不开、保守、胆小、抠门,对此财务人员应当有清醒的认识。

谨，就是谨慎，就是凡事都要三思而后行。想危险在哪里，想退路在何处，想有什么应变之计，想还有没有更好的路子和办法。这就是稳重，就是细心，就是全面思考、长远打算，是对单位和自己有百利而无一害的监督行为，就是尽职尽责。

六、保密

财务工作是一项综合管理工作，具体接触的人、事、物数量大、品种多、频次高。财务部门负责人常常会参与单位的重大决策，财务档案、财务资料中所涉及的单位经营信息、决策信息、管理信息、人事信息，甚至职工家中的变故信息，等等，非常丰富和全面。其中许多财务信息属于单位的商业秘密，不能让竞争对手获知，不能让无关人员知道。

资金安全、职工财产安全和人身安全的基本前提，就建立在知情人的保密基础之上。如出纳明天早上要去银行提取10万元现金、某某人今天早上领走5万元奖金、谁刚借走8万元出差费等，一旦有意或无意泄露，很可能对这些手握大量现金者带来财产安全风险甚至生命危险。

当一名合格的财务人员，就等于已经属于单位比较优秀的员工了。财务人员必须珍惜这样的荣誉和机会，努力培养和提升忠诚、廉洁、公道、担当、严谨、保密六大品质。这样，财务人员的财务生涯一定前途光明，事业一定会步步高升。

视角五

站在单位角度看会计

视角五：站在单位角度看会计

■ 全面预算管理应当"顶天立地"和"铺天盖地"

许多单位都在搞预算管理，还有一部分单位推行了全面预算管理，但是搞了好几年，花费了很大的人力、财力、物力，却没有取得多大的成效，结果变成了劳民伤财的"形象工程""面子工程"，领导不满意，群众不支持，向前推推不动，往后退退不了，搞得骑虎难下，左右为难。

究其原因，许多单位没有真正理解全面预算管理的含义。不少单位嘴上喊要实行"全员、全过程、全方位"的全面预算管理，可实际上却只是"剃头担子一头热"，主要领导心很热，财务部门身很热，其他领导、其他部门和全体员工身心俱凉。

以财务部门为主体推行全面预算管理，是认识不到位的表现。就像让小马去拉大车，拉不动。又像煮饺子只给一个小勺子，长度不够，太细、太小，无法搅到锅底，饺子自然就会粘锅，皮开馅露，整锅饭的质量就没有保证。

全面预算管理不同于一般预算管理，它强调"全面、全过程、全方位"。

全面应包括单位的全部业务，比如高速公路集团包括建设、运营、经营三个板块，都应当纳入预算管理才叫全面。

全过程是指每项业务活动的各个流程。比如高速公路建设包括工程可行性研究、项目立项等前期工作、中期工作和后期工作三个过程。前期工作包括土地预审、环境评估、地质灾害评价、地震评价、水利评价、文物评价、林业评价等手续，还包括工程初步设计、施工图设计、征地拆迁与环境保障等工作，都有费用支出，都必须编预算。中期工作包括施工、监理、建设管理、质量检验等。后期工作为工程交竣工验收、尾留工程等。三部分合起来才是公路建设的全过程支出预算。

全方位是指业务工作的方方面面，比如高速公路运营管理，有收费、养护、路政、治超、服务区等五大业务，还有行政管理，如办公室、计划、人事、财务、党办、工会、纪检监察等职能部门的预算，还有后勤管理与服务预算。再如服务区包括加油、修车、超市、住宿、餐饮、车辆加水等收费业务，还有停车、司乘人员加水、信息查询等非收费业务。非收费业务没有收入，但有支出，预算不能遗漏。

全面预算管理涉及全部业务活动、所有业务部门和单位、所有业务与管理人员，是一个复杂的系统工程。财务部门无权管理全体员工，无权管理所有业务部门和单位，没有能力管理全过程和全部方位。所以由财务部门牵头的全面预算管理注定难以取得良好效果。

推行全面预算管理，必须成立由单位主要领导任组长，分管财务、计划、人事的领导任副组长，单位财务、计划、人事等综合管理部门为实施成员，各业务部门和其他部门负责人为配合成员的协调领导小组，确保该项工作有坚实的组织保障；要制定领导小组的职责权限，明确小组每个成员的职责权限，将全员、全过程、全方位的职责明晰到每个成员头上，做到人人有事干，事事有人管；要建立考核问责制度，对没有履行职责的成员，由单位人事、纪检部门调查并提出问责建议进行问责，确保煮饺子搅锅的勺子足够长，可以到达各处，足够大，什么事都能"搅"动。

全面预算管理的全员参与，就是将单位的所有员工纳入管理体系的大盘中，没有任何人可以例外。要正视并尊重员工的正当利益诉求，将个人利益捆绑在部门利益和单位利益的战车上，让员工在实现个人利益最大化的同时，带动部门利益和单位利益最大化。要用目标考核、绩效考核等方式进行评价和鞭策，将考核结果与员工薪酬、问责淘汰等能触动每位员工核心利益的管理举措挂钩,才能让大家上心、动身。

很多单位不注重每个员工利益最大化的正常需求,即使实行了全面预算管理,实行的结果也与员工利益无关或不成正比,干得好得不到应有奖励,干得不好也无人过问。只打雷不下雨或者雷声大雨点小,实施不实施全面预算管理似乎与下面无关,所以才会出现头动身子不动的情况。

全过程管理就是一根竹竿插到底,能顶天立地;全方位管理就是涵盖所有事项,能铺天盖地。

许多单位都有战略规划、年度计划、年度预算。年度计划、年度预算包含着单位当年的主要目标任务和各部门、所属各单位的全部工作内容。

在实行全面预算管理之后,年度预算就应当变成全面预算。全面预算的目的是落实年度计划,年度计划的目的是落实战略规划。战略规划就是单位发展的"天",全面预算管理必须顶住这个天。

实施全面预算管理之后,必须建立年度、季度、月度绩效考核制度。建立绩效考核的目的是为职工薪酬分配、奖惩兑现、问责淘汰提供依据。奖惩兑现和问责淘汰是落实单位发展计划、规划的"地",全面预算管理必须接住这个地。两者合起来就是"顶天立地"和"铺天盖地"。

如果说一个企业的十年战略规划是发展成一个军,年度计划就是每年建设这个军所包含的十个团中的一个团;年度预算就是一个团所包含的十个连中每个连如何建设;绩效考评就是每个连所包含的十个班中每个班如何建设;薪酬分配、奖惩兑现、问责淘汰就是每个班里的每一个士兵如何管好带好。士兵调动起来了,班就有了战斗力;班强连、团则强,建军则指日可待。这就是全过程管理,这就是一竿子插到底。

很多单位搞全面预算管理,几乎不考虑年度计划,更将战略规划忘得一干二净,这就是上不着天。搞全面预算管理的不进行严格的绩效考评,象征性地搞绩效考评却不与员工的薪酬挂钩,不与奖惩结合,不与问责淘汰联系,这就是下不着地。

上不着天,下不着地,由财务部门和财务人员唱独角戏,既无人听也无人看，说话不起作用，措施无法落实，就是闭门造车，就是无效劳动，是没有需求的无效供给，是劳民伤财的"形象工程""面子工程"。

有人说，没有战略，只有战术，那是失效前的喧嚣；只有战略，没有战术，通向成功之路非常遥远也十分缓慢。

全民预算管理是战术，不是战略。没有体现战略意图的战术如同没有战略，只是失败前的喧嚣。

有好的战略和战术，可以决定30%的成功，70%的成功由执行决定。

规划要落实到计划上，计划要落实到预算上，预算要落实到资金上，才是执行的充分条件。对执行结果进行绩效考核，将考核结果兑现成职工的薪酬奖惩和问责淘汰，是执行的必要条件。

全面预算管理必须提供好各种充分条件，让管理接上天，同时必须提供必要条件，让管理接上地。只有让全面预算管理"顶天立地"，才能取得预期的管理效果，让单位的管理效益、效率都丰收。

视角六

站在法治角度看会计

视角六：站在法治角度看会计

■ 程序与依据是法治社会的必然要求

程序是指为进行某活动或完成某过程所规定的途径；依据是指作为根据或者依托的事物。

关于程序，有几个故事。

故事一：1770 年，英国人霍克发现了澳大利亚大陆，于是英国开始对其进行开发。人手不够，英国政府决定把囚犯送过去，船不够，政府就征调民船，按装船的人数付钱。船主为了多挣钱，就拼命装囚犯，粮食没带够，水没带够，药品没带够，船航行三个月到岸后，囚犯死亡三分之一。事情传到英国，人们的谴责与声讨让英国政府喘不过气。于是决定改变运费结算方式，由按上船人数付费改为按到岸人数付费，活着且健康的给钱，不能干活的不给钱。结果船主们不再拼命装人，带上了足够的粮食、水和药品，还每天给每个囚犯发放两个橘子补充维生素，每天要求囚犯到甲板上活动，呼吸新鲜空气，再也没有出现过运送中囚犯死亡的现象。

仅仅改变了运费的结算方式和程序，船主就从惨无人道的魔鬼变成了仁义善良的天使。人还是那个人，走不同的路径看到的就是不同的风景，到达的就可能是不同的目的地。

故事二：从前，山上的寺庙有七个和尚，他们每天分食一大桶粥，可总不够分。

起初他们选择由一个小和尚分粥。大家发现，除了小和尚每天能吃饱，其他人总要饿肚子。因为小和尚总是自己先吃饱再给别人分剩下的粥。于是大家提议，分粥人换为另一个小和尚。但这次却变成只有小和尚和住持碗里的粥是最多最好的，其他五个人分到的粥更少了。饿得受不了的和尚们提议，大家轮流分粥，每天轮一个。这样，一周下来，他们只有一天是饱的，就是自己分粥的那一天，其余几天都是肚皮打鼓。大家又提议推选一位德高望重的长者分粥。开始还能基本公平，但不久，这位长者就为自己和挖空心思讨好他的人多分，整个小团体乌烟瘴气。后来他们决定成立三人分粥委员会和四人监督委员会。这样公平问题基本解决了，可是由于监督委员会提出多种意见，分粥委员会又屡屡据理力争，相互攻击，不断扯皮，商量好后，粥早已凉了。最后他们提出，每人轮流值日分粥，但分粥的那个人要等到其他人都挑完后，再拿剩下的最后一碗。这次，七只碗的粥每次几乎都一样多，就像用秤称过一样。因为每个分粥的人都知道，如果七碗粥不一样，他确定无疑将享用分量最少的那碗。

人的本性是趋利避害，人性中普遍存在着自私自利的天然因子。人们制定法律、规定、制度，提倡道德，目的就是限制个人自私自利本性对他人和团体的影响。设计科学、合理、公平、高效的管理体制和运行机制、操作制度，就是谋求在不损害他人利益前提下，较好满足个人私欲私利，达到个人利益与集体利益、集体利益与国家利益三者相互协调、相互统一。

我们常常看到、听到司法审判中有关程序和依据的字眼：案件事实清楚、证据确凿、程序合规，依据充分，判处××；或者案件事实不清、证据不足，取证、审判程序不符合有关规定，发回重审。这是用法律维护社会公平和效率的最常用手段。

用制度维护社会公平和效率的普遍手段就是执行财务制度和财经纪律，所以，财会领域最在乎程序和依据。支付每一笔资金，要经过申请、审核、审批三个环节和六七道程序，相关责任部门和责任人要履行审核签字手续，然后由会计做支付凭证，财务部门负责人审核，最后才是出纳开支票付现金。这就是支付程序。而会计制度、年度计划、业务合同、会计报表等就是审核审批的依据。这样能达到科学管理、民主理财，任何资金

视角六：站在法治角度看会计

支付不允许由一个人说了算，能杜绝资金拨付环节的吃拿卡要现象，既节约了资金，又保证了需要，真正做到了程序合规、依据充分，是资金支付管理行之有效的方法，也是保障社会经济公平有序、经济投入合理高效的主要方法。

规矩的核心就是程序和依据。程序产生公平和效率，依据则产生合法、合理、合规。程序和依据体现着管理理念、管理水平，是管理体制、运行机制、操作制度的核心内容。

中国古代有重义气、轻程序的传统。延续到现在，就诞生了许多只重义气不讲程序和依据的"三拍"干部。即拍脑袋决策，执行中拍胸脯保证，出现失误时拍屁股走人。"三拍"干部，本质就是不讲程序、不问依据，是不讲"礼"、没有法制观念、没有组织观念、没有民主观念、没有群众观念、没有责任心的不合格干部。用这样"胆大""无知"的干部，实际上是给党抹黑，给国家添乱，给人民添堵。

依法治国、依规治单位，本质就是办事讲程序、凭依据，并将办事的程序公开、依据公开、过程公开、结果公开，让所有非涉密性公务活动全部暴露在阳光下接受监督，只有这样，依法治国、依规治单位才能成为人们的自觉行动。法治中国，就是限制和取缔"三拍"干部。程序与依据是法治社会的必然要求，也是取缔、限制"三拍"干部的过滤网和防火墙。

财会工作的法治特点和法治要求

在单位的各项业务和管理工作中，办公室、人事、计划、财务被称为四大综合部门。综合部门的法治要求高于业务部门。而在四大综合部门中，财务部门的法治要求又高于其他三个综合部门。可以说，除了专门的执法部门之外，财务是各单位法治要求最高的部门。

首先，财务工作始终有法可依。其所遵从的法律、法规、规章、制度，密布如织、纵横贯通。

在国家层面，《会计法》《审计法》《公司法》《税法》《合同法》《刑法》等，凡涉及经济行为的所有国家法律，都是开展财务会计工作的法律依据。

在党的层面，党的《廉政自律准则》《纪律处分条例》《八项规定》《六项禁令》《厉行节约反对浪费条例》，是财务会计工作的党纪依据。

在国务院层面，国务院的《总会计师条例》《现金管理条例》《发票管理条例》《收费公路管理条例》等，是财务会计工作的法规依据。

在省部级层面，财政部的《企业会计准则》《企业财务通则》《会计从业资格管理办法》《会计档案管理办法》《会计电算化管理办法》和各种财务与会计制度，人民银行的《支票管理办法》等，国家税务总局的《发票管理办法》等，以及审计署的各类审计规章制度，是财务会计工作的法规制度依据。

在地市级层面，省部级政府各综合管理部门和行业主管部门的财务会计规定，是财会工作的制度依据；各地市人民政府的财务会计规定，是财

视角六：站在法治角度看会计

会工作的制度依据。

在县处级层面，地市人民政府各综合管理部门和业务主管部门的财务会计规定，是财会工作的制度依据；县人民政府的财务会计规定，是财会工作的制度依据。

在乡科级层面，县区人民政府各综合管理部门和业务主管部门的财务会计规定，是财会工作的制度依据；乡镇人民政府的财务会计规定，是财会工作的制度依据。

在单位层面，各单位的财务制度，是开展财会工作的直接依据。

财务会计工作处于法治的丛林中，前后有约束，左右有限制，上有顶，下有底。财会人员的活动空间极度狭小，自由度不大。

其次，国家、省、市、县、乡及各单位对财会工作的要求均是有法必依、执法必严。

再次，全国范围内各地区、各行业遍布的国家审计、社会审计、内部审计、纪律检查、财政监察、财务检查、税务检查、重大项目稽查、群众监督、舆论监督等，能有效促进财会工作违法必究。

财会工作有痕迹管理的要求和特点。会计凭证、会计账簿、会计报表既是财会工作的手段和方式，又是会计档案的内容，同时还是财会工作的痕迹。它能证明业务经办人员、审核人员、审批人员、费用审核人员、审批人员，部门和单位的清白或者问题。会计档案的长期保存、永久保存、不得毁损的要求，就注定了财会工作的痕迹不得随意缺失和销毁，也证明了会计档案所载明的相关责任人应承担责任的长期性。各种审计、检查、监察、稽查、监督的全面、全过程覆盖，表明了财会工作的权力和责任已经全部装入制度的笼子中，全部在各种监督处罚的射程之内。有责必问责、问责必到人的管理要求提醒我们，违法必究是财会工作的突出特点。

最后，财会工作的依据和对象常常是司法活动的直接证据。

涉及民事案件的法庭证据，如发票、支票存根、借据、合同等是裁决民事纠纷的直接证据；涉及刑事案件的法庭证据，如对贪污、挪用、抽逃注册资本、低价转让造成国有资产流失，因质量问题造成安全事故等定罪，其多数证据来源于财务部门。

财务工作的法制特点要求我们：

一是决策必须依法、科学、民主。不能拍脑袋，不能个人说了算。要始终坚持遵法守纪，坚守法无授权不可为、法有授权必须为，法无禁止可以为、法有禁止不能为的法律底线。要有规范的决策程序，要有多套可以比较选择的决策方案，要选择其中的最优方案，民主讨论，按照少数服从多数的原则确定备选方案。

二是执行必须合法、合规、到位。要严格按照决策的事项和要求执行，执行中要坚持授权与制约相结合原则。物资采购等事项，必须派两人以上参与；符合政府采购要求的事项不能自行采购；符合招投标条件的事项不能非招标采购。非招标采购应当货比三家。要有验收、保管、使用、维修、报废、变价处理等相关要求。要求业务人员对吃不准的事项，如开具发票时，发票抬头、税务缴纳、用途填写等，应及时征询财务人员的意见和建议，不要出现钱支付、货物已提取，但发票不合格，如抬头错误、用途不当、使用虚假和作废发票、发票涂改等。若出现此类问题，财务给予报销，就是把关不严，失职失责，要受到追究；若不予报销，业务人员可能会遭受经济损失，会对财务人员产生不满，可能会请求部门领导、分管领导、主要领导协调。这种情况下，财务人员不听领导的意见，没有放其过关，就会得罪一大堆领导及亲信；若按领导要求办，给予报销，财务人员就会给上述所有相关人员埋下隐患，给单位埋下隐患。

一般而言，单位主要领导对重大原则性财务问题有自己的是非观念。若按制度规定，需要一把手签字，一把手会把票据审核权授予财务部门负责人。只要财务部门负责人认为不合规，一把手一般不会签字，并能协调分管领导、业务部门领导和经办人，请他们理解、支持财务工作，不给自己和他人以及单位制造麻烦。如果一把手非常相信并支持业务人员，反过来批评财务人员，则该单位的财会工作就非常难干。此时就是考验财务部

视角六：站在法治角度看会计

门负责人的能力和水平的关键时刻，同时也是财务负责人大显身手、体现自我价值的最佳时机。单位主要领导肯定希望单位好，肯定愿意守法。只要把握住这两点，财务人员在坚持原则的同时，耐心给领导做工作，领导的思想一定能改变。当领导的思想因财务部门负责人的说服改变之后，财务部门负责人在主要领导心目中的地位和价值一定会大大提高，今后的工作会更容易开展。

三是监督和内部控制必须时时跟进、处处有效。

经济活动的监督和控制方式有很多种，大的方面可以分为单位内部监督和单位外部监督两大类。单位内部监督又可以分为财务监督、审计监督、纪检监察监督三大类。审计监督、纪检监察监督多属于秋后算账，很难起到防患于未然的作用。只有实施全过程跟踪审计、全过程监察才有一定作用。

相对于财务监督而言，审计和纪检监察部门由于参与经济活动的深度有限，对经济活动的内容、目的，以及对财务制度的掌握远远不如财务部门。特别是审计与监察不涉及经济业务票据的报销前审核把关，不涉及款项支付，其作用仅属于对监督者的再监督，属于第二道和第三道防线，永远不能替代财务监督。审计和纪检监察常常只能起到事后诸葛的作用。所以利用审计、纪检监察等方式是治标之策，问题已经发生，发现为时已晚，无法起到杜绝作用。只有财务监督才是治本之策。

相对于外部监督而言，内部审计和纪检监察监督属于秋后的初期，外部的政府审计、社会审计、监察、纪检、财政、税务、舆论等监督，才是真正的秋后算账。但此时生米已经煮成熟饭，整改难度极大，被处罚、被追查的风险极大。

所以，关口前移就应当移到决策阶段。领导决策时，必须引入财务咨询，听取财务部门的意见，以免造成决策失误或决策违法违规。此时，财务人员的参谋和助手作用就得以体现。关口还必须前移到执行阶段，在执行过程中要赋予财务监督的权力，授予财务人员对不合法、不合规、不合理票据的拒绝报销权，不能让违规违法的票据留下痕迹、装入档案。这是消除单位和个人的法律风险、纪律风险、审计风险、财务风险、经营风险最关键的一步。是衡量财务人员法律意识、政策水平、业务能力、职业道德的关键鉴定器，也是主要领导的法律意识、政策水平、对财务工作的理解和支持程度与力度的测量仪。

懂得了财务工作的法制特点和法制要求，财务人员依法依规把关，依法依规向领导谏言献策，单位主要领导支持财务人员依法依规严格把关，认真听取并采纳财务人员的意见建议，单位的发展必然会健康、平稳，财务工作为单位服务的作用必然会发挥到较高水平。

视角六：站在法治角度看会计

财会人员是单位经济管理活动的第四责任人

单位经济活动中出现的问题，往往是从会计证账表中发现的，大家认为是财务部门凭证没编好、账没记好、报表没做好，这自然就是财会人员的责任了。财会人员是单位经济管理活动的第一责任人的依据由此而生，结论据此而得。就连法律已经明确的单位会计工作的第一责任人——单位负责人、法定代表人中，有不少也这么认为。

笔者认为：财会人员是单位经济管理的第四责任人。

为什么这么说呢？那第一、第二、第三责任人是谁呢？

可以肯定地说，单位的法定代表人是第一责任人；单位分管计划的领导和计划部门负责人是共同的第二责任人；单位分管业务的领导和业务部门、管理部门负责人是共同的第三责任人；单位分管财务的领导和财务部门所有人员是第四责任人。

一个单位的法定代表人一般都拥有人事和财务的最终决策权。单位的机构设置、人员配置与调整、人员调入调出、奖惩处分、中层干部任免、财务和人事干部选配等，一把手拥有无可辩的最大权限。

若单位在选人用人方面出了问题，比如选拔任用不懂财务的人当财务科长、处长，聘用没有会计从业资格证书的人员当会计把守财务大门，调用人品不佳、贪财爱财的人管财、管钱、管物，使用只有初级职称的会计搞稽核、编预决算，出了问题，首先应当追究选人用人者的责任。

一个单位的经济活动一般都以计划形式下达任务，以预算形式分配与任务对应的资金。单位的计划、预算必须经过一把手审批后才可以下发执行，或者经过其授权，由他人签发执行；法人代表要对公司计划和预算负第一责任。单位对外经济活动合同、贷款合同、协议必须由法定代表人签订，并对其所签合同及整个经济业务活动承担第一责任。单位对外公布的财务决算报告、重大投资决策必须由法人代表签字盖章确认，法定代表人对单位财务工作承担第一责任。

综上，法定代表人是单位经济管理活动不可推卸的第一责任人。

单位的经济业务活动多数都以计划形式确定年初目标、分配年初各部门应当开展的工作任务和相应目标，以及各项业务所需资金和应达到的标准等。

目标确定错误，下达的任务违法、违规、违反制度，单位分管计划的领导应当承担责任；重大问题由分管领导决定，一般问题由计划部门负责人决定，计划部门负责人应该承担相应责任。

按照汉高祖刘邦的观点，各单位给领导出谋划策的计划部门及其分管领导是猎人，是打猎时发出追击命令并指出猎物所在位置的人；业务部门和其他管理部门是猎狗，是执行追杀猎物命令的人。刘邦认为萧何是猎人，应居首功，食邑八千户，在战场上出生入死、攻城略地的将军只是猎狗，功劳自然在萧何之下。

位置越重要，权力越大，获得的利益越大，取得的功劳越大。同时肩负的责任越大，背后的风险也越大。所以出谋划策、指认猎物所在位置、下达追击命令的单位分管计划领导和计划部门负责人是经济管理活动理所当然的第二责任人。

如果计划没有问题，负责执行计划的业务与管理部门，若不能严格执行国家法律、法规和单位的规章制度，比如采购劣质低价材料，偷工减料，使用虚假发票虚构经济业务，将非本单位、本业务（如吃饭、加油、购物）的票据拿到本单位在本业务成本费用中报销，虚报加班、出勤、出差信息，开大头小尾发票，购买虚假发票报销，收入不交财务，等等，财

视角六：站在法治角度看会计

务人员并不知情，也很难查实。这些都是业务管理部门及其分管领导职权范围内的事项，只有他们知道谁加班、谁出差、谁旷工，知道所用材料的规格型号、质量标准和数量多少，知道有无真正的经济业务发生，吃饭、加油、购物等是否与管理的业务有关，有无虚假发票、大头小尾票，收到的现金是否交财务，收到的银行转账有没有进入本单位账户之外别的单位账户等事项。

业务与管理部门是单位财会工作的原料供应方和上道工序，是为财务提供核算与监督资料方。其提供资料的真实完整与合法性，理应由提供者而不是审核人负责。

财务报销票据要求经办人、经办部门负责人及分管领导签字，就是为了落实资料提供和业务监管责任而设置的。经办部门负责人、分管领导签了字，就等于认定该笔经济业务的真实完整与合理合法，当然要对自己所签的字、所肩负的监管职能承担责任。

业务与管理部门领导及其分管领导接受了法人代表赋予的业务管理权，同时就要承担相应的业务管理责任，他们共同成为单位经济管理活动的第三责任人。

会计的四大职能是确认、计量、记录、报告，其依据是国家法律、法规、单位的各类制度，以及年度计划和真实的已经发生过的符合单位计划或者追加计划的经济活动。会计确认、计量、记录的对象是单位各业务与管理部门在办理经济业务过程中所形成的各类票据，会计报告的对象是各部门各种业务发生之后对单位资产、负债、权益、收入、支出、成本、费用、利润所产生的影响和结果。

财务管理的四大职能是预测、计划、决策、控制。财务工作的资料来自会计。

分析在财务会计报告中发现的问题，预测将来的经营状况，提出决策的参考意见和建议，对偏离制度、计划、目标等行为进行监督并控制，都是在计划统领之下，在经济业务资料基础之上展开的，没有能够离开计划与经济业务资料的财务会计工作。

所以财会人员是单位经济管理活动的第四责任人。

这好比4×100米接力赛，法定代表人是第一棒，分管计划领导和计划部门是第二棒，分管业务与管理部门领导及其部门是第三棒，分管财务的领导及财务部门是第四棒。

如果前面三棒都出了问题，落后了，靠第四棒去解决前三棒的问题，一是没有权限，二是时间晚了。要求财务会计这个第四棒把失去的夺回来，不但要追赶，还要超越，一般不太可能。那么把没有跑赢的责任归为第四棒显然不公平。

如果第一棒、第二棒跑错了，那后两棒就叫"上了贼船"，下船就不那么容易。不少财会人员都有"上贼船"的感觉，那就是第一棒跑错了。

《中国共产党党员问责条例》出台后，出了问题要严格追责、问责。知道财会人员是单位经济管理活动的第四责任人，对大家都有好处。

一是有利于单位法定代表人掌好方向把好舵，可以避免瞎指挥，坚决不当"三拍"干部。

二是有利于单位分管计划的领导和计划部门负责人认清自己的重大责任，可以杜绝当出馊主意的"狗头军师"。

三是有利于分管业务与管理部门的领导和相关部门负责人明白自己的具体责任。追责问责时，经济业务的凭据就是保护或者出卖自己的有力证据，赖财务账没做好是没有用的。

四是有利于分管财务的领导和财务部门全体人员站好立场把好关。财会人员绝对不能改动能证明真实经济业务、还原事实真相、分清各自责任的原始凭证，也不能乱编账目、瞎改报表。这都是有据可查的有源之流、有本之木。

责任分清了、落实了，大家才好各尽其职各负其责，才有利于单位工作健康稳定持续发展。

视角六：站在法治角度看会计

■ 财务制度必须由财会专家把关

财务制度是一个单位开展经营活动和经济管理工作的"尺子和准绳"，是国家财经法规在本单位的"实施细则"，其重要性怎么强调也不为过。

制度具有合法性、合规性、合理性、针对性、可操作性、有效性、全员适应性、长期性等本质特征，有能确保单位安全、健康、稳定、协调、可持续发展的功效，这应该是大家的共识。

现实中，很多单位的主要领导对财务制度的重要性认识不到位，甚至存在不少误解。

有的认为，财务制度就是财务人员必须遵守的制度，是上级财政、税务、审计等有关部门对财务工作和财务人员的专门要求，与其他人关系不大。有的认为，财务制度就是束缚大家手脚的"绳索"，是影响业务工作的"绊脚石"。不建立上级不答应，要它又实在碍手碍脚。定财务制度情非所愿，就是为了做做样子，掩人耳目。有的认为，财务制度都是约束普通员工的工具，中层以上骨干可以适当宽松，高层领导特别是最高领导可以例外，等等。

基于上述错误认识，许多单位的财务制度要么缺胳膊少腿；要么就像模型手机，没心没肺，只有个外壳，装装样子可以，无法实际用于管理；要么缺乏针对性，没有可操作性，假话、大话、空话、套话连篇，能用到单位管理工作中的东西非常少；要么制度中有明显不符合法律、法规的内容；要么对不同的人采用不同的标准，制度本身不合理、不公平；要么制度过时、过期；要么朝令夕改，一天一个新规定，没有一点严肃性。

基于错误的认识基础建立的制度就会到处是问题，遍地有漏洞，毫无约束力。这样的财务制度当然只能印在纸上、挂在墙上，无法走入实际工作，更不可能产生良好效果。

制度形同虚设、财务管理混乱，是许多出问题的单位的通病。除了主要领导认识不到位，对财务制度有不少错误认识之外，制度印发之前没有请财务专家把关，是另外一个更为重要的原因。

在我国，单位主要领导、单位副职绝大多数都是业务干部，学财务、干财务出身的领导屈指可数。单位各项制度出台主要由领导班子把关。若财务制度在拟定稿中就存在重大缺陷，由于领导班子中没有人懂财务，集体研究后颁布的制度，其缺陷也难以消除。若制度中有部分条款限制了某些业务领导的权力，增加了其责任，该领导及其分管部门坚决反对，主要领导予以同情和支持，制度的缺陷会再增加一个或多个，有效性会再降低一次又一次。到最后，制度几乎没有任何有效性。

某单位审议新拟定的电话费报销制度，办公室主任汇报：一是手机话费，单位正职每人每月1000元，副职800元，中层500元，一般人员300元；二是家庭座机话费，正职每人每月350元，副职300元，中层200元，一般人员100元。听完主任汇报，参会的单位副职、各部门负责人都很兴奋，称赞领导给大家办了好事，都非常感谢领导。只有财务科长一言不发，领导看出了他的心思，就让他发表意见。

科长说，我先给大家汇报一下我所掌握的政策。按省委老干局的规定，离休副厅级领导干部家庭座机电话费每人每月补助80元；国务院规定，在职的正部级领导每人每月手机话费最高可报销300元。

听了财务科长所讲的政策，一把手说："看来我们这个制度得作废。我们就是个处级单位，竟然比副厅级、正部级领导的标准还高出很多，一旦执行下去肯定会出问题，会惹上大麻烦。多亏李科长提醒，不然大家都下不了台。以后制定有关财务方面的政策，还得提前征求财务人员的意见，多听他们的建议，我们才会少犯错误甚至不犯错误。"

视角六：站在法治角度看会计

笔者曾到某新成立的单位检查，看到该单位新印发的财务制度后，笔者对财务科长讲，看到了你们的制度我只有一个想法，我想把它给撕了！科长立即紧张起来，说制度是照着××单位抄过来的。原来还有支付时必须有五人签字的规定，一把手不同意，删了；涉及××领导的业务，他不同意；有关××领导的业务，会上他明确反对。单位中层以上有二十多人，我一个人怎么能说服二十多人呢？大部分人反对的事项，我这个财务科长顶不住。少数服从多数，这是单位集体研究后印发的，我个人实在无能为力。

这位科长的遭遇可能在许多单位都存在，笔者表示同情和理解，但不赞成、不支持。随后笔者专门找了他们的一把手，将笔者的看法、此种制度的危害给他认真讲了一遍，要求他在最快时间重新修订和完善制度。

笔者告诉他，制度代表一把手的政治觉悟和思想境界。先公后私还是先私后公，有无担当和奉献精神，从权力和责任的划分、利益分配和风险分担上能看出来。制度代表一把手的法制意识和政策水平。是否依法办事、是否按政策要求搞业务、抓管理，制度的流程设计、禁忌事项能说清楚。制度代表一把手的组织能力和管理水平。如何充分调动单位的资源和人员，单位的行业特点、专业特点、业务特点是否烂熟于心，制度的具体条款的针对性、有效性、激励与奖惩政策能反映出来。制度体现一把手的公平公正意识和效益观念。是否一视同仁、有无节约意识、有无较强的时间观念，细看制度都能知道。制度的问题就是一把手的问题，因为一把手是制度的签发者。若按制度执行出了问题，不会追究执行者的责任，只会追究签发者的责任。

该一把手听后心悦诚服，很快按要求完成了制度修订。

财务制度由财务专家把关，说起来很容易，但做起来很难。单位财务制度需要由谁把关，必须一把手说了算，财务科长及其他人员无权决定。

不少单位的一把手认为，财务制度有什么难的，照着上面的要求写下来不就得了，照着别的单位抄一份稍微改改，那就是我们的制度。还有人觉得自己的事应当自己做主，请财务专家把关，会被别人笑话。这是一把手不知自己有几斤几两，不知自己的财务科长、各部门负责人、单位副职有几斤几两的表现，也是不知财务制度的分量有多重、财务专家的分量有多重的体现。

财务不同于其他业务。国家对每个单位的财务管理和会计核算都有统一要求；每个地方、每个行业对本地区、本行业的财务工作也有统一要求。因为财务会影响国家利益、地方利益和行业利益，其他业务没有这么多影响。单位财务制度要上接三条线，其他制度没有如此严格的要求。

财务工作的政策性极强，国家、地方、行业政策变动大多会落实在财务政策的变动上。如国家税收政策、货币政策、预算管理政策、政府采购、国库集中支付、财政转移支付、财政补贴、扶贫、土地、物价、环保、中介服务、"八项规定"等，都在财务制度中有所体现。

若单位的财务制度不能与时俱进，把原来符合政策现在却违反诸如"八项规定""厉行节约反对浪费"等政策的制度条款不予修改删除，就可能受到追责和处分。

财务工作的专业性很强。资产的计价与确认、合并与抵消、折旧、摊销、关联交易、存货计价与出入库、产品成本计算、成本与费用的界限、财产清查与盘点、债务重组、会计估计、所得税会计等，没有受过专业训练的单位一把手、单位副职，可能连名词都搞不懂，又怎么把关？

隔行如隔山。我们开车多年，汽车有毛病还要找修理厂或4S店，而不是自己修。术业有专攻，财会专家就是财会行业的高级修理工。请他们把关，不丢人。

每个单位都有不同于其他单位的许多地方。就算业务相同，但干业务的人完全不同，所在的地区与其他地区有很大差异，本单位的产品与其他单位不完全相同，产品生产工艺、工序、气候条件、供应商、销售对象不同，等等，不同的地方多着呢，怎么能抄别人的制度？别人有效的管理办法对自己来说不一定合适。

视角六：站在法治角度看会计

照上面的要求写，上面的要求多得很，照得过来吗？上面的要求都是宏观的，带有普遍性，能在全国、全地区、全行业通用，很难一一对应到每个单位的实际。法律还有实施细则，每个单位的财务制度本来就属于实施细则性质，不具体行吗？

财务制度必须由财务专家把关，应当变为一条强制性要求，写入国家法律，至少变为财政部的部门规章，这样财务制度执行起来才有依据，才有约束力。

财务风险的四级内部防控体系漫谈

单位财务风险泛指单位和财务有关的所有问题与隐患。主要包括：违反财务制度和财务法规的风险，违反廉政与党纪的风险，违反国家法律的风险，违反资金安全引起资金断流企业破产的风险，违反效益原则的低效、无效、负效益风险等。

一个健康、安全、高效的单位，一般都应建立四级财务风险内部防控体系。

四级内部防控体系是指：一级为会计出纳；二级为财务科长（股长、处长）；三级为总会计师（财务总监、分管财务副职）；四级为单位负责人。

这个体系类似于大中型医院的一线大夫（住院医师，像会计出纳）、二线大夫（主治医生，像财务科长）、三线大夫（主任医师，像总会计师）、专家会诊（多科主任医师，像领导班子全体）。

第一级防控网：会计与出纳团队

称职的会计与出纳应当熟悉国家财经法律、地方与行业财会规章、单位财务制度，熟练掌握资产、负债、权益、收入、成本、费用、利润等确认计量标准，能够正确记录、准确及时完整报告单位的财务状况和经营成果。能熟知单位年度计划、预算和目标任务，愿意监督，敢于将不合法、不合理、不合规、计划预算之外、无效益等事项拒之门外。善于沟通、协调，积极主动宣传财务政策制度，能说服大部分员工。业务水平较高的出纳也能辅助会计把关。当会计没有发现带有明显错误和问题的票据，已做好分录要求出纳付款时，高素质责任心强的出纳就能发现问题并退回让会计重审。

只要会计与出纳业务素质过硬且能够尽职尽责，单位80%以上的财务"常见病""一般病"都能被发现。会计不做账，出纳不付钱，业务问题就不可能演变为财务问题。

第二级防控网：财务科长

若第一级防控网失守，会计与出纳均未发现财务"常见病"，财务科长复核时就必须代会计把住关，不能让业务问题变成财务问题。若财务科长连"常见病"也发现不了，没有能力解决，这个单位的财务管理水平必然很低，财务失控、混乱将是必然结果。就像没有行医资格的人开诊所，没有手术资格的人给患者做手术，没有整形资格的大夫做整形，难道不让人担心？

解决此类问题的办法只有一个：换人。

财务科长的本职工作并非代会计看"常见病"，而是看"综合症"，解决别人没有资格、没有能力解决的问题。

具体而言科长有三大主要任务：其一，治疑难杂症，解决技术难度较大、政策界限模糊，会计没有把握、没有能力处理的事项。其二，对内协调。协调各岗位会计之间的关系，会计与出纳的关系，财务部门与其他部门、其他单位的关系；协调财务与单位中层以上领导特别是与单位负责人之间的关系。其三，对外协调。财务科长必须出面协调与上级主管单位、国家审计机关、国地税局、财政部门、国有资产管理部门、银行等的关系。遇到外部不熟悉、不懂的问题，财务科长必须亲自出马，讲单位背景、行业特点、企业（单位）特点、行业政策、单位财务会计制度等内部中层以上和上级、外部人员不了解、不清楚、不明确的事项。要换位思考，充分了解和理解"客户"的要求和需求。对合理部分要尽可能满足，不合理部分要讲明理由，暂时不能满足的要说明原因，并给出何时可以满足的承诺，让对方心悦诚服。财务科长的核心任务是解决单位财务面临的大中型风险和问题，要杜绝有重大隐患的业务事项入账。

经过财务科长防控网拦截，单位95%以上的财务风险可以消除。

第三级防控网：总会计师

总会计师作为单位的行政副职，是协助法定代表人、行政一把手管理财务工作的总指挥、总协调、总调度。

总会计师的职责是指挥单位的财务工作，协调财务与各部门及所属各单位的关系，协调单位各副职与财务的关系，协调单位与国家审计、税务、财政、国有资产管理、上级主管单位的关系，调动单位各种资源使其发挥出最大效益。

总会计师的核心职责是处理重大疑难问题，解决财务科长无资格、无能力、无权力处理的问题，建立起单位"疾病防控"的体制、机制和制度体系，谋长远、谋全局。到总会计师这一级，99%的财务风险应该可以防控。

在未设置总会计师岗位的单位，总会计师70%的职责由财务科长代劳，另外30%的职责如指挥，部分对外协调、调度，由法定代表人兼管。但财务重大疑难问题的处理仍由财务科长完成，法定代表人一无精力，二无专业能力，三无政策知识，无法胜任财务问题的处理。

第四级防控网：单位负责人

《会计法》规定：单位负责人对本单位的会计工作和会计资料的真实性、完整性负责。通俗理解为单位负责人是单位会计工作的第一责任人。

为什么只要求对真实性、完整性负责，而不是对合法、合规、合理、高效负责？

因为只要是真实、完整的会计工作和会计资料，其是否合法、合规、合理，只要对照相关法律、法规、制度、计划、预算就能得出结论。只要根据真实完整的资料，就可以计算出投入产出比、收入成本率、收入费用率、毛利率、净利率等。若会计工作和会计资料不真实、不完整，衡量合法、合规、合理、高效就变成了无源之水、无本之木。也就是说，法律已经找到病根、管到了根上。至于之后的枝节问题就相对容易得多，就跑不出法律的"手掌心"。

单位负责人有人事和财务两个法定大权，有权必有责。

选派不称职的会计、出纳，造成第一关失守，单位负责人要承担责任；选派不称职的人当财务科长，第二守关者把不住关，单位负责人更要承担责任；不支持总会计师开展工作，不听从总会计师正确的意见和建议，第三关形同虚设，单位负责人要承担责任。单位内控制度缺失，财务制度不健全，制度执行走过场，监管人员不尽职尽责，对监管者设障碍、使绊子，甚至打击报复，单位负责人要承担责任。

单位负责人的核心责任，一是选好用好财务人员特别是财务科长；二是建立健全单位财务制度和内控体系；三是支持鼓励财务人员、财务科长、总会计师依法行使反映监督职责；四是为财务防控风险打造良好环境；五是解决总会计师、财务科长无资格、无权力、无能力解决的特别重大的财务疑难问题。

单位财务风险的四级内部防控体系各有其职责，各有其重点。

级别越低，事务越多，难度越小，收效越小；级别越高，事务越少，难度越大，收效也越大。只有四级防控体系同时有效，每一级都发挥好各自的作用，单位财务风险的防控才始终处于可控可防、易控易防、能控能防的理想状态，单位的安全、健康、稳定、可持续发展才有保障。

财务问题请问会计

在许多单位,遇到财务问题,拥有财务最终决策权的一把手并不征求财务人员的意见和建议,而是听取业务部门和业务领导的主张。当财务人员认为这种做法不妥,要求更正和改进时,领导不但置之不理,反而会将提意见和建议的人批评一通,这严重损伤了财务人员的自尊心和自信心,挫伤了其工作的主动性和积极性。业务部门人员和业务领导非但不会把财务人员放在眼里,还会当成有意与他们过不去的捣乱分子和损害他们利益的破坏分子,有的还可能会打击报复。长此下去,财务人员的地位会越来越低,形象会越变越差,说话没人听,监督无人理。

财务人员是国家法律规定的对单位经济活动的审核监督者,依法杜绝不合法、不合规、不合理的经济业务入账领款,是财务人员的法定权利和法定责任。单位负责人限制财务人员行使权利,阻碍其履行责任是不懂法、不守法的表现。

涉及财务事项,单位一把手绕开或半绕开财务人员,如同工程投标现场不允许纪检监察人员出席,招标结果出来后才叫纪检干部签字。财务问题听取业务部门和分管业务领导的意见,如同生病不找医生,而是找炊事员、找律师。不采纳财务人员的正确意见和合理建议,就是公开抵制监督。这都是违反《会计法》等国家法律法规的行为。

无故绕开监督、有意抵制监督、指责批评监督者、打击报复监督者,也是法律所不允许的行为。这种做法类似于将监督者软禁,限制其人身自由和言论自由,让监督的岗哨处于无人值守状态,任由盗窃分子自由出入。财会人员被"软禁"后，在单位和职工中没有地位，形象严重受损。

为什么遇到财务问题，要多问、多听、多用财务人员的意见和建议？

这好比人生病要找医生，而不是去问老师；桥梁出现裂缝要问桥梁专家，而不是找机械工程师。

在一个单位，财务人员特别是财务科长、处长，就是该单位最有权威的财务专家。

首先，他们有较高的财经法规和政策水平。

通过会计继续教育培训、职称考试等专项培训和自学，各单位的财务人员普遍掌握了比单位一把手、单位副职、各部门负责人更多、更全、更深、更新、更细、更专的与单位所有经济业务有关的财经法规、财务制度和政策。他们是单位内部名副其实的政策制度专家，有财务政策问题找财务政策专家是明智之选。

其次，财会人员有比较扎实的财会理论知识和较为丰富的实践经验。

国家要求从事财会工作必须取得会计从业资格证书，当财务部门负责人必须具有会计师以上职称或三年以上工作经验。许多财会人员都经过四年甚至更长时间的本科或研究生课程培训，绝大多数会计都拥有大专以上学历。从理论方面看，他们的财会、税务、经济方面的基础知识比较扎实，是科班出身，是财务管理与会计核算的内行。没有学过任何财会知识的工程技术人员、管理人员，相对于财会人员都是外行。

单位财务管理水平的高低，由政府财政、审计、税务等专业管理部门和会计师事务所、银行、证券、股票、基金、评估等内行人士来评判，不可能由律师、工程师、图书馆员来评判，其评判结果全社会也不会信服。

只有让会计审核后决定什么账可以报，哪些资料符合规定，哪些程序必须走到，什么支出、费用、成本该进入什么科目，如何确认、计量和报告，报告的结果才会经得起任何人、任何时间的检查，才能经得起上级财政、财务、审计、税务等部门的检查和审计。

单位出现财务问题，要么是由于配备的会计数量不足，无法满足正常审核管理要求，造成财务监督缺失；要么是由于配备的会计不合格、不称职，没有能力履职尽责；要么是会计有能力，但因待遇差、怕得罪人而不履职、不尽职；要么是单位领导不允许会计履职尽职。

再次，财会人员在程序上有事前把关的优势。

单位有关财务问题的计划、预算、意向、决议、决定的拟定和提请审核及审核结果，财务人员会第一时间知晓；经济合同、协议的签署，财务人员要参与审核；资金筹措、经济事项执行过程的报销、借款、尾款结算，财务人员都会参与；执行结果的会计核算、项目实现毛利润的计算，由财务人员完成；利润分配、收益分配，考核结果的奖惩与兑付，要通过财务人员操作。财务人员是单位经济活动全过程的参与者，在经济活动变为财务行为的过程中，财务人员有事前把关的优势和否决的权力。

在各项经济业务活动开展之前，财务人员就掌握了拟开展活动的性质、类型、实施主体、投资或支出规模等重大信息，获得了与活动无关的业务和其他管理部门甚至部分副职无权得到的第一手信息资源。这就为财务人员参与事前控制提供了基本信息和审核资料，同时财务人员也背负了早知有错误、明知有问题而不提出反对意见，没有及时纠正和提出完善、改进建议的责任。

在经济活动开展之前，财务人员有权拒绝不符合财经法规和财务制度的事项发生；在活动开展过程中，有权对未按计划、预算、决议、合同等要求执行的事项提出拒绝支付预付款、拒绝费用报销的意见和建议；在经济活动完成之后，财务人员有权对结果不符合要求的事项提出处罚意见。同时，财务人员要承担该拒绝未拒绝的责任。

在经济活动中，财务人员事前可以掌握重大信息，事中可以掌控支与不支、收与不收，可以让违法违规的业务收支事项不进入财务账表中，不将业务问题转化为财务问题，从而杜绝和减少不合法、不合规、不合理的收支给单位带来的潜在风险和实际损失。

复次，财务人员的思想意识已经被关进职业道德和法律法规的笼子

视角六：站在法治角度看会计

之中。

有人说财会人员"太实际、太专业、太本位、太固执"，所以在单位得不到重用，在社会上不受欢迎。这句话也可以理解为：财会人员注重实际、讨厌虚伪；善于钻研业务，让外行者感到越来越外行；能立足本职、恪尽职守，坚持原则、不随波逐流。

从另一个角度看，财会人员"演戏"太投入，演得很逼真，进入角色后，竟忘了自己是谁，让别人很难理解和接受。这正是财会人员有良好职业道德、有强烈的法律法规意识的体现。说明财务人员已经完全被财经法规和财务制度"驯服"，他们的思想意识已被牢牢关进法律、道德和制度的笼子中，即便笼子的大门已经打开，别人都纷纷夺门而逃，财会人员还是会老老实实地待在里面，就算有人拉，他们也不愿意出来、不敢出来。

财会人员入职前都接受过系统的财经法规和职业道德教育。要进入财务部门，还要通过单位的精挑细选。到财会岗位后，一年一度的会计继续教育、职称考试，财经法规、税收政策、会计法学习等，就像一个个"紧箍咒"，已经一圈接一圈卡在每个财务人员的头顶，让他们不敢有非分之想。政府财政、审计、税务、证监会、国资委等部门人员就像多位唐僧，隔三岔五地给财务人员念"咒语"。财会人员见到他们，其畏惧心、恐惧感会出现条件反射，会不由自主产生。

单位法定代表人、单位副职、各部门负责人和所有普通员工，看见财政、审计、税务等执法人员，绝不会有财务人员的这种感受。大学经管学院的财务会计教授、博士、硕士更不会有这种感受。不当家不知柴米贵，不当会计不知会计难。

最后，多问能促进会计多学多知。

"学然后知不足，教然后知困""要给学生一碗水，老师须有一桶水"，这是经验，也是规律。财务问题，问会计，是经验，更是规律。不懂就问，不会就学，就是学问。

会计知道答案，回答让对方非常满意，既解决了提问者之惑，又能展示财务人员的专业知识和政策水平，能增加会计的成就感、自豪感，能提高其知名度和自信心。回答不上来，或者答案让对方不那么满意，财务人员就有了有形和无形的压力，就会努力学习，毕竟谁也不愿在同一个人面前第二次出丑。

　　解答财务问题是检验财会人员的政策水平和专业水平的一把尺子，更是将财会理论应用于实践的大好时机和良好平台。财会人员的政策水平必须与时俱进，而且财会人员要灵活运用政策，解决当前的现实问题。专业水平不是停留在理论上，而是要运用到实际工作中，要转化为化解疑难问题的思路措施和看得见的效果。如果能把财会政策与专业水平转化为管理能力、行动和结果，那些说会计本位、固执的观点，也会不攻自破。

　　财务问题问会计，是由会计的政策水平、专业知识、实践经验、程序优势、职业道德、守法意识等多因素决定的经验总结，也是认识和尊重规律的表现。

■ 依据与程序

依据与程序是笔者今生永远也绕不开的话题。笔者工作快30年了，几乎天天要与依据较真，事事要拿程序说道。别人可能不理解也不高兴，自己也感到有些厌倦。没办法，这是职业要求，用别人的话说，就是得了职业病。只有不干会计，这个病才能慢慢治好。

学习了《大学》的部分内容，知道了"物有本末，事有终始，知所先后，则近道矣""古之欲明明德于天下者，先治其国；欲治其国者，先齐其家；欲齐其家者，先修其身；欲修其身者，先正其心；欲正其心者，先诚其意；欲诚其意者，先致其知；致知在格物"。

原来，重依据、讲程序不是会计的职业病，它是对各行各业的普遍要求，是每个人、每件事都要遵循的普遍规律。

本末倒置，就是将本当末、将末当本的错误做法。本就是依据，末就是结果。朝三暮四、始乱终弃是在程序、目标，甚至道德等方面令人不齿的做法。

有理有据、证据确凿是指依据充分，由一级本到二级本再到三级本，进而演变出由一级末到二级末再到三级末，它符合事物发展变化的自然规律。

程序合法、合规、合理，是事物发展变化过程中的先后顺序符合法律、规章制度和道理的要求，即《大学》所讲的"致知在格物""知所先后"，是将事物进行分门别类研究，由表及里、由浅入深。就像朱熹将格物比作吃果子，先去其皮壳，然后食其肉，最后还要破核，尝其核子的滋味，才是认识果子的合理程序和完整程序。

依据是事物发展变化之前所处的状态、所包含变化要素和变化条件及其内在的变化规律，是变化的根基；程序是事物发展变化的步骤和方向，是发展变化的先后顺序的内在规律性要求。依据是事物发展变化的空间规律，程序是变化的时间规律。

因势利导、顺势而为、顺其自然，正体现了对依据和程序的运用，是操作性很强的实用原则。

工作中，我们处处可以看到依据和程序的运用。

立法、司法、执法、监督的过程，就是依据和程序的应用过程。

工商注册、纳税申报、先进评选、入团入党、开会，成立新的企业、事业、行政单位，等等，都得按依据和程序办。

生活中，依据和程序的应用同样处处可见。

装修房子、做饭、穿衣、喝酒、打牌、打球、旅游、开车、加油、修车、购物等，凡是要花费一定时间的事，就得讲程序，先干什么、后干什么应当有依据。

排队讲究先来后到，严格按时间这个依据和程序作为参照标准。插队就是没有执行该标准的表现。不闯红灯的依据是《交通安全法》，闯红灯既违反了依据又不符合程序，是在规定等待时间还没到的情况下，提前行动。《交通安全法》的依据是人们出行的安全需求，设置红绿灯的依据是合理调节东西方向与南北方向的车流量，保障每个方向都能安全通行。红绿灯按照一定时间程序不断转换，公平合理，能确保四个方向不发生拥堵、不发生碰撞，既安全又有效率。和尚分粥的程序变为分粥者后得粥时，分粥的难题便迎刃而解。押运英国犯人去澳洲的付款程序由上船付费变为下船且犯人健康才付费之后，就再也没有出现犯人死亡的事件。

这两则故事告诉我们，很多事情只要在程序上下功夫，让程序符合目标要求的同时，符合人性规律和自然规律，许多社会矛盾就不难解决。关键还要搞清楚建立这样的程序的依据是否充分，程序是否符合事物发展的规律。

国家法律法规、地方与行业规章制度、单位的各项制度，说白了，全都是规定依据和程序的，没有例外。

规定依据和程序的核心目的，就是分好权、分均利、分清责、分明险，就是理顺体制和机制。法律、规章制度执行得不好，很大一部分原因是依据和程序不完全符合格物原则，不符合自然规律和社会规律，结果让很多人不满意，所以大家才不愿意执行。

看来，研究好依据和程序，无论对治国、治省、治市县乡村、治行业、治部门、治单位，还是对齐家、修身、正心、诚意、致知，都非常有帮助，最核心的抓手，莫过于"格物"了。

费用列支渠道的意义和作用

财务人员日常支出审核有三个关注点：其一是依据，其二是程序，其三是列支渠道。

依据和程序是大家必须熟悉的事项。因为这两个关注点是各类审计、财务检查必查必问、必追必究的内容，是审计与财务检查的出发点，是发现问题，认定为违法、违规、违纪的证据，是处罚的标的物，是要求整改的对象。

和依据与程序有同等重要地位的，便是支出和费用的列支渠道。

举几个例子。

例一：某单位2012年计划对所辖一个高速公路的服务区进行改扩建，拟投资300万元，费用从该高速公路建设成本中列支。该高速公路2003年已建成通车，2005年完成了竣工决算，决算报告同年获上级批复。

按照建设项目投资管理的相关规定，已经决算、决算报告已获批复的建设项目，表明其所有支出已经全部归集，上级机关批复等于认定了该决算数字的完整性、合法性、合理性。决算等于给项目的支出和投资扎口子、画句号。已扎过口子、画上句号的项目，今后不得有任何追加投资和追加支出。就像某人的爷爷是某单位的离休干部，工资较高，但在2005年已经去世。其孙子进入该单位后，因公事向单位借款一万元，花费5000元，该同志提出，剩余5000元从自己爷爷的工资里扣还，两者是一样的道理。

所以该服务区改扩建投资的列支渠道不正确。

例二：某部门负责人受经理指派，完成了一项计划外项目，费用支出10万元。该负责人拿着领导批示的报销单据，注明费用从上年该部门的某项目的结余中列支。这就好比2003年某高校计划招生3000人，实际招生2850人，指标结余150人。2004年该学校的招生指标需要上级重新核定下达，而不得将2003年的结余指标拿到2004年使用，否则全国每年的招生计划将会失控。

该计划外费用列支渠道不准确。

例三：某单位的下属单位拟新建一栋办公楼，计划投资两千万元。单位在批准该项目立项文件时，没有注明列支渠道。下属单位负责人多次找财务部门要钱，财务部不给拨。该部门负责人就找单位领导告状，两者关系一度搞得极为紧张。

下属单位负责人认为，既然单位同意我们盖楼，就应当给钱，财务部竟然拒不执行单位的文件，到底想干什么，是单位大还是部门大？

财务部长认为，这是一份极不合规的文件，没有注明列支渠道，就是给财务部门和财务人员设陷阱。若财务部长让建设会计拨款，无依据，是错误的；让运营会计拨款，无依据，是错误的；让经营会计拨款，也无依据，是错误的；不拨款，没有执行单位的文件，还是错误的。但造成不拨款错误的原因不在财务部门，而是计划部门没有注明列支渠道，没有提供拨款依据。如果拨款，财务部门就会犯下无依据支付的错误。该文件明显存在依据不充分、程序不合规、渠道不明确三方面错误。

例四：某单位为防止年度计划遗漏，采取对主要业务增加10%的预备费方式解决。为简洁起见，年度计划统一合并为一笔预备费。在实际费用发生之后，单位批复的某些无计划费用一律写成"在20××年预备费用中列支"。

既然费用已经实际发生，可以明确属于哪个部门的哪种业务，批复文件就应当指明列支渠道的大类、中类和小类，财务部门才能正确归类，准确核算各相关业务的成本和费用。如西安市某人参加高考后，学校要邮寄高考录取通知书，必须在邮件上写明详细准确的家庭地址，而不能只写请寄到陕西省西安市。

该批复列支渠道不准确。

以上四个例子是财务人员经常会遇到的列支渠道的三类常见错误。这些错误容易引起财务管理与会计核算不正确、不明确、不准确。这是将计划管理错误和业务管理错误，在财务审核把关不严的情况下，转化为财务会计的错误和问题，变成财务档案中极易查证的明显错误，变成财务人员业务能力不高、工作责任心不强，要受到追究和处罚的错误与问题的案例。对于这些错误和问题，如果财务人员发现不及时、制止不力，就会引火烧身。若处理不当，又会引起部门间的矛盾、部门与单位间的矛盾、个人矛盾、领导与员工的矛盾，以及领导与领导的矛盾。

如果这些问题被外部审计和财务检查者发现，就可能在审计报告和财务检查报告中，留下财务管理不严不规范、审核把关不严的记录，出现挤占、挪用资金，计划执行不力，有无计划、超计划支出等问题，甚至会被定性为单位财务人员、计划管理人员业务素质较差，财务管理混乱，计划管理无章可循等。这就相当于评价单位的管理水平较差，不适合管理较为复杂和较为重大的事项。

费用列支渠道有什么意义，有哪些作用呢？

下象棋有个俗语，叫"车走车路，马走马路"。交通规则也有快车道、慢车道、超车道、行车道、紧急停车带、自行车道、人行横道、盲道等区分。不按规定道路行驶，就是交通违法行为，要受到处罚。

在对经济业务的管理与核算方面，资金的运用也有交通规则，各种资金也必须各行其道。这样经济业务活动、资金运动才能有序，对经济活动的核算、管理、反映、监督才有章可循，核算出来的收入、成本、利润、税金，会计报告披露的信息，才真实、完整、合法、合理、准确，社会经济活动才公平、公正。

如果没有给各种资金规定列支渠道，那么同一种产品，甲企业、乙企业、丙企业的算法各不相同，成本不同，售价则不同，利润则不同，应缴纳的税费则不同，那么经济行为是否为暴力行为或倾销行为，监管部门将难以认定、难以处罚，市场秩序将变得十分混乱。

《会计法》《会计基础工作规范》《现金管理条例》《会计准则》《财务通则》《税法》《财务制度》《会计制度》等现行所有关于经济活动管理与核算的法律法规，都是资金运动的交通规则。

资金是企业的血液。血液循环有动脉、静脉、毛细血管三种通道、三个渠道。会计制度规定的一级科目，就是为各种性质单位资金运动设定的动脉血管、主干道；二级科目是静脉血管，是支线；三级、四级、五级科目是毛细血管，是血液到达的终点，是入村到户的细水渠，每家每户就只能在这里取水。

国家、省、市、县和各单位的年度计划暨预算，就是与《会计制度》中的会计科目相对应，制定和下达的资金运动的线路和渠道。

渠道是费用和支出的家。如果一个人下班后没有回自己家，而是误入别人家，就注定没饭吃、没有衣服换、没有地方睡，就注定会被赶出来。费用渠道错误与误入别人家里的道理是相同的。

渠道是费用支出的座位号。

费用支出如同到电影院看电影，一人一票一座是基本规则。你占了别人的座位，别人就无处可坐，就可能再占另一个人的座位或者站在过道，这都影响看电影的秩序。

渠道代表费用支出事项的承担主体。

如果某人同时承担两个科研项目，除了他这个项目负责人，两个项目的其他工作人员均不同。他为甲项目调研、参加国际国内学术交流会的费用，就不能拿到乙项目报销。若他到乙项目报销，就会将一笔或几笔合理合规的费用支出，变成不合理不合规支出，上级检查难以过关，乙项目组成员也会对他有意见。

渠道代表费用支出的经济用途。

以发工资为例，企业发工资，财务部门要进行工资分配。同在一张工资表的企业员工，企业管理人员的工资要列入管理费用，销售人员的工资要计入销售费用，基建管理人员的工资要计入建设成本。一车间管理人员的工资要列入车间费用，工人的工资要分别计入A产品、B产品的成本。二车间工人的工资要分别计入C产品和D产品的成本。这样才便于准确核算产品成本、企业管理费用、销售费用和企业利润，便于进行利润分配。

渠道代表费用支出的受益对象。

国家和省上拨付的抗洪、抗旱、抢险救灾资金，扶贫帮困资金，低保资金，治沙资金，退耕还林资金，科研资金，等等，只能用于指定的项目和相关人员，其受益对象固定、补贴标准固定、受益时间固定。随意扩大或缩小对象，提高或降低标准，缩短或延长时间，都属于违规行为，都将受到查处。

渠道代表费用支出责任的履行情况。

某些业务活动的考核与评价，需要从进度与投资、实物量与价值量等多个方面展开。如高速公路建设项目，假设某高速公路路基与桥涵隧道工程完成进度为80%，但完成投资只有40%，说明该项目计量支付工作严重滞后，欠付施工单位工程款、材料款、设备款等问题严重。反过来，若进度完成40%，投资完成80%，则说明该项目可能存在预借工程款问题，或者还可能存在将项目资金挪作他用等问题。又如高速公路养护，其工作量常以完成多少投资来衡量。

高速公路建设包括征地拆迁与环境保护支出，路基、桥涵、隧道、绿化、路面、房建、机电、交通工程等多项工程支出，还包括设计、监理、检测、项目管理支出，贷款利息支出等内容。每一项支出均有不同的责任主体，有其责任部门、责任单位和责任人，支出责任的履行情况要由不同的责任主体承担。每一项工程均有其投资概述和施工图预算。若工程完成后，总投资超出了概算和施工图预算，但其中的桥涵工程、隧道工程、路面工程均控制在概算内，设计、监理、检测支出没有超概算，那么，在追究责任时，该六项支出就能免于追责，其余支出及其相关责任人均有可能受到追究。

费用支出的列支渠道有其明确的制度规定。

《会计法》《会计准则》《财务通则》《会计制度》等各种财务法规和制度，就是费用支出列支渠道的制度依据。计划、预算是将业务工作与所需费用支出按照这些制度而编制的行动指南，财务会计工作也是按照这些制度，将开展业务实际花费的费用支出，通过会计科目、会计账簿、会计报表等归类，使其进入自己的渠道方式，记录下来、汇总起来、报告出去的工作。

符合计划、符合预算、符合概算、符合制度要求程序的费用支出，就是有依据、程序合规的合法合理支出，否则将被认定为不合法、不合理支出。这里的符合包括两层含义：其一，计划、预算、概算的编制应当符合财务会计制度；其二，是各层级的全部符合，而不能是部分符合、部分不符合，第一层符合，第二层、第三层、第四层不符合。当然，计划、预算、概算有其自己的特点和要求，考虑实际较多，针对性较强，要求相对较为粗放、宽泛。不像财会会计制度全国统一，原则性较强，通用性较强，考虑实际不足，针对性较差。如果计划、预算编制只涉及一、二级科目，没有更详细的第三级、第四级，财务人员应视同其全层级符合财务会计制度要求，并按照自己的职业判断，给每一笔费用支出找到一个最合适的、永久的家。

费用列支渠道是专业性很强的概念，也是财务人员必须掌握、能熟练运用的概念。正因其专业性强，单位领导、部门负责人常常搞不懂，财务人员也向他们解释不通，但渠道错误引起的问题可成了财务人员和财务工作的问题。希望广大财会人员重视和弄通渠道的概念、意义和作用，耐心解释的同时，坚持原则，不该报的不报，让相关人员整改合规后，再予以报销。要多用政府审计、财政财务检查发现的问题及处理的案例给领导提建议，向部门负责人多宣传。只要出发点是为单位好、为大家好，只要坚持久了、说服到位了，大家慢慢就会习惯，一定会理解和支持财务人员和财务工作。

视角七
站在社会角度看会计

视角七：站在社会角度看会计

■ 财会工作的特点与要求

财会工作不同于非财会工作主要表现在以下六个方面：

第一，所有正规的财会人员都受过专门的财会专业技能和职业道德培训。

通过三到四年甚至更长时间的专业培训，财会人员会具备财会职业道德素养，都会使用一种全球、全国经济领域通用的会计语言，掌握一套专门的算账、记账、报账、确认、计量、记录、报告、分析、判断、预测、决策、计划、控制的方法，懂得按照国家、地方、单位等的规定，开设账户、建账、算账、报账、收付款、纳税、分利、出报表，能够行使会计的反映、监督职能和财务管理的预测、计划、决策、控制职能。

简单说，会计是遵循会计职业道德，依据国家法律、行政法规、单位财务制度要求，能正确使用会计语言和会计专门方法完成财会职能的经济管理工作者。

非财会部门和人员，则不需要具备会计职业道德，不需要掌握会计语言，不需要使用会计专门方法，不需要懂得会计法律法规制度规定，没有财务管理与会计核算职能。

第二，财会工作具有全员性、全过程性、全方位性与双边性特点。

所有人都必须与钱打交道，会计是专门管钱的人，因此所有人必须与会计打交道。同时，会计也必须与所有人打交道，这就是会计工作的全员性。

会计要从资金筹集开始，参与供应、生产、销售、投资等经济活动的全过程。只要有资金流动或者可能有资金流动的事项，会计必须参与管理，这是财会工作的全过程性。

财会工作的全方位性因行业、单位、业务不同而有所不同。

以高速公路集团公司的业务为例，高速公路建设、运营管理、经营开发三大业务领域，财务必须管理；运营管理业务从集团公司到分公司，从分公司机关到管理所、服务区都要涉及；服务区管理方面，无论是加油、修理、餐饮、住宿、超市、加水，还是公益性的广场维修、厕所保洁、停车场保安、免费服务的公路信息查询设施购置，等等，财务要全方位核算与管理。

双边性是指财务管理必然有其对象，不是自说自话，自己和自己玩。一边是财务会计人员，另一边是业务与管理人员所运用的资金。

非财会人员多数没有必要与所有人打交道，没有全过程、全方位管理的要求，不一定有双边性特点。

第三，会计与他人交流使用的是专业性很强的会计语言而不是普通语言。

搞建筑的要懂得建筑语言，搞舞蹈的要懂得舞蹈语言，到美国要懂英语，到四川要懂四川话，这是基本常识和基本要求，否则就难以交流。

同理，搞经济的必须懂得经济语言。最正统、最系统、应用最广的经济语言就是会计语言。

会计语言、会计技术、会计方法的专业性极强，如果非财会人员、会计的服务对象，特别是承担决策职能、有财务支配权、指挥和管理会计工作的单位领导不懂会计语言，就会出现沟通交流障碍。

比如，收入、成本、利润、资产、负债、净资产等，这些属于会计的"大话""粗话"，许多人大概能懂，就误认为会计很简单。如同盲人摸到大象的腿，就误以为大象就是根柱子。他们误以为会计很简单。

其实他们只知道一点皮毛，只知道这些名词大概是什么意思，根本搞不清其准确含义，更搞不清这些名词之间有什么关系，以及哪个变化后，

视角七：站在社会角度看会计

会引起另外哪一个或哪几个变化，怎么变化，等等。

会计的"小话""细话"，如资产负债率、流动比率、资产周转率、净资产收益率、资产保值增值率、经营现金净流量、成本法、双倍余额递减法、永续盘存制、销售折扣、净收益营运指数、财务杠杆等，才是决定会计语言的含金量、决定和影响企业经营活动的核心因素。"大话""粗话"只相当于果皮，"小话""细话"才是果肉，才有味道和营养。外行知道的会计名词、"大话"，仅仅相当于果皮的颜色、形状而已。

搞经济决策如果不懂经济语言，就像医生不懂医术，法官不懂法律，就会造成决策失误。

所以，掌握单位财政大权的单位主要领导必须懂得会计语言；参与经济决策、经营管理的单位副职、部门领导也必须懂得会计语言。

隔行如隔山，语言不通、沟通有障碍，就会出现专业代沟。如同会计站在河南岸，领导和其他人站在河北岸。会计专业之河把两群人隔开，相互看得到对方的身影，却握不了手、交不了心，相互不了解、不理解。

很多单位的主要领导误认为会计很简单，没什么好学的。领导对会计知识的无知，造成了经济管理上的无畏。经济管理上的无畏，就潜藏着极大的法律、行政、审计、财政、税务、党纪风险。

第四，会计有法律赋予的反映监督和预测、计划、决策、控制的权力和神圣职责。

很多人由于不了解会计的职责和权力，常常把会计认真审核、严格把关当成没事找事，难说话；把会计提出的不符合财经纪律和财务制度理解为脑子不正常。

第五，会计工作的政策性、时效性很强。

无规矩不成方圆。搞经济工作必须按照经济法律法规和财务制度办事，这是维护国家、地方、单位、投资人、债权人、业务合作者、职工等各方利益的需要，也是维护国家经济秩序，让国家、地区、单位能够长治久安的需要。

国家经济法律法规的要求常常要分解落实到单位才容易执行。在单位具体就会落实到财务制度上。

因此，单位财务制度不仅体现单位的要求，同时还体现着部门、地方和国家的要求，这就是会计工作的准绳，是使用会计语言和会计方法反映和监督单位经济活动的政策依据。但这些政策非财会人员一般不关心、不了解。会计照此执行，很多非财会人员不理解，产生了矛盾和纠纷。

会计政策同时有很强的时效性。去年的政策今年可能就不能用。会计政策变化非常快，也非常大。比如，《预算法》颁布后，财政预算管理与之前相比有了翻天覆地的变化；《政府采购法》《政府信息公开条例》《八项规定》、费改税、营改增、国库集中支付、放管服等，对经济工作特别对会计工作有极大影响。会计要学习掌握新政策，非财会人员也要学习，配合会计执行好新政策。

第六，会计人员手握"绳子"执法，背后有被"尺子""鞭子""刀子"等惩处的风险。

会计人员权力很大，责任更大。若没有尽职尽责，出现了违反财务制度和财经纪律的问题、违法问题，将会面临财政、税务、审计、纪检监察、法律等五个方面的问责和惩处。

财务制度好比绳子，一头握在财务人员手中，另一头则掌握在单位主要领导手中。领导让握紧，绳子就会变直，误差就小一点，问题就容易量出来。领导让握松，绳子就变弯，误差就很大，问题就会跑掉，但责任却不在领导，而由财务人员全部承担。

财政、审计好比尺子，两头都掌握在测量者手中，领导和会计都碰不到。尺子很直，没有误差。用尺子衡量绳子量出的结果，误差值马上就一目了然。有问题，财政审计就会问责单位和会计。结果是通报批评、罚款、不能晋升职称、吊销会计从业资格证书等。

《中国共产党党员问责条例》出台后，审计成了问责的切入点。审计发现问题、查找原因、追查责任部门和责任人、问责，成了当前审计工作的新常态。

税务、纪检监察好比鞭子，出现偷税漏税等违纪行为，加倍罚款、移交司法机关、给予党纪政纪处分是常见做法。

法律好比刀子，出现违法问题，违法者被逮捕、被判刑、坐牢，就会失去人身自由和个人尊严。

"绳子"紧了，"尺子"能找到的误差和问题就小、少，甚至没有；"尺子"找出的问题能及时整改，今后不再出现，"鞭子"上手的机会就不会出现，"刀子"上身的机会就不可能存在。

财会工作的严格受训、"三全"性、专业性强、政策严厉、责任重大、风险巨大六个特点要求：

其一，所有财会人员必须全面系统连续接受职业道德、财会业务、政策法规培训，具备承担重大责任的能力和消除巨大风险的意识和能力；要明白自己所肩负的重任和不尽职尽责所面临的风险；要熟悉单位的所有人员、所有业务、所有工序程序；要积极宣传财会法律法规政策，要严格按政策办事。

其二，所有与会计打交道的人，必须能够听懂会计语言，交流才顺畅；必须了解会计的职责职能，才能理解支持会计工作；必须了解、理解会计所遵循的法律法规制度，才能认可会计审核监督时拒绝不合规票据报销的做法的合法合理性。

其三，单位主要领导是《会计法》明确规定的单位会计工作的第一责任人，要用好自己手中的人事大权，给财务部门配置数量足够、素质合格的财会人员；要用好手中的财务大权，按制度要求带头握紧"绳子"，同时监督财会人员握紧"绳子"，确保单位和个人可以经受得住任何"尺子"的检验，避免"鞭子"和"刀子"进入自己的视野；要动员协调督促单位副职、部门负责人了解、理解、支持财务工作。

只要大家都能按照法律法规制度办事，财会工作就会成为单位发展的物质动力源泉，单位安全、健康、稳定、可持续发展就会成为必然。

财会工作社会环境分析

许多财务人员常常抱怨，财务工作真不好干，不但吃苦受罪，还要担惊受怕，更要几头受气。

干财务工作一是太累。每逢月末、季末、年末都要出报表，必须加班；遇到审计、税务、财政检查，要加班；遇到纪检、公检法查案子，要加班；单位有重大活动，要加班；单位给上级汇报工作，写总结、夸成绩、摆问题、找原因、提思路、讲措施、说建议，财务是重头戏，要加班查资料、写材料、调数据、证结论。财务加班比其他管理部门要多得多。

二是太难。财务工作是在法规制度的丛林中、在限定的狭小空间内施展才华。国家所有法律、法规，单位各项制度，几乎都与财务有关。人事、劳动、工资、福利、社保，办公、会议、接待、后勤，计划、统计、审计，资产管理、房产管理、车辆管理、安全管理、质量管理，廉政建设、精神文明建设，劳动竞赛、工会活动，等等，都直接或间接与财务有关。

如果说业务和其他管理工作像宽广平坦的高速公路，走到财务路口，就多了限单行、禁左拐、不能占盲道、单双号放行等重重要求，变成了几乎步步有规定、处处有限制的城市道路，变成了路路有红灯、段段有警察、处处有监控、时时开罚单的严管一条街。当双向十车道的高速公路出口变成单行线后，就会出现拥堵，行走缓慢。部分司机就耐不住性子，表现出"路怒症"，谩骂、鸣笛、插队等就随之而来。财务人员就是在经济业务和资金交汇的单行线入口处，在高速公路与城市道路交汇的喇叭口最细处的最小岗亭执勤的"财经保安"。

财务人员头脑中满是法规制度，时时处处都要以法律、法规、制度为准绳，什么事都要先看是否有制度依据，是否符合程序要求。

在单位领导和非财务人员看来，财务人员总抱着死条条、旧框框不放，太死板、太教条，太难说话。财务人员把单位的钱、公家的钱，当成自己家的钱来管，不考虑单位实际、不顾及社会现实，没有大局观念，影响单位工作。甚至有人把财务人员严格把关当成有意和自己过不去，或者认为是为了谋取私利。

财务人员"站得住的顶不住，顶得住的站不住"现象非常普遍。坚持原则者往往与先进沾不上边，与晋级升职无缘。

三是风险太大。国家的财经法规、党的财经纪律严酷无情；各级审计财政税务纪检监察部门对单位财经法规、纪律、制度的执行情况监督检查频次越来越高，要求越来越严，处理越来越重。财务作为财经法纪的首要执行者，成为首先问责的对象，成为违规违纪行为的不可推卸的责任人，财务工作的风险越来越大。

四是权力太小，责任太大。财务股长、科长、处长是与其他部门的股长、科长、处长同级别的中层管理者。财务的监督职能、单位财务的监督责任直接下放到以部门负责人为首的财务部门，权力与责任不匹配。财务科长无法监督管理其他科长，更管不上单位副职。一个单位的多数关键人物处于财务科长的权力管辖之外，这种情况下，如果单位一把手不支持财务科长，这个科长肯定管不住人、管不好事，监督的责任就会落空。

五是待遇太低。与其他管理部门相比，财务人员的付出比其他员工大得多，但收入奖金与他人相同，不公平；财务人员承担的责任和风险比其他人员要大得多，但待遇相同，不公平。

财务人员的职称晋升要参加全国统考，其他多数专业不实行考试或者不是全国统考，财务人员职称晋升慢，影响待遇；工作忙碌又影响考职称。因优先照顾单位利益而影响了个人利益，单位应当给予精神鼓励和物质奖励或补偿，但几乎没有单位会这么做。

对待出纳更为不公。许多人把出纳工作看得很简单，许多单位把出纳的待遇定得很低。

出纳是非常重要的会计岗位，是资金安全的直接守护者，是资金运动的操盘手，是单位与外界打交道的窗口岗位，是单位形象的代表，是财务部门中的一线员工。要求既要热情礼貌，还要原则性强；要耐心、细心、严谨，还要坐得住、勤快、保密，按道理，其待遇应当高于一般员工。

吃苦受罪、担惊受怕的同时，多头受气的遭遇更让财务人员接受不了。

首先，得不到单位一把手的认可，常常被批评、被责骂。因严格把关不被理解，财务人员与单位副职、单位中层之间矛盾频发。一把手为了平衡，常常将财务人员当成牺牲品；政府审计、税务、财政检查等发现问题，要进行处罚、处理之时，有的一把手就会将责任推到财务人员头上。认为财务账没有做好、提供了不该提供的资料、没有将单位的实际情况说清楚，惹出了问题；是财务与审计、税务、财政关系没处理好，惹出了麻烦。他们不知道，财务只是照相机、录像机，所照所录的内容，是业务和管理的实况转播。如同一组有关地面的照片，地面出现了裂缝，出现了污染，不能怪照相机，更不能怪照相者。

其次，得不到单位副职、中层干部的理解支持。个别单位副职、中层领导认为，财务人员不支持其所管理的业务工作，影响其完成任务。

再次，得不到单位职工的理解配合。部分职工认为，单位的钱能沾一点就别阻止。个人是弱者，遇到个人与单位的利益矛盾，应当照顾个人。

复次，得不到外部审计、财政、主管上级的理解。审计人员发现了问题，明知问题的责任部门和责任人，但他们不找别人，就找财务人员解释说明。他们认为，产生问题的原因之一是财务人员把关不严，不能严格执行国家制度，不能完全执行国家利益优先于集体利益、集体利益优先于个人利益的原则，应承担履职不到位、尽责不全面的责任。但并没有考虑这样会将财务人员推到风口浪尖，推到单位领导、部门领导、单位员工的对立面，非但不能从根子上解决问题，而且会给人留下财务人员既无能又多事、爱给大家找麻烦的印象，是在贬低财务人员在单位的地位，损害其在单位的形象，更不利于问题的解决。如同发现韭菜叶子有病变，只拿叶子说事，却不管病因何在。

最后，得不到家人的理解。整天忙得不沾家，顾不上管娃、顾不了家务。工资又不比别人拿得多，还操心这个、担心那个，得罪这个、得罪那个。连先进也当不上，升职更是难。这种工作实在不好干！

■ 干好财会工作真的不容易

笔者 2016 年 1 月 27 日的日志《财会工作的社会环境分析》，得到了财务人员的普遍支持和认同。大家认为文章说出了财务人员的共同心声，讲清了财务工作累、难、险的特点，道出了财务人员权大责小、待遇低，出力不讨好等苦衷，描绘了财会人员真实的工作生活状况。但是，请大家注意，那只是站在财务人员的角度看问题，站在财务之外，可能有很多不同意见。

比如在野外工作人员眼里，财务可是个好工作。整天坐在办公室，风吹不着、雨淋不上，冬天有暖气、夏天有空调，不用东奔西跑，每天能待在家里陪爱人孩子，能按点吃饭，不用五加二、白加黑，不用担心进度、质量、安全，等等。

搞生产的要么机器轰鸣、噪音刺耳，要么飞尘笼罩、气味刺鼻，要么高温作业、灼烧难耐，要么定时定量、脚手不停，上个厕所都得小跑，不比财务人员累？

搞销售的整天给人赔笑脸，见人不是叫哥就是叫姐，为了业绩东奔西走，有时甚至一句话还没说完就被赶出门，不比财务人员受气？

负责办公室的有写不完的材料、忙不完的公文处理，还要安排会议、接待，管理车辆、食堂、水电气暖，没一件事容易干。还经常处于协调多方关系的两难境地，这也不行，那也不行，不比财务人员累、险、难？

负责人事的因为工作内容事关个人的直接利益，工资、奖金、福利、职称、职务、职级，调进调出、转来转去，空个好位子大家都争，有个不好干的差事谁都不愿去。升个股长、科长、处长能打破头，发奖励难、评先进难，处罚人更是难上加难。件件都是得罪人的事，不比财务人员难？

搞计划的谁家的项目上、谁家的不上，哪个单位、部门的收入指标高、费用指标大、利润指标高，根本定不了。各位分管领导、主要领导的意见，所属单位和部门的意见，那都是争争吵吵多少个来回的结果。单位要高收入、小费用、大利润，部门和所属单位要中收入、大费用、小利润，这也是利益博弈，很累、很难、很险，不信财务人员试试？

再说，财务还有财经法律和财经纪律的尚方宝剑，只要亮出宝剑，单位领导、部门领导都不敢越雷池半步。而办公室、人事、计划，没有尚方宝剑，这样定不违规，那样干也合理。上边要求这样干，下面非要那样干，都说不出硬道理。谁也不服谁。

家家都有本难念的经，没有哪项工作是好干的。看到这些，财务人员的心理应该平衡了。财务人员不是最累的、不是最难的、不是最险的，不是权责差异最大的，待遇也不是最低的。财务人员应当知足，要增强从事财务工作的优越感和自豪感，珍惜自己的工作，提升自己的工作能力，增强责任心和爱岗敬业精神。

形成财务工作累、难、险、权大责小、待遇低有如下原因：

其一，财务人员对财务制度宣传不够。

财务工作政策性强、专业性强、要求高、变化快，与每个职工关系密切。若没有人去主动宣传、积极介绍、主动沟通，财务工作的相关要求，非财务人员包括单位主要领导、单位班子成员、各部门负责人，不了解、不理解。不了解、不理解当然很难接受。非财务人员会把有关财经法规、财务制度当成财务部门负责人和经办人员的个人要求，当成给自己出难题、使绊子的借口，当成有意刁难、别有用心。如果到了这种地步，只能说明财务人员的政策制度宣传工作严重缺位，如同财务人员使用外语和经办人员对话。

其二，财务人员对为什么要执行财务制度认识不清，不解释说明或者说明不清楚、不透彻。

财务工作是痕迹管理工作，单位所有的经济活动轨迹都会在财务档案中留下痕迹。业务依据是否充分、程序是否合规，谁经手、谁审核、谁审批都在财务档案中可以查到原始单据。这些特点及其相关制度要求，财务人员必须向单位相关人员解释清楚、说明到位，大家才能理解、配合。

政府审计、财政、税务等相关部门检查就是审查财务资料、查看原始单据是否符合法律、法规、政策、制度、规定要求。若发现有不符合要求的现象和行为，轻者对财务人员提出批评，认为财务不按制度办事、工作责任心差；较重者要求财务人员解释、说明、整改。由于相关业务并非财务人员经办，财务人员说不清、解释不了，更无法整改。财务人员解释不清、整改不了，可能无法向政府审计、财政等检查人员交代，检查人员也会让财务人员下不了台；重者对单位财务管理提出批评、处罚。这又引起了单位领导的不满。单位领导认为财务人员账没有记好，没有向检查人员解释说明，没有与审计、财政等检查人员搞好关系等。要求凡是审计、财政提出的所有问题，必须由财务人员解决，否则就是工作能力不足、工作责任心不强。

打个比方，财务好比一个收购果品供出口的果商，果品的生产者是果农，也就是单位领导、部门领导和员工，果品就是业务单据。财务只负责采购、验收，合格者包装入箱，存入财务档案。果品的消费者是外商，是国家财政部门、税务部门、投资者、债权人、业务合作者、社会公众。这些"外商"按照自己的标准，验收采购。果品的检疫检验者是国家审计机关、财政机关、党的纪律检查机关等，他们按照国家法律、法规、政策、制度、规定，对生产单位、采购单位、消费者的业务进行审查，通过检查单位财务档案，审定业务活动和经济活动的全过程，出具业务活动是否合法、合规、合理与效益的检验报告，即审计报告、财政检查报告。外部标准很全、很细、很严，就像测量苹果，测外形时统一用直径7.5厘米的铁圈，不能大也不能小，还要用测糖仪、测酸仪、测色仪、测光滑度仪等一系列仪器，逐项测量苹果是否达标，若有一个指标不达标，则认为苹果不符合标准，就会追究果商的责任。

单位内部标准不全、很粗、很松，且多数人不知道外部的验收标准，不懂得按外部的标准准备。果农拿来什么都得收购，否则果农就会跟你急，给你提意见。即使有人知道外部的验收标准，也不愿意按标准办。一是认为制度、标准太苛刻，难以办到；二是觉得按外部标准成本太大、利益太小，不合算；三是认为按标准太麻烦，影响工作效率；四是就想蒙混过关，能占便宜不占白不占；五是内部标准少、粗、松，管理不严。

对此，财务人员必须向单位领导讲清外部的检查标准，促其健全细化内部标准、严格执行标准；讲清财务的业务只是照相、录像，财务只是剪辑实况再转播，无法更改画面、无法改变生产过程。画面、生产过程是业务部门布置安排的，必须由其更改。财务人员还应向外部审计、财政等检查人员讲清单位的历史、行业特点、业务特点、企业特点，让检查人员充分了解企业、理解企业的一系列做法，减少误解。

其三，财务人员对不执行制度的危害认识不到位、宣传不到位，导致单位领导认识不到位、单位员工认识不到位，全员闯关成了习惯，造成单位财务管理混乱，贪污盗窃、损失浪费等违法违规潜在隐患巨大。

其四，财务人员对制度的理解、掌握有限，理解不深、掌握不全面，说不出所以然，经常被领导和员工质问得无话可说，其结果就是制度执行受阻或者不到位。

其五，单位领导的财经制度意识较差，法制意识较淡薄，认识不到位、管理不到位、执行不到位，对财务人员了解不够、理解不够、支持不够。误把替单位把关、替领导把关的财务人员当成思想不解放、保守、死板、影响业务、破坏团结的绊脚石。个别领导过分强调个人权威，不带头执行制度，反而带头违反制度，久而久之，单位的制度就形同虚设，没有制度约束的单位，如同从笼子中跑出的老虎，不是被人打伤就是伤人、吃人，出问题就成为必然。

单位领导不重视财务，主要原因是对财务工作认识不足。部分领导认为，财务就是发工资、报销、记账，没有多少技术含量，对单位用处不大。如果不是会计法要求财务机构必须独立，许多单位可能早将财务部门合并到其他部门中去了。如果没有财务人员必须持证上岗的要求，可能很多财务人员就被其他人员替代了。没有会计从业资格证书的财会人员还大有人在，不符合财务部门负责人必须具备会计师以上职称要求的国有企业还比较多。一方面反映出单位负责人的财经法规、会计法律知识不足，另一方面，许多人明知道财务人员要持证上岗、财务部门负责人要有中级职称，就是不执行，认为反正没有人过问。

在财务人员配备方面，很多领导认为财务为非生产部门，无法给企业做贡献，人员能少则少，不能增加企业负担。因此财务人员数量不足，是中国社会的普遍现象。

打个比方，单位有四个大门，必须有8个保安24小时值守。如果只安排6个或者4个，就会出现四个大门中某一个或两个大门不能24小时值守的情况。现在许多单位应当配备8名财务人员，以守住财经纪律的四个大门，但单位只安排6人甚至4人，就会出现无人把关现象。单位有几个财经大门，需要几名财会人员，单位领导说不清，人事部门说不清，财务部门也说不清，多了少了没有一个标准。财务部门只喊人不够、太忙，但差多少、缺什么样的人、缺了会有什么不利和危险，财务科长心中没有数。财务要求增加人员的理由不充分，领导不会听，增加后其他部门和员工也容易有意见。

财务人员配备的另一个问题是财务人员素质达不到要求。其一，部分单位的财务人员没有学过财务或者学过但能力、人品达不到要求。其二，部分单位选择财务人员的标准是听话、老实，换句话说，对其任职资格、职业道德、业务能力等方面的要求过低。听话、老实的人干财务的表现就是原则性差，不敢对违反财务制度和财经纪律的人和事说"不"，或者根本不知道该不该说"不"。只要领导同意、领导交代过的就办，出了问题自然由领导处理。

  干好财务工作真的不容易。财务人员不但要具备忠诚、公正、廉洁、担当、严谨、保密等六大品质，还要有较高的政策水平、较强的业务能力、良好的沟通协调能力，要在守好财经纪律关口的同时，处理好各种关系，能得到单位领导支持、单位员工配合、外部审计检查人员理解。要处理好这上下内外种种复杂关系，能顶住，又能站住，还要一步一步往上走，没有一身硬功夫，那是绝对办不到的！因此需要付出很大的努力。

■ 财会人员被误解是套用了错误标准

在发达国家，律师、医师、会计师是三个最受尊敬的职业，社会地位高、经济待遇好。

但在中国，这三个职业的社会地位、经济待遇均不是最高，受尊敬程度也不尽如人意。特别是会计师，社会地位很低，与工程师没法比，经济待遇也比工程师低很多，全社会轻视、忽视会计师的现象十分普遍。

当然部分会计师自身道德和业务素质达不到要求是原因之一，但更为重要的原因是，全社会对会计师的衡量标准存在重大错误。就像批评运动员唱歌不好听，老师不会看病，医生不会教书，警察不会微笑一样，对会计师的评价也选择了错误的标准。

会计师就像法官，是"审判"发票、合同、审批程序、报销依据的法官。其评判依据是国家法律、法规和地方及单位的财务制度。

尺子是一样的，但财政、审计人员量出的结果大家信服，而会计师量出同样的结果大家不仅不信，还要反驳、指责，这就是中国会计师面临的现实。

不合规就说不合规、不充分就说不充分，法律给会计师的答案只能有两个选项：是或者不是。不允许回答既合规又不合规、既充分又不充分，这是对会计的职业要求。

很多人不了解、不理解国家对会计有类似于对法官的职业要求，所以会得出会计难说话、说话不会拐弯抹角的错误结论。

会计师有法官的要求，却不具备法官的权威。法官判有罪，被告可以向上级法院申诉，但不允许咆哮公堂、不能干扰审判，否则就可能被法警驱逐出场。没有人会说法官态度不好。

会计师若判定发票有问题，报销无计划、无预算、缺少合同或者会议纪要等依据，没有经过某个部门和某个领导审核，不符合财务制度要求，不予报销，那么报销者，报销者的部门领导、分管领导甚至主要领导，很可能要与会计师大吵一场，认为会计师不支持工作。

会计师如果坚持原则，认真履行法律赋予的反映与监督职责，有可能就会得罪报销人，及报销者的部门负责人、分管领导、主要领导，甚至得罪全单位的人；如果不认真履行职责，就会违反国家法律、地方法规、单位财务制度，上级财政、审计、税务等部门就会以失职渎职问罪。怎么做都不行，不做更不行。

年复一年的职业能力、职业责任和职业道德教育，让会计师们自觉选择了认真履行职责，其结果就是不受本单位人员欢迎。

会计师像警察。警察看见小偷作案、抢劫犯劫财就得去抓。若看见装作没看见，人们会指责甚至控告他。会计发现有人违反财经法律和财务制度就会不由自主地前去制止，这已经成为他们的职业习惯。

会计师没有像警服这样具有标志性的制服，法律授权由会计监督单位和个人的经济违法违规行为，但广大群众并不清楚或者不认可。

当开会讨论给大家多发奖金补助、多办点福利，让大家少缴税等议题时，中层以上领导，除了财务科长，都会举双手赞成。只有财务科长说这个不符合制度，那个不符合规定，不予支持。若主要领导听从财务科长的建议，不发或少发，那财务科长就成了大家的公敌。若领导不予采纳，照发不误，财务科长则成为大家心目中的小人和孤家寡人。

会计师像医师，专门给人找毛病、治毛病。

医生给人治好了病，患者及其家属会送锦旗、送上一堆感激和赞美的话语。

会计师找到了病，治好了病，"患者"反而不领情。

患者的病在身上，有疼痛感，不治难受；报销者的病在心上，在道德信仰与法律意识、规矩意识上，不疼不痒。

会计师像老师，专给学生教不懂的知识，纠正学生的不良习惯。

老师在知识、阅历、职责方面的优势，让无此优势的学生能洗耳恭听、言听计从。

会计师向报销人讲财经法规、财务制度，学生不爱听、听不懂，更主要是不想听。认为没必要听，说这些谁不知道！"半瓶子晃荡"的学生，无知而无畏。

在大家的心目中，会计师应该像服务员，财务就是给大家服务的。

认为会计师见人没有一点表情，要么严肃得像对待犯人。说话粗声大气，总是挑三拣四，鸡蛋里头找骨头。认为手续很全了，但会计师一会儿说缺这，一会儿说少那。认为拿的是单位的钱、是国家的钱，是自己挣的钱，又不是拿财务的，认为会计师多管闲事。

认为会计师应该像门迎、像公关人员。这样门难进、脸难看、话难听、事难办的问题就解决了。

郑重地告诉大家：这绝对不可能！

门迎能热情将你迎进商场、酒店大门，但进去让别人掏你口袋的本领，门迎功不可没，那是个温柔的陷阱！会计的脸不好看，但心肠极好。他的职责是为国家好、为地区好、为单位好、为个人好。绝大多数会计没有坏心眼。

公关人员能说会道，能吹能煽。会计师话难听，但句句是实话，句句是防止出现安全事故的好话！

全社会误解会计，根本原因是没有搞清会计的本质，误将服务员、门迎、公关人员的角色标准套在会计头上，感觉会计没做到，就认定会计不称职，看不起会计。

如果大家把会计看成法官、警察、医师、老师，就能理解和认可会计的言行，尊重和配合会计的工作。这不是会计自己给自己的定位，而是国家和法律赋予会计的职责和权限。

只有客观、全面、准确地认识财会工作，找到衡量会计工作的正确标准，全社会对会计的误解才能消除。

财会人员的社会形象素描

财务工作是经济管理工作的重要组成部分，财务人员是经济管理队伍的一线队员、专业队员、基层队员和基础队员。他们肩负着维护国家利益、集体利益和个人利益的三大神圣使命。他们既享有法律、法规赋予的监管管理权，同时也承担为国家尽职的法定义务和责任；既享有地方政府与行业规章制度等赋予的监督管理权力，也承担维护地方和行业利益的责任；既是单位财务制度的主要制定者，也是主要执行者，同时更是制度执行不力、执行不严，致使单位利益受损的主要责任者。

至少拥有三重身份、承担三重法律责任的财务人员，其言行往往得不到应有的理解和尊重，"门难进，话难听，脸难看，事难办"是不少人对财务人员的评价。

笔者通过几十年财务生涯中的观察和对许多非财务人员的询问了解，现将全社会对财务人员的印象，比照"盲人摸象"的做法，归纳为十种形象。

形象之一：书呆子

一天到晚抱着制度、条例和法规，总爱拿条条框框说事，满嘴都是科目、总账明细账、报表、折旧、摊销、结转、结余、结存、发生额、余额、负债率、周转率、利润率等，就像孔乙己的"之乎者也"，让人听不懂、不爱听。财务人员与大家没有共同语言，个个都像书呆子，爱认死理，好像不食人间烟火。

形象之二："富二代"

现在干会计的一些年轻人，似乎个个有背景，人人有来头。不管是学工程的还是学数理化的，无论是学法律的还是学电子商务的，都能当会计。业务搞得一塌糊涂，但脾气蛮大。

形象之三：低效无能儿

整天加班，成天喊累，也没见搞出什么名堂。就十个数字，搞了一辈子都没搞清。加班说明工作效率低，没搞出名堂说明无能。

形象之四：守财奴

这不能报，那不能花，批评张三铺张浪费，指责李四不能量入为出，告发王五虚报冒领，揭露刘六贪污公款。我们花的是公家的钱，是自己挣的钱，财务人员凭什么管得那么宽。会计个个都像守财奴，把公家的钱当自己家的钱来管，把钱别在肋子上。

形象之五：保安

进了财务的门，不管对谁先问字签全了没有，附件带齐了没有。有一个附件不齐、一个字没签，财务人员就将票退回去，就像在单位门口验身份证、查介绍信、要求联系会见人在不在以及是否愿意接见的保安。

形象之六：老头老太太

财务人员不管年龄大小，看上去比同龄人都显老，缺少活力，没有激情。一天到晚坐在办公室，几个小时都不动。好像财务与活泼不容，搞得很另类，男的像老头，女的像老太太。

形象之七：纪检和审计干部

对于非财务人员来说，财务人员既见不得又离不得，既瞧不上又惹不起，和很多人对纪检与审计干部的看法一模一样。

形象之八：捣乱分子

在很多领导眼里，财务人员就像捣乱分子，总爱和领导过不去。领导想给大家办点好事，他反对；领导想放松一下尺子、灵活处理某个问题，他不同意。整天就是这个不合法、那个不合规，这个不合理、那个没效益，这个有风险、那个要问责。就财务人员事多，就财务科长难说话。在重大问题上总要站出来唱反调。

形象之九：两面派

财务人员面对本单位领导、上级领导、政府审计和税务人员时，态度和善，谨小慎微；面对本单位一般员工和下级单位人员时，则一脸严肃，动不动将票据打回重做。

形象之十：法官

站在会计跟前办业务，如同遇到了法官和警察。财务人员常常板着脸，一本正经地翻着票据问着话，就像在审犯人。那个严肃甚至冷酷的表情，那个不容辩驳的态度，简直与离开办公室私下的财务人员判若两人。

笔者以漫画语言素描出的财务人员的社会形象，可能有夸张和不准确成分，但总体应该八九不离十。

书呆子、守财奴、保安、老头老太太、捣乱分子、法官等六种形象，正是财务人员尽职尽责、忠于职守的表现，之所以有这样的认识，是外人不理解造成的；低效无能儿、纪检和审计干部等形象，是外人对财务人员的误解。财务人员上岗必须取得会计从业资格证书，这是《会计法》的要求，无证上岗属于违法行为。至于说像两面派，某种程度上这是全社会各行各业的通病，并非财会职业独有。能做到不卑不亢的人非常少，再说不媚上不傲下的分寸，实在难以把握。

希望会计同行能从社会评价中汲取相关经验和教训，有则改之，无则加勉。

希望非财会人员充分了解会计职能的三重身份、体谅并理解会计肩上的三重责任，尊重会计的职业习惯，支持会计的职业行为，以宽阔的胸怀、长远的眼光、全面的视野，重新审视财会工作和财务人员，这样大家就能对财会人员有另一组形象认识。

视角七：站在社会角度看会计

如何改变财会人员的"四难"形象

在不少单位，职工对财务人员和财务部门的评价是：门难进、脸难看、话难听、事难办，笔者称之为财务人员的"四难"形象。

有了这"四难"形象，评先进无缘，提职也无缘。

凭良心说，财务人员对单位的付出，在单位的劳累辛苦程度、加班加点的频次，为单位和领导所操的心、所尽的责，在单位都数一数二，很多部门和人员没有办法相比，这是有目共睹的事实。为什么财务人员付出那么多，却得不到认可，反而招来了非议和否认？

笔者认为这与财务人员的工作性质有关，与财务人员的职责权限有关，与财务人员履行职责和行使权力的方式方法有关。

财务人员的基本责任是反映和监督，这是国家以法律形式下达的责任要求和赋予的权力，就像审计、纪检干部，交警，城管人员。以防止个人侵害和非法占有国家、集体和他人利益为目的的工作，能给大家留下好印象的不多。

作为法律的执行者，财务人员要时刻按照财经法规和财务制度要求审核财务票据和经济业务，但作为被执行者的单位法定代表人、单位副职、部门负责人、部门员工并不清楚这些法律制度的要求，有的清楚但拒不配合，甚至设法抵触和逃避监管，企图获得更多利益。执法者若不依法监督，就涉嫌失职渎职。一旦强制监督，势必与对方结下仇怨，"话难听、事难办"的帽子便会扣在财务人员头上。

部分年轻的财务人员误认为，作为监督者就应该像法官和警察那样，表现得很庄严神圣、严肃认真，否则就镇不住"坏人"。他们板着脸，用上司的口气质询办事者，用强硬且不容争辩的口吻面对办事者。这就给人留下了"门难进、脸难看、话难听"的印象。

还有部分财会人员因为到税务局办事被责罚，被政府审计人员教训，被单位领导、部门领导或单位其他同事训斥，满肚子的委屈和怒气无处发泄，此时正好来了个报账的年轻人，就找机会将自己心中的怒火发泄给该同志，这是财会人员常常会表现出的"踢猫效应"。将自己接收的外部负面情绪连本带利传递给被监督对象后，受气者及其领导、好友就会记住这个让自己难堪的会计，可能会到处传播财会人员的恶劣表现。财会人员的形象，从此就与"四难"结下了不解之缘；财务人员的待遇和工作环境，从此就与别人的追讨整治难解难分。

改变财会人员的"四难"形象，必须从以下几个方面做起：

首先，改变观念，树立寓监督于服务之中的意识。

财务工作是一项服务性工作，没有业务就没有必要设立单位，没有单位就没有业务部门和业务人员，就没有财会部门和财务人员。业务是本，财务是末，没有业务的财务是无源之水，你给谁干财务？谁会给你发工资？这个基本问题如果认识不清，财务人员就会迷失方向。

每个单位都有自己的目标任务，这些目标任务要分解到每个业务部门和业务人员头上，变成部门和个人的目标任务。完成任务要运用很多市场手段和行政手段，市场法制不健全，行政法规不完善，作为单位的业务人员，要适应社会规则，适应单位目标任务要求。社会有不规范性和逐利性，每个人也有逐利的本能，社会、单位、个人三者的不规范和逐利性叠加，许多行为按财务制度去衡量，就会有很多不合法、不合规、不合理的地方。完全拒之门外，就可能什么也办不成。比如某些地方、某些时候采购只能用现金，无法用支票，这时超过转账起付点必须转账支付的要求就行不通，等等。

每个人看问题想事情的出发点和落脚点是不同的。单位领导看重的是单位大目标能够实现；部门领导看重的是部门目标能够实现；普通员工看重的是个人利益的小目标能够实现；财务人员看重的是单位、部门和个人的风险要降到最低。财务要善于引导，将大家引到安全无风险的落脚点上，找出单位领导、部门领导、一般员工和财务人员的共识和最大公约数，大家才会心服口服地听从财务人员的意见和建议。只有帮助大家实现权责利险相统一，以防范廉政、法律、行政、审计、税务、经营、财务、党纪等风险为切入点和抓手，将财务关注和监督的问题变成领导和其他员工的风险防范意识，领导才会听信，其他员工才会理解，财务人员工作的开展才不会那么艰难。

其次，改变岗位分工，把合适的人放在合适的岗位。

财务岗位分两种职能，一种是对外服务，即提供报销、付款和报税等业务的前台窗口岗位；另一种是对内管理，如稽核、总账报表、档案管理、会计电算化管理、财会人员教育培训管理等。对外服务人员要求热情、活泼、善于沟通协调。安排急躁、爱发脾气的人对外服务，吵架就成了家常便饭，"话难听、脸难看"就不可避免。安排性格内向、磨蹭的人搞对外服务，对人冷淡、效率太低，"门难进、事难办"的评价就不可避免。

再次，改变财务部门的硬件环境，营造温馨舒适的对外服务氛围。

可以给办公室增加沙发、凳子、茶几、纸杯、热水器，在茶几上放置报刊供等待办报销业务的人员打发时间。一方面体现财务部门热情、服务周到的态度，便于拉近监督者与被监督者的距离，消除和减轻心理隔阂；另一方面，可以让服务对象消除疲劳、转移等候烦恼，抑制其因认为财务人员办事效率低、等待时间长提意见告状的冲动。

最后，改变财务软件环境，消除信息不对称造成的误解。

财务的政策性、专业性很强，很多非财务人员搞不懂。但在不少财务人员看来，这个是常识性问题，大家都知道；那个我已经给他说过了，他应该能理解、能记住；大家都知道我负责啥事，他怎能不知道；等等。这就是信息不对称的表现，是财务人员过高地估计了大家对财务工作的认识水平。当实际与自己的认识有较大的出入时，财务人员的情绪就可能冲动，产生"四难"现象。

财务部门应当将财务的软件服务提供于接受服务之前，而不是服务中，更不是服务后，绝不能一直不提供。要让大家清楚什么事该怎么办，不至于瞎碰乱跑，就会减少误会、误跑、误签。

财务部门应当做到"五公开"，要在办公室显著位置公示以下资料：一是公示每个财务员工的岗位分工，让大家知道办什么事该找谁；二是公示财务部门内部的办事流程，先找谁，再找谁，后找谁拿钱；三是公示单位的审批报销与借款流程，先由谁签，再由谁审核，由谁复核，由谁审批后才可报销、借款；四是公示报销需要的资料清单，及票据粘贴标准样式；五是公示单位财务制度和有关规定的简明图表。

财务服务的理念只要改进一点点，服务行为只要提前到接受服务之前，服务的效率就会提高一大截。职工少跑了路，少问政策制度，在财务部门办事的时间和问题少了，大家对财务的评价就会好很多，财务人员的"四难"印象便会大大改变。

视角七：站在社会角度看会计

■ 说说被忽视的会计职能

有人说：一部高档手机，70%的功能都是没用的；一款高档轿车，70%的速度都是多余的；一幢豪华别墅，70%的面积都是空闲的；一堆工作人员，70%的是不专心干活的；一座商城，70%的人是闲逛的；一大堆会议，70%的是和自己无关的；一大沓报纸，70%的是不用看的。

笔者补充一点：会计也有70%以上的职能没有被利用。

在很多人眼里，会计就是算账、报账、记账，跟旧社会的账房先生差不多。还有一部分人认为会计的主要任务是发工资、管钱，除此之外，好像没什么事可干。就连多数科班出身的会计人员，只知道书上说会计的职能是反映和监督，至于为什么要反映、要反映什么，为什么要监督、应该监督什么、怎么监督，等等，说不清楚。

本文所称的会计，包括财务与会计两大部分，涵盖传统财务会计、现代管理会计、责任会计等全部财务会计内容，即站在非财会人员角度看财会人员、会计所干的全部工作。

本文所指的职能，是按照会计的职责和能力，也就是会计应当干什么、能够干什么这两个方面来说的，只有这两方面都具备，才称得上职能。

为了便于表述，本文拟以企业会计为视角。

书上说，会计有反映和监督两大职能。会计将经济活动所使用的资产、资金增减变动的原始信息，也就是文件、合同、发票、收据等编制成会计凭证，将普通的资产资金变动的经济信息，变成个别会计信息，再将会计凭证分门别类记入会计账簿，变为分类会计信息，后将会计账簿编制成资产负债表、利润表、现金流量表等便于各单位间比较，便于国家、地方、行业汇总的通用会计报表，变成统一格式的汇总会计信息。

会计的反映职能通过对经济信息的详细具体反映、分类汇总反映、总体汇总反映，形成多层次、全方位、全过程的信息数据库，为企业投资者、债权债务人、业务合作者、内部管理者、政府管理者及社会公众提供投资决策、贷款决策、业务合作决策、企业内部决策、政府管理决策等微观、中观、宏观决策依据。

会计对资产、资金增减变动前的决策依据、程序、结果，变动中的实施过程、程序、列支渠道，即经济业务的计划、预算、决定、合同、协议、发票、收据、资产验收单、资产调拨单、盘点表等，按照相关制度要求进行审核，对经济业务的合法性、合规性、合理性、效益性进行鉴定，对不符合要求的票据予以剔除、返回重报，对经济活动中存在的问题予以揭示，并要求纠正，对企业经营管理活动提出意见和建议，等等，均是会计监督职能的发挥和体现。

会计除具有大家公认的反映和监督两大职能之外，还有引资、吸引收入、增收节支、利益分配、资金安全守护、效益提升、参谋、评价、协调、消防、鉴证、参政等十多项职能，这些职能占到会计职能的70%以上，有的实际发挥着作用，但没有得到认可和关注，有的只能当"板凳"队员，还没有机会正式上场。

一、被忽视的引资职能

外部投资者通过分析企业会计报表，计算企业的毛利率、总资产收益率、净资产收益率，就可以知道企业的盈利能力和发展趋势、企业在行业中的地位，预测对企业的投资收益和投资风险，进而决定是否投资。会计报表都是会计所编，是会计劳动成果的集中体现，是被人们忽视的会计的吸引股权投资职能的体现。

股神巴菲特投资企业，要查看十年以上会计报表，考察企业的发展趋势和在行业中的位次变化，最核心的一点是，他投资的企业，要求净资产收益率年均不低于15%。

银行等债权人通过分析企业的会计报表，计算企业的流动比率、速动比率、资产负债率，就可以判断企业的短期偿债能力和长期偿债能力，衡量对企业发放贷款的风险，决定是否贷款。

可以说，企业的会计报表对贷款银行的作用最大。

在我国，很多投资者几乎不看会计报表；多数企业管理者不懂企业报表，或是装模作样地引用个别数据给人以自己很懂的假象；政府管理者对企业会计报表的使用，仅限于完成汇总任务；业务合作者好像就没有资格或者不该看对方的会计报表。用供需关系来讲，会计的供给多数是无效供给，与需求关系不大，多数需求者不要会计供给的报表产品。

贷款银行则完全不同于以上各家，几乎会挖地三尺，探求报表背后的秘密。银行贷款的许多指标就是专门针对企业会计报表设置的。银行贷款的审核流程就是报表指标的审核流程，是报表指标值与银行标准值的对照流程。如果某个企业没有会计报表，想贷款几乎是不可能的事。

可见，会计的劳动成果具有吸引追加投资、吸引贷款的能力，但会计如此重要的职能却常常被人们忽视。

二、被忽视的吸引收入职能

会计能吸引收入，指的是一些大型项目需要公开招标，招标的条件之一是要求投标者提供经过审计的会计报表。评标办法中明确规定财务指标占总分的5%~10%。如果企业无法提供经过审计的三年会计报表，就不可能中标；如果企业财务指标不符合要求，则投标就可能失败。

可惜的是，该规定在现实中常常流于形式，因为负责招标评标的人员多为工程技术人员而缺乏财务人员。如果该规定能切实执行，财务指标由财务专家设置、评定，那么会计吸引收入的职能和作用将非常明显。但即使只是形式，会计报表作为招标条件也是要办到的，会计吸引收入的职能是客观存在的。不幸的是，几乎包括会计在内的所有人都忽视了这一点。

三、被忽视的增收节支职能

会计增收节支的职能主要体现在节支方面。企业筹资的种类、期限、利率如果选择科学，所筹资金成本较低是节支；筹资额满足需要又不闲置浪费，不支付无用利息是节支；适当延期支付贷款、税金、应付账款，减少贷款资金使用是节支；压缩不合理开支、抵制违规开支是节支；减少资金沉淀是节支；充分利用税收政策减少交税是节支。会计增收的渠道和方式则较少，科学理财，将活期存款变为通知存款是增收；向政府有关部门申请政策性补助是增收；向领导建议开辟财源是增收；建议将闲置资产出租、转让是增收。这些都是被人们忽视的会计实实在在的职能。

四、被忽视的利益分配职能

分配利润、分配利益的职能也是会计的基本职能之一。分配利益体现着会计对国家、集体、个人三者利益平衡关系的把握，体现着对长远利益与眼前利益、局部利益与全局利益、外部利益与内部利益的平衡。平衡利益就是协调关系，就是为企业营造良好的竞争环境，就是增强企业的竞争力。虽然利益分配最终由企业领导集体决定，但会计拟定的利益分配方案则是决策的依据，会计有责任、有能力影响和改变领导的决策。

五、被忽视的资产安全守护职能

会计是企业资金运动的设计者、施工者、监理者，是资产安全的守护者。

企业一般都要确定年度经营目标，制订年度经营计划。

为落实年度计划，让计划中的汽车有油、马有料、人有食，作为后勤官、粮草官的财务部门，就必须在兵马未动之时，筹足先期所需的粮草，计算全部部队全年所需的总粮草，计算每个季度、每个月所需的粮草，计算每一个团队、每一个部门、每一项业务所需的时间、数量，等等。

所需就是为所供下达的目标任务。对财会人员而言，能提供的粮草就是金钱和有关金钱的信息。

企业的年度预算，就是将企业各项业务的资金需求与企业资金供应一一对应的资金运动设计图、施工图。企业资金的筹集、拨付、支用、留存的过程，就是企业会计的施工过程，就是企业预算的实施过程。是否该筹、该拨、该支、该留？若应该，数量分别为多少合适，时间分别在何时合理，对象分别是谁合规，等等，又体现出会计的监督职能。会计是资金现场监理者。资金筹集是否及时足额、资金拨付是否满足需要，涉及企业生产正常与安全问题；资金使用是否合法合理有效，涉及资产安全和效率问题；资金留存是否科学合理，涉及资金安全和企业效益问题。从资金和资产角度看，会计是企业资产安全的守护者。

有的领导认为，企业的年度计划对外就是企业预算，对内就叫计划，这种说法不严谨。计划由计划部门编制，以下达任务为宗旨，以资金需求为关注点，较少考虑或者根本没有考虑资金供应；计划以完成上级和本单位的年度目标任务为着眼点，以必要性为出发点，较少考虑或者根本没有考虑完成目标任务过程中相关的财务法规制度要求。

很多单位的计划常常无法完成，主要原因就是其编制的内容、设计的方案存在许多先天性不足，如不符合国家政策要求和制度规定、没有充分的资金保障、没有合法的资金来源、实施后效益太差等，导致不敢执行、不能执行、中途放弃。

如果说计划是初步设计，那么预算则是施工图设计。初步设计如果不能细化成施工图设计，则无法施工。单位的计划如果不能细化为财务预算，财务就无法施工，资金就无法使用。没有资金运动的计划，肯定会流产或者中途夭折。

所以，财务人员必须将单位的计划转变细化为财务预算，这样计划中存在的问题才有可能暴露，不执行计划的责任就不在财务部门而在计划部门，这是财务工作事前控制的最有效方法之一。当然，相对于决策和已经下达的计划，找到不能执行计划的原因不属于事前控制，而是事后控制。但相对财务的执行、资金的支出活动及其后果而言，这绝对属于事前而非事后。

会计是企业资产安全的守护者。

企业的资产需要管理和经营。国有企业的资产有安全、完整、保值增值的要求。企业的无形资产、货币资产、债权资产的安全、完整、保值增值责任，几乎全部落在财务部门头上。企业有形资产的实物管理职责分属于包括财务部门在内的各个部门，特别是仓储、保管、采购、运输、使用、处置部门，但实物资产的价值管理职责则全部属于财务部门。

账实相符是对资产实物管理与价值管理一致的基本要求。资产盘点、清理是财会部门工作的一项重要内容，是保证资产安全、完整的重要手段。账实不符，出现账外资产、有账无资产、账面数大实际数小，就是资产安全的重大隐患。资产盘点、财产清查、往来账核对清理，是发现资产安全、完整问题的主要手段。会计有维护企业资产安全的职能，不仅责任重大，而且能力超强、效果超好。

六、被忽视的控制职能

会计的监督职能体现在对企业收支活动的审核把关方面，即对企业效益的监督与控制职能。

督促该进来的收入、应收款尽快或提早回到企业，拒付不该支出的资金，该支出的晚支付、少支付，使进入企业的股权资金、债权资金、运营资金不随意外流，让企业锅里的肉达到最多，表面上看，是会计对企业资产安全、完整的贡献，更深层次看，是会计为企业效益做出的外部人看不见、感知不到的贡献，民间称之为会理财、"铁算盘"，其实就是会计监督控制职能的体现，是会计提升企业经济效益的具体表现。

会计是企业经营活动的"医生"。会计对照法律、法规、制度、办法、标准、定额、计划、预算、目标等企业经营活动的设计线路图,发现企业在经营管理的施工过程中,实际施工与设计图之间有无差距,差距有多大,问题表现在什么地方,产生问题的原因是什么,即诊断出企业经营之病、管理之病,并提出解决问题、缩小差距的方案和措施,开出治病的药方。

　　企业经营者或者业务活动管理者如果能够按照会计的药方抓药、吃药,就能够验证药方的疗效是否显著,是否需要调整配方、修改措施。经过几个疗程的调整完善,企业的"病"就可以得到缓解。

　　遗憾的是,许多会计的"医术"不精,常常误诊或者根本开不了药方、看不了病。企业经营者当然不敢贸然指望无证行医者、医术不精者治病。有时因不知道会计的"医术"到底有多高,就试着让其治病,结果越治越重,会计不再被领导信任,弃而不用。还有部分"医术"很精的会计,因前面的"庸医"砸了整个会计医生的牌子,也得不到大家的认可,缺少出诊机会,又不敢毛遂自荐,于是丧失了宝贵的表现机会,贻误了企业的"病情"。或者企业负责人根本不相信会计能治企业的"病",能给经营问题开出有效处方,这些都导致会计这个"企业医生"无人问津。

　　有句话叫:自己就是自己的医生。用在会计行业,会计就是本单位最好的"医生"。他了解情况,知道本单位许多问题的来龙去脉,掌握着最丰富、最全面、最及时、最准确的单位信息,这些优势,经济学家、企业家永远比不上,但会计们总是怀才不遇。如果企业领导认可本单位会计,愿意请他当本单位的"医生",那是单位之幸、领导之幸、会计之幸。因为,会计有责任、有能力维护企业资产的安全,也有责任、有能力监督控制企业健康稳定发展。

七、被忽视的参谋职能

　　常常听到会计有参谋和助手的作用,但是在实践中,很少有企业把会计当参谋用，也很少有企业领导把财务科长当助手用。

会计，特别是财务科长，要当好企业的参谋、当好一把手的助手，必须具备两大前提条件。一是人品好。作风正派、原则性强，能够得到企业领导班子成员，特别是主要领导的高度信任，能得到企业职工，特别是中层的干部的普遍认同。二是业务水平高。政策和制度水平高，对单位的实际了解掌握很全面、很充分，对企业目标、领导意图理解很深刻、很全面，有丰富的实践经验，曾经为其他企业或本企业做出过数次成功的参谋例案。

财务科长从智商和情商方面可能确实与单位一把手有很大差距，但在财会知识和技能，在对国家财经法规制度纪律的掌握等专业方面，却有着比一把手和班子其他副职高出很多的专业优势，这正是企业领导的短处，是企业管理活动的弱项，甚至是空白项，是各级审计检查找问题的源头。财务科长只要能认清自己的优势，在该亮剑时亮出自己的尚方宝剑，直接戳到企业管理的软肋，就能让大家认识到财务对企业的参谋作用。

"参谋长"必须参谋的重大事项包括：

一是企业的运行机制和体制建立、修改。主要体现在公司章程、公司财务制度、计划制度、审计制度、奖惩制度、分配制度、资产管理制度等一系列制度办法方面。

在财务制度方面，特别必须明确各级领导的审批权限（分权规则）、审批程序、审批依据，即外部审计关注的内部控制问题，从制度上堵住漏洞，在执行上找到依据，为财务工作铺好路。

财务科长同时还应对本单位财务人员的数量配备、素质要求大胆谏言，保证财会队伍数量充足、素质过硬，这都是别人无法代替的重要参谋事项。

二是企业年度计划审核。计划就是给经营活动立项，不符合国家财经纪律和财务制度要求的立项，必须建议取消；超出企业实际财力的立项，必须分解；合理性、效益性较差的立项，必须建议取消或推迟。审核计划是把好企业决策关的重要工作，是防止企业经济活动存在"先天性疾病"的关键举措。先天不足的项目一旦开始实施，就会成为会计乃至企业手中的烫手山芋。

三是计划外重大事项决策审核。主要包括企业吸收投资，增加贷款等有偿负债，对外投资，兼并、重组其他企业，或者被兼并、被重组，对外担保等。这类事项必须依据国家相关制度进行合法性与合规性审核，根据企业实际进行合理性、可行性、效益性审核，提出依据充分的支持或否决意见。

只要在上述三类活动中坚持原则，充分发挥自己的专业特长，财务科长当参谋不仅称职，而且很权威。

八、被忽视的评价职能

会计的评价职能体现在五个方面：

其一，对企业内部各部门、所属各单位的考核与评价；

其二，对企业合作者的资信考核与评价；

其三，接受企业外部主管部门的考核与评价，并提供相关资料；

其四，提供社会资信评级机构考核与评价依据，协助评价；

其五，提供社会公众评价的相关信息。

会计资料是评价企业内部各部门、所属各单位年度目标任务完成情况、计划和预算执行情况、经营业绩、管理效率的重要依据。

企业各经营部门、所属各经营单位的收入、成本、费用、毛利、净利指标是否完成，超收、超支数、超额完成毛利、净利数、增收节支数、少完成毛利、净利数，人均收入、人均成本、人均费用、人均净利，总资产收益率、净资产收益率，等等，在财务部门一查便知；企业主要业务部门经营业绩完成情况，车辆管理部门的单车费用，管理部门的办公费用、会议费用、招待费用支出，等等，财务部门均能准确掌握。通过与年度目标任务比较，单位间比较、部门间比较，很容易排出优劣顺序，从财务方面为单位奖惩提供客观公平的考核评价信息，为各部门、各单位改进提高提供准确的目标和方向。

会计通过对企业往来账的核对分析，很容易发现企业的合作者中，哪些客户长期欠账不还、不守信用；哪些客户没有同情心，违背双方签订的分期付款协议，提前催账要款，败坏企业声誉；哪些客户在企业遇到暂时困难时会雪中送炭，为企业垫资借款；哪些客户善良又义气，知道企业有困难，虽然合同约定付款期已过，但他们同意一延再延。

企业的会计资料也是政府有关管理部门考核评价企业年度目标任务完成情况、企业的经营业绩、企业国有资产保值增值情况，企业的管理水平与经营水平，企业领导的履职情况、政策法规意识、组织管理能力的重要依据，是企业负责人提职晋级的重要参考资料。

企业的会计资料还是企业进行资信评级的核心资料。资信等级是企业对外融资的基本条件。资信等级高，融资成本就低，融资额可以放大，融资期限可以延长，融资的难度就会降低。反之，则会成本高、额度小、期限短、成功率低。

公司上市，发行中期票据、短期融资券、公司债券等涉及公开募集资金的企业，事关国计民生的企业，按要求都必须在指定网站、报刊披露企业的会计信息，接受债权人、投资人、利益相关者和社会公众监督。其中会计信息是主要被监督和评价的对象。

九、被忽视的协调职能

生产力决定生产关系，生产关系反作用于生产力，两者必须协调，否则生产关系就会成为生产力发展的障碍，这是政治经济学的基本原理。

企业的生产关系就是企业的社会关系、经济关系、利益关系，用专业术语讲，就是企业的财务关系。

站在企业角度，企业的生产关系、社会关系、利益关系、财务关系主要包括：

视角七：站在社会角度看会计

一是企业与投资人的关系。财务表现就是企业向投资者分配利润，利润分配方案、结果要向投资人汇报并予以合理解释，说明企业利润的形成情况，即企业经营管理情况及其市场环境、企业未来的发展思路和投资意愿、企业留存收益不予分配的必要性与合理性等，目的是希望得到投资者的理解和支持，对经营成果满意，对企业的未来发展充满信心。

二是企业与债权人的关系。财务表现就是到期债务本息的及时足额清偿，维护企业的信誉；对到期无法偿清的债务讲明原因，提出偿还的新方案并告诉对方相关的保障措施，让债权人放心、安心。

三是企业与债务人的关系。财务表现就是及时足额收回所欠款项，维护企业利益。对到期无法收回的债权，在充分理解对方实际困难、愿意接受对方延期付款的同时，应当提请对方拿出新的还款方案以及相关保障措施，作出有原则的让步、有条件的帮助。同时，如果对方的市场信誉的确良好，暂时的困难是因市场外部因素所致而非企业自身经营管理所致，如被人诈骗、价格突然波动、自然灾害等，在企业财力许可的情况下，还可以再借钱给对方，赢得一个战略合作伙伴，组建一个或多个命运共同体。

四是企业与供应者的关系。财务表现就是及时结清货款或者制订分期付款计划，为企业节约资金，用最小的资金流出换来最大的资金流入。

五是企业与销售者的关系。财务表现就是及时收回货款或者制订好分期收款计划，充分照顾客户的利益，为客户排忧解难，为企业稳住客户，为未来赢得市场。

六是企业与政府管理者的关系。财务表现就是照章向税务机关纳税，向社会保障机构缴纳医疗、养老、生育、失业、工伤保险及住房公积金等五险一金，向财政部门、国有资产管理部门、行业主管部门按规定报送月报、快报，配合做好会计信息质量检查、会计从业资格审查、会计继续教育、"小金库"专项检查、国有资产考核检查、国有资产收益缴纳、行业财务检查及其他临时工作，做好对政府审计机关的审计配合，做到热情诚恳、实事求是，讲清企业所处的市场环境、行业性质、企业性质，将审计发现的问题及其原因与现实环境结合，以发展的眼光、积极的心态、不卑不亢的态度处理与政府部门的财务关系。

只要本着换位思考和合作必须达到双赢两大原则，企业的生产关系、社会关系、利益关系、财务关系就一定能够处理好。

十、被忽视的消防职能

财务是企业接受外部审计、检查的切入口，是展示企业经营管理水平的窗口，同时也是暴露管理问题和安全隐患的窗口，是发现问题的突破口。

违反国家法律、财经纪律、财务制度，出现贪污、浪费、挪用、私分国有资产现象；由于制度不严，漏洞百出，决策不民主、不科学；因为执行不严，将制度抛到一边；因为监督不力，发现问题不予处罚或者处罚太轻、违法成本太低……这些都可能给国家和集体造成重大损失，甚至会给上下游企业在较大范围、较长时间造成或可能造成较大损失。只要翻一翻企业的财务账，查一查上下游企业的财务账，延伸数年，就不难发现问题线索，不难查清违法违纪事实，不难找到责任单位、责任部门和责任人。

会计的消防职能首先体现在不让火势蔓延。即自己企业的问题不能烧到其他企业，本年度的问题不能烧到以前年度，一个问题不能引出其他问题，一个人的责任不能牵扯其他人。其次体现在灭火本领上。能通过讲历史、讲环境、讲背景、讲客观条件、讲政策弹性等，使问题的性质变轻、范畴变小，将大事化小、小事化了。再次体现在悔改态度、预防举措、整改承诺等方面。

诚恳接受批评，主动改正，表明改正的决心，拿出翔实有效的举措，对今后的管理作出可以信赖的承诺，拿出真诚悔过、积极改过、努力补过、决不重蹈覆辙的态度，一般都能打动审计和检查人员，即发挥了灭火职能。

当然，属于严重违法行为、属于他人的罪过造成的问题，超出了财务人员的能力范围和职责范围，财会人员无法承担消防职能，因为这很可能被当成包庇罪犯或者合伙作案。

十一、被忽视的鉴证职能

鉴证职能特指财务资料在打官司之时，能够作为合法有效的呈堂证据，为当事人的是非曲直提供辅助证明。

原始发票、收据、支票存根、合同、协议、会议记录、决议、文件等，都可能成为打官司时使用的可以证明当事人有无过错的直接证据。然而财务档案在经济案件中的鉴证作用往往不被人们重视。

十二、被忽视的参政职能

会计报表是国家制定宏观经济政策、行业经济政策、地区经济政策，调整和分配社会资源，判断增加或减少税赋，提高或降低汇率，实行积极财政政策或稳健财政政策，实行宽松的货币政策或紧缩的货币政策，应当支持和扶持哪些地区与行业、限制和抑制哪些地区和行业等最重要的依据之一。企业的运费、通行费过高，利息负担偏重，资金周转困难，产品销路不畅、售价过低，市场管理环节太多、收费太多等经济信息，企业会计报表、会计账簿、会计凭证都可以提供证据。国家和地方政府依据会计信息和企业、行业、地区的要求，就可以出台减免通行费，降低运费、利率、费率，减免税收，支持科技型企业、创新型企业等政策，调整经济格局，满足经济社会健康稳定发展的需要。会计信息具有全面性、准确性、细致性、相互关联性等特点，其在政府制定经济政策方面的可靠性大、可信度高，成为统计、审计、计划、价格、金融等经济大家庭的最具权威的参政者，其参政职能经济大家庭的其他成员很难替代。

会计的责任很大、能力很强，潜力巨大。若能将会计的职能发挥到一半，企业的管理水平和经济效益就能提高很多。

　　会计的舞台很大很大，能干的事、能干成的事很多很多。只要广大会计界同仁有一种天生我材必有用的自信，有一种只要功夫深铁杵磨成针的坚韧，会计这块金子总有发出耀眼光芒的一天！

视角七：站在社会角度看会计

亲兄弟明算账——说说会计主体

中国有句老话：亲兄弟明算账。

为什么亲兄弟之间还要明算账呢？

笔者认为，站在父母角度看，亲兄弟均有赡养老人的责任，不能相互替代，应当予以区分、分别认定，要明算账。

站在亲兄弟各自的角度看，虽为一母所生，但每个人的性格不同、兴趣爱好不同、悟性不同、情商和智商高低不同、掌握的知识和技能不同、能力不同、道德水平和思想境界不同，对父母尽责的意愿大小、能力强弱、阻力大小均有所不同。谁应该多、谁实际多，要算账。

站在亲兄弟家庭的角度看，亲兄弟的爱人不同、孩子不同、家庭经济负担大小不同，家庭孝敬父母的意愿大小，可支配的财力、精力、时间不同，对父母尽责的"业绩"大小难以相同，必须明算账。

站在亲兄弟的家庭之外看，每个人必须赡养的另一对老人——各自的岳父岳母不同，大小舅子、大小姨子的能力、负担、意愿不同，亲兄弟孝敬岳父岳母的责任大小也不相同，必须明算账。

换句话说，亲兄弟的生产力大小有别，生产关系差异巨大，各自均有三个以上的核算单位，有三个以上的责任主体、利益主体，只有明算账，才能知道对三个责任主体是否分别尽到责任，才能较为公平合理地分配利益，才能避免两方甚至三方产生利益冲突。

家庭是个小社会，社会是个大家庭。单位就是大于家庭、小于社会的中等家庭。一个家庭的亲兄弟二人都会有三个以上的责任主体和利益主体，一个单位的数十名、数百名、数千名员工，则会产生数百、数千、数万、数十万个责任主体和利益主体，单位之间明算账，就更是天经地义。

单位之间明算账就是会计基本假设之会计主体假设。

会计主体就是会计所服务的对象，是会计信息所反映的特定单位，是会计核算的空间范围。

我们编制会计报表时填写的编表单位，我们购买东西开具发票、审核发票、收据上面的"抬头"，我们向税务局交税时的纳税单位，我们接受政府审计、中介机构审计时的被审单位，我们接受财政、税务检查时的被查单位，我们向上级汇报工作时的汇报单位，等等，都是会计主体假设的现实运用。

会计主体假设是会计理论的基础，也是会计工作、会计实践的前提，没有会计主体的假设和设定，就没有会计理论，就无法开展会计工作。

投资人的投资必须落到一个确定的会计主体，即被投资企业之上，以被投资企业为核算单位，确认、计量、记录、报告被投资企业使用该投资是购置了固定资产还是增加了流动资产，或者增加了无形资产、其他资产，被投资企业利用这些资产生产了什么产品、销量如何、收入有多大、成本费用税金有多大、毛利有多大、净利有多大，投资者可以分到的净利有多少，等等。

明确了会计主体，投资者只能向被投资企业索取应当分配给自己的净利润，而不应该向其他企业索取，也不该向被投资企业法人代表的家庭索取，不该向被投资企业法人代表所掌管的其他企业索取。

债权债务人的债权、债务必须落到确定的会计主体之上。银行贷款要签订借款合同，借款人就是会计主体，还款人当然也应当是该会计主体，除非合同约定可以父债子还、夫债妻还。

购销合同、服务合同的双方均是不同的会计主体，允许赊购、赊销都是针对特定的会计主体，而不适合合同之外的其他所有单位。

所有者权益就是投资人的权益而不是债权人、债务人、业务合作方、企业总经理、企业员工的权益,除非该企业为全民所有制企业。是投资人对被投资企业的权益,而不是对被投资企业之外的其他企业的权益。

可以肯定地说,没有会计主体假设,就没有资产、负债、所有者权益的概念,就无法计量与核算它们;就没有收入、成本、费用、利润的概念,更无法确认和报告它们。

没有会计主体假设,就没有会计、没有财务管理、没有经济管理的理论与实践,就没有财政、没有税务、没有银行、没有审计、没有统计。

因此可以说,会计主体假设是会计之母、经济管理之母。

■ 天下都是不散的宴席——说说持续经营

天下没有不散的宴席，这既是客观现象，也是客观规律。

吃饭仅仅是人们生活的一小部分，除了吃饭，人们还要休息、睡觉、上厕所、购物、玩耍、旅游、健身，要聊天交友、走亲戚看朋友、照顾老人、教育孩子。生活的另外一大部分就是学习和工作，要搞生产、搞销售、搞售后服务、搞科研。

站在时间角度看，每天24小时，能用于吃饭的时间最多不超过3小时，其余21个小时均与吃饭无关。而吃饭中，最高级、最隆重、最特殊的方式莫过于吃宴席。

人们只有在逢年过节、婚丧嫁娶、过生日、乔迁、同学朋友聚会等特殊的时间，才举办宴席，其概率在一年365天中最多能有十几天、二十几天，其余日子几乎碰不到。

也就是说，从时间上看，凡是宴席都不会太频繁、也不会太持久，都会断档。

站在经济角度看，凡是宴席，其花销肯定会比日常的家常便饭大得多，几乎可以达到几十倍、几百倍甚至几千倍。天天开宴席，估计就是千万富翁也撑不了多久，何况平民百姓。不少经济条件不好的家庭，子女结婚请客吃饭的花费，甚至需要挣上好几年才能还清。

站在赴宴者的角度，不散的宴席指的是赴宴者从头到尾人员不变，每桌10人，与第二天、第三天、第二个月、第三个月、第二年、第三年、第五十年、第一百年，第一万年到无穷年都是同批人。

显然，人的寿命长度决定了这件事永远做不到。或者，从头到尾人员可以换，但总人数不变，第一天10桌、每桌10人，第32天、第366天、第3651天、第36501天到无穷天，都是10桌、每桌10人。这其实也很难办到。

开宴必有原因、赴宴必有关系，没有人能找到这么多关系户，没有哪个关系户愿意在一个亲戚朋友家里吃上几十年，没有人愿意把同样或相近的饭菜连续吃十天以上。

所以天下的确没有不散的宴席。

但对会计理论和会计实践而言，就必须假定天下都是不散的宴席，这就是会计基本假设之持续经营。

企业就像人一样，是有寿命的，每个企业都有其诞生、成长、发展、高峰、衰老、最后走向死亡的必然阶段。可以控制企业生与不生，可以努力使其成长，至于何时能达到高峰、何时开始衰老、何时会死亡，没有人能说清。但如果说不清，很多事就没办法干。

会计上，就提出了强行说清的办法，假设企业永远不会倒闭，所有企业都会成为百年老店、千年老店，会无穷无尽地正常经营下去，规模不压缩、业务不消减。形象地说就是天下都是不散的宴席。

只有在持续经营的前提下，投资人才可能追加投资，债权人才可能允许企业现在欠债以后还，业务合作方才愿意供材料、供设备，新职工才愿意加入，老职工才会留下来。

只有在持续经营的前提下，固定资产折旧才有意义，待摊费用、待核销资产损失、应收账款、应付账款、应交税金、应交社会保险金才有保障，未分配利润才有意义。

只有在持续经营的前提下，会计分期才有意义，企业的预算、计划才有意义，企业的经营战略、经营规划、经营目标才有意义，企业的领导和员工才会有动力干事、有信心干成事、有毅力战胜困难、有决心渡过难关。

持续经营虽然仅仅是会计的一个假设,但它如同企业一面不倒的大旗,激励着领导和员工的士气和斗志,如同望梅止渴中的梅林,是引导员工加速前进不掉队的诱人目标,是向员工传达出的永远不要言败、永远不能放弃的坚定信念。

视角七：站在社会角度看会计

■ 老婆算账摊摊清——说说会计分期

中国有句俗话叫"老婆算账摊摊清"。

有两层意思，其一有责怪算账太慢，程序太复杂，不懂得合并之意；其二指算账太细，太较真，一分一厘都不含糊。

将老婆算账的原理和方法应用在会计上，就是会计分期，再引申就是会计分事分项分章条款目，即总账科目、明细科目，再分为二级明细、三级明细、四级明细、五级明细。

如果让老婆们查账，她们一定不喜欢看会计报表和总账科目，太粗，很多事情说不清，她们最喜欢看最末级明细科目，最喜欢翻凭证，这才符合"摊摊清"的要求，才能看明白，看后才会放心。

其实很多"难说话"的投资人并不比老婆算账的要求低，他们还会追问为什么要干这个，能否用更省钱的方式替代，你们经营者吃饭为什么花这么多、用的东西能否低档普通一些，等等。所以，会计算账还得向"摊摊清"学习，做到问不倒、难不住。

会计分期是在持续经营假设的前提之下，将永无尽头的经营期限，人为划分成若干个相等长度的会计报告时间段的做法。这种等长时间段一般有四种划分法，年度、半年度、季度、月度，会计上对应的就是年报、半年报、季报、月报。

会计分期是对持续经营的完善和补充。

如果没有会计分期，只有持续经营，那么，企业的经营成果只能在企业不能持续经营时，即在企业破产倒闭之时才可以得到计量和报告。没有算出经营成果，就不能分配，投资回报、经营者的奖金等就拿不到手，谁愿意投资？谁愿意经营？国家的税也迟迟交不了，国家、投资者、经营者谁都不会答应这样的条件。

会计分期解决了持续经营必须在经营期报告的问题，要求按月、按季、按年定期报告。投资人、政府可以定期鉴定验收企业经营者的经营成果，随时发现企业经营管理中存在的问题，可以随时下达纠正和调整指令，有利于将问题消灭在萌芽状态。

会计分期技术上可行，报告及时、可靠、可信，有效解决了企业投资者、政府等关心的企业长远利益和当前利益的矛盾问题，解决了不同的经营者的责任划分与认定、权利与收益的划分与兑现、收入与成本的配比等核心利益问题，能够保障和促进持续经营。

会计分期界定了企业的过去、现在和将来的状况，有利于有关各方纵向分析企业的发展状况，预测企业未来的发展趋势，从而作出追加投资、增加贷款、继续开展业务合作、忠实在企业履职，或者相反的决策。

会计分期因期间相等，起点终点一致，不同企业的政策环境、市场环境等客观条件具有较强的可比性，有利于同类企业之间的横向比较，有利于形成公允的市场价格、公平的市场利润，有利于各个企业发现自己的优势和差距。

最后，会计分期是会计折旧政策、预提政策、摊销政策、应收应付递延政策的直接依据。

财务人员做凭证、记账、编报表、开支票、开发票、签合同、出文件、印制度等日常工作中出现的年月日，与别的部门和人员所写的年月日意义不同，财务人员写的叫会计期间，是会计分期假设的具体应用。它除包含公认的时间含义之外，还有权利、责任和利益的含义，是必须向政府部门、投资人报告，必须接受检查和监督的。财务人员关注的年月日只是表面现象，它的本质是钱，是利益，也是责任。

视角七：站在社会角度看会计

■ 一把尺子量到底——说说货币计量

一把尺子量到底，大致有四层意思：

其一，尺子要适合所有测量对象。无论测量对象的形状怎样、体积如何、重量如何，形态是固体、液体还是气体，都必须使用同一把尺子度量，不能换尺子。

其二，尺子要适合所有测量者。无论是谁，不管是男人还是女人，老人还是少年，作为测量者时，都必须使用相同的尺子。

其三，尺子要适合所有的空间。无论在什么地方测量，不管是高山还是平原，大海还是陆地，也都使用相同的尺子。

其四，尺子要适合所有的时间。无论在什么时间测量，早上、中午、晚上，本周、下周，本月、下月，春夏秋冬，本年、下年，尺子不能变。

没有时间上的差异、没有空间上的不同、没有人物上的区别、没有被测量对象个体特性的影响，这就是一把尺子量到底的要求。这样的测量结果一定比较公平，一定能得到绝大多数人的接受和认可，这就是一把尺子量到底能够达到的效果。

有没有这样的尺子？要它有什么用？

有，它的作用大着呢！在社会经济活动、商品交换过程中，没有这样的尺子，几乎寸步难行。

没有时间上的差异，十年前、百年前的东西就可以和现在的东西比较、交换，就可以最大限度解决商品的过时、浪费问题。

没有空间上的差异，中国的东西可以和外国的东西交换，山上的、海里的东西可以和山下的、陆地上的东西交换，可以最大程度解决全社会资源分配不均衡，可以调剂余缺，满足人们的各种需要。

没有测量者个人因素的差异，不同性格的人，其不同的因素被过滤，只留下尺子所规定的测量标准和测量结果。

没有被测量对象的个体差异，千奇百怪的物品在这个尺子面前，个性的干扰和影响被排除，只留下共性的东西。

能同时符合上述四个条件的尺子，除了货币，再没有第二个了。

把一把尺子量到底的原则，用在对经济活动的计量、记录和报告上，也就是用在会计上，除了使用货币这把尺子，再也找不到更合适、能同时满足四个条件的尺子了。

大家知道，会计反映和报告的对象是经济活动，而经济活动方式和对象，就代表着人们工作和生活的方式和对象。吃、穿、住、行、游、购、娱，产、供、销，人、财、物，形态万千，状态各异。有的看得见、摸得着，有的则看不见、摸不着。比如无形资产中的专利权、商标权、商誉、土地使用权等，就看不见、摸不着。一堆棉花、一堆钢铁、一池硫酸、一罐煤气、一筐深海鱼、一盆鲜花、一件衣服、一台机器、一瓶化妆品、一袋面粉、一块面包等，就是看得见、摸得着的商品。如何交换才公平，如何汇总体现全社会商品的总价值，如何比较经济发展了还是倒退了，没有一把共同的尺子，这一切问题均难以回答。

会计前辈们正是看中了货币是商品的一般等价物的属性，看中了货币是价值尺度、流通手段和流通工具、支付手段和支付工具、储藏手段和储藏工具的特点，加上所计量的物品都有一个共同的特点——不但有使用价值，而且有价值，才选择货币作为丈量全世界、丈量古今的通用尺子。

正是因为被计量对象均有价值，而货币就是衡量商品价值的尺度，于是顺理成章地选择了货币作为计量和报告所有商品的唯一会计手段和工具。

货币计量大概也包含三层含义：

其一，只计量有价值的东西，不计量无价值的东西。即只计量商品——用来交换的产品的价值，不计量非商品的价值。

同样是土地，支付了出让金的土地，其价值会体现在会计账上，其他土地则不会在账上看到。

其二，货币计量必须确定记账本位币，即某个国家主要使用的货币。会计报告必须使用记账本位币。

随着改革开放的深化和经济全球化的深入，中国的外资企业、中外合资企业越来越多，中国在世界各国的投资也越来越多。在中国的美资、日资、德资企业，就必须采取两种甚至更多种货币计量方式，对经济活动进行计量、记录、报告。

这些企业对本国的投资人和政府必须分别相应采取美元、日元、德国马克报告财务状况和经营成果，因为这是他们国家所要求的记账本位币。而对我国的投资人和政府，则必须采用人民币报告。

其三，货币计量隐藏着币值稳定假设。

文章开头提到无论在什么时间测量，尺子不能变，这就要求尺子本身必须精准，币值一直稳定，没有通货膨胀，也不存在通货紧缩。换句话说，尺子必须没有任何弹性，不会因为天气的变化、环境的变化而发生明显的热胀冷缩。

但现实的经济环境和经济政策导致的通货膨胀和通货紧缩，常常让货币这把尺子一会儿变大、一会儿变小，测量的结果变得不很精确，不很可信。但在变动幅度不大、对测量的误差要求不高的情况下，这样的结果也可以接受。

为了弥补币值变动的缺陷，会计界增设了物价变动会计或叫现时成本会计（对应于历史成本会计），以消除物价变动、币值不稳造成的不良影响。

另外，货币计量的对象主要是物，而经济活动中最活跃的因素、最有价值的资源——人力资源及其知识产权等往往被忽略，人们又创造出人力资源会计弥补这一缺憾。

货币计量虽然有其不足，特别是币值变动影响较大，但目前还没有找到更合适的替代工具。货币计量的历史贡献和未来价值仍不可限量。

视角七：站在社会角度看会计

行业会计学会的性质和特点

行业会计学会是与地方会计学会相对应的概念，是按照构成国民经济的各个行业划分的，专为该行业提供会计服务的民间社团组织。根据行政管理权限，行业会计学会分为国家级、省级、地市级、县区级四级组织。为便于表述，本文以省级交通行业会计学会为探讨对象。

省级交通会计学会是国家级交通行业会计学会的一个分支，又是省级会计学会的一个重要组成部分。它上接省级政府交通、财政、民政等主管部门，全国交通行业会计学会、省级会计学会，下连地方交通行业会员单位和个人的民间社团法人组织。它是一个能承上启下、连接前后、沟通左右的三维立体组织。

省级交通会计学会以行业为航线，以专业为航船，以服务为动力，具有半公半民、半企半事，用户半需半厌，自身半兴半衰的性质。

它有五大特点。

一是跨单位。

作为一个省级交通会计学会，它的服务对象不是一个单位或几个单位，而是全省交通系统的所有单位。包括公路、水路两大系统。公路系统又分公路和运输两个分系统。公路分系统又分规划与勘察设计、建设、施工、监理、检测、定额、养管、收费、治超、路政、服务区、科研等子系统，每个子系统又分若干个单位。这些单位又有行政单位、事业单位、企业之别。学会的各个专业委员会就是针对分系统和子系统而产生的。水路同样可分为若干分系统、子系统。

学会跨单位的特点，有利于其作为一个非利益相关者的民间组织，掌握行业全貌、行业中各领域及每个领域的上、中、下游各单位之间的共同信息与不同信息；有利于充当与各单位互通有无的桥梁和媒介；有利于组织本行业同领域、同环节单位之间的相互交流；有利于集中行业内优秀人才搞科研、联合攻克管理难题。这些都是单个单位无法享有的资源和占有的优势，学会能完成很多单个单位无法完成的任务。学会搭建的这个平台，相当于让每个单位在横向上能够联系到更多单位，便于取长补短，壮大自己的势力，扩大自己的面积；在纵向上能够了解行业上下游单位的特点和需求，能让供求结合更为紧密，扩大自己的体积。

二是跨地区。

作为一个省级交通会计学会，它的服务对象不应限于省本级单位，还应包括省内各地市交通行业单位，又可向上延伸到国家级行业学会，接受上级提供的指导和营养，同时向上级提供经验教训资料，还可以平行拓展至友邻省级交通会计学会，相互吸取经验教训。

三是行政委托与用户互信。

省级交通会计学会是经过省级交通行政主管部门批复或核准成立的，其负责人需经省级交通行政主管单位人事部门审核备案登记。其所提供的服务多数依附于行政权力，即属于行政权力的延伸和拓展。它是接受省级交通行政主管部门委托开展服务的，其职能由行政职能分化而来。它已成为省级交通行政主管部门重要且必要的补充。

学会从事的行业内会计人员继续教育培训、会计从业资格证书年检、会计职称评审、会计科研等任务，均是交通主管部门职责范围内的事项。因行政编制少、事务多，加之省级财政部门要求会计继续教育、从业资格证书年检、职称评定等业务必须按行业归口管理，不接待各单位、每个会计的直接申报。因此，这些事项均由学会负责。

省级交通会计学会具有熟悉省级财政会计和交通行政主管部门、熟悉本省行业内相关单位财会人员的优势，上下都放心、两头都方便，加上学会与各会员单位都有一个共同的上级，便于统一管理和协调。交通行政主管部门人少事多，财政会计主管部门要求归口管理，行业内各单位熟悉且放心，这三大因素决定了行业会计学会存在的必要性和服务的可行性。

四是其服务对象具有特定性和局限性，用户具有半垄断性，难以完全开展市场化运作。

行业会计学会的所有用户均在一个行业内，服务内容必须针对本行业，超出行业范围，几乎没有任何用户，笔者称之为服务对象的特定性和局限性。换句话说，就是用户及其需要具有行政强制性和半垄断性。基于这种用户及其需求特性，省级交通会计学会无法开展完全市场化运作。

五是其是有特定服务内容的特殊组织。

行业会计学会以特定服务内容为核心，服务特定用户。它没有财政拨款，没有行政强制权力，没有产品收入，属于非行政机关、非企业、非事业的特殊组织。其生存和发展主要依靠行业内的行政机关、事业单位、企业，并为这些特定用户提供培训、审证、评职称、搞科研课题、办会刊，与外省、本省行业内单位开展学术交流等特定服务。超出这些特定服务内容的业务，学会既无能力提供，也没有市场需求。

学会的基本收入来源为会员单位会费收入、培训收入、科研经费补助。办会刊、学术交流、评职称、审证及学会日常运转等基本服务，没有收入只有支出。学会提高会费和培训收入标准、扩大会费征收范围，目的是解决办刊和学术交流、日常运转无经费来源的问题。

为交通行政主管部门、会员单位和所有会员提供服务，是学会的生命线，会刊和学术交流是学会活力和生命力的体现，没有这些业务，学会即失去了存在的必要。

会刊作为学会的活力和生命力源泉之一，能让所有会员展示自己的学术水平和工作能力，宣传会员的工作经验和工作成就，提出对工作中存在问题的看法和建议，使有思想者有机会也有地方表达，有能力者有舞台展示，有人听、有人看。会刊是扩大作者和单位知名度，提高其在行业内的认可度，赢得同行尊重、领导赏识的最佳方式和最好渠道。是单位业务骨干、业务能手宣传和推销自己及其单位的最佳平台。会刊也是初学者、有业务难题需要解决者的教室和老师，是提高行业管理和服务水平的充电宝、加油站。如果认识不到会刊的价值，不知运用、不懂利用，未免太可惜。

学术交流是学会活力和生命力的另一重要源泉。它是借学会这个平台，聘请国内、省内、行业内德高望重的专家学者为广大会员做学术报告，传授新政策、新知识、新技术、新方法、新思路、新经验的绝佳机会，是武装广大会员头脑、增加阅历、增长见识的捷径。学术交流的另一种形式就是学术交流会，它是在众多论文作品中筛选出最有价值、最有代表性的论文，在同一个地方、同一个时间段集中发布和交流。它是精品展示厅，是高人传经送宝的现场会，是引领会员攀登事业高峰、走向更高更强的标杆和旗帜。

俗话说，"一窍不得少挣几百"。那些优秀的财会干部花费了几年、几十年时间，才探索积累出来的"窍道""手艺""工艺"，在会刊上刊登、在学术研讨会上交流，能让后来者少走弯路、不走弯路，能解开很多人永远也解不开的谜。有志干好交通财会的同仁，不该错过会计学会送出的会刊大餐和学术盛宴。

新形势下，省级交通会计学会能干的工作很多，应该说比以前更多而不是更少。

首先，广大会员单位和会员对会计继续教育培训的需求没有变，对会计从业资格证书年审的需求没有变，对评职称的需求没有变，对会刊和学术交流的需求更没有变，学会的基本任务没有减少，反而因会计人员的增加和新老交替，需求更大。

其次，目前我国正处于改革的深水区。行政审批制度改革、预算管理制度改革、财税体制改革、融资政策变化、政府与社会资本合作新模式推广、政府购买服务范围扩大、交通债务风险增加、融资压力加大、资金监管难度加大、财会新人培训需求增大等,这些都是学会面临的新机遇、新任务、新要求、新挑战。作为省级交通会计学会,我们需要根据本省的实际,逐一探索和研究,更需要中国交通会计学会、省级会计学会的指导与帮助,也需要借鉴兄弟省市交通会计学会的经验,需要加强与上级、同级及地市级交通会计学会的交流与沟通,共享经验,共汲教训。

认清和掌握行业会计学会的性质和特点,有利于我们进一步根据自身特点,发挥优势、扩大优势,牢牢把握为行业财会工作服务的主题,主动作为,积极为用户提供所急需和必需的服务,在服务中不断发展和壮大自己。学会的未来大有可为,学会的前途将一片光明。

会计与城管比较

可能有人会问，会计与城管有啥关系？两个八竿子都打不着，把会计与城管这两个风马牛不相及的职业放在一起，岂不可笑？

笔者认为，会计与城管的相似之处还真不少。

会计与城管同为管理者、执法者；管理对象同为最底层民众；管理的职责同样重如泰山；管理存在风险，都是头顶总悬着一把达摩克利斯之剑；管理的权力都像农村村民小组长、工厂车间中的班组长，要负责国家部委、省上、行业上、单位一把手、单位副职、业务科室等别人管理的许多事情；付出与回报不成正比，常常有被人剥削之感；管理的手段被严格限制，都必须文明执法、礼貌对待被管理者；被管理者与全社会对其评价有类似之处：素质太低、能力太差、态度蛮横、作风粗暴，社会地位一样低，群众口碑一样差。

城管是城市市容环境管理的简称，又是城市环境的法定管理者。清理占道经营、纠正违规停车、城市拆迁管理、拆除违章建筑、拆除违章店招牌、清理违法野广告等都属于城管的职责。

人都有同情弱者的基本人性，城管不同情弱者，在众人眼中与人性背道而驰。因此人们认为，城管干的都是"缺德"事儿，不能理解，不会原谅，更得不到同情和支持。城管打人、城管暴力执法的事件频频在网上曝光，这是人们对城管干"缺德"之事的反抗与报复，更是发泄对执法部门、执法人员，对部分地方政府不满的窗口。

里外不是人正是会计与城管的最大共同点。

视角七：站在社会角度看会计

不照章纳税，税务局要处罚；照章纳税，领导和职工可能会有意见。不执行国家财经法规，财政审计部门不允许；严格执行财经法规，市场和社会不接纳你。业务上不去，部门和领导不高兴；真实、准确、完整、及时反映单位的财务状况和经营成果，没有完成年度、季度、月度的目标任务，领导不答应；弄虚作假，审计要问责。部分领导、个别部门负责人为单位利益、部门利益、个人利益不惜违规违纪，不拿会计和单位的规章制度当回事儿，会计提出意见和建议，并不采纳，甚至认为会计在故意为难自己。

权小责大、利少险多是会计与城管最核心的共同点。

单位的各业务部门和管理部门除了财务、审计、纪检、监察外，其余都是为单位和个人的利益服务的部门，部门、个人与单位目标一致程度极高。

四大综合部门中，人事、计划、办公室等三个部门没有或者较少有国家法律法规的强制约束，不直接涉及国家、地方、行业与单位及个人利益的分配，没有如同国家审计机关这样的专职机构专责监督，没有或较少会出现国家、地方、行业、单位、部门、个人利益的明显冲突。贯彻领导的意图就等于贯彻了国家、地方、行业、单位的意图，只有一个方向，比较容易把握，工作比较顺畅。只有财务、审计、纪检、监察四个部门非常特殊。

这四个特殊部门中，财务尤为特殊。业务从头到尾全部贯穿，时间具有全程性。而审计、纪检、监察只管事后，很少管事前、事中，只是阶段性工作。财务涉及单位内部所有部门和所有人员，全员覆盖；审计、纪检、监察只管有举报的部门和人员，抽查部分业务、部门和人员，是局部性、非全员性工作。财务每年每月甚至每天都要平衡国家、地方、行业、单位、部门、个人六方利益，这六方面的利益常常会出现不一致和矛盾。就像切蛋糕，一个蛋糕要分为六份，给谁分少了都不妥。国家有法律，有法规，不能触犯；地方有任命考核领导的大权，要兼顾考虑；行业给政策、给资金、有监管权，要兼顾考虑；单位是衣食父母，要兼顾考虑；部门是单位赖以生存的支柱，要兼顾考虑；个人是部门和单位的员工，要兼顾考虑。这交叉在一起的六根平衡木，动一个影响五个，太难平衡。

城管给小贩讲政策，讲不通；会计给报销人员讲制度，也讲不通。在他人看来都是阻止别人得利，别人肯定不乐意，要反抗。

这像一道包含物理、化学、哲学、心理学、经济学等考点在内的数学题，没有标准答案。同样一个答案，每个人的打分都不同。这又是会计与城管最大的不同。

会计比城管要复杂得多，干好了可能有利益，但好坏因人而定，不是自己认为好就好。但干不好一定有风险，照顾了一方就会得罪五方。五支箭会同时射向会计，你说险不险？

会计与城管第二个不同是身份不同。

城管是政府机构的组成部门，城管人员是事业单位人员，是吃财政饭的人员，是穿制服的人员。工资奖金多少与被管理对象没有直接关系，能不能按时领工资更与被管理对象无关。

全国两千多万会计中，除了一小部分机关和事业单位的会计外，绝大部分都由被管理对象发工资奖金，管理者能够被被管理者控制和左右。监督管理的手脚被束缚，被反管理、反监督，不敢管、不能管是会计的常态。

会计与城管的第三个不同是对其管理权限的认可度不同。

城管是执法者，是管理者，这是全社会公认的事实。但会计是执法者吗？好像没有人这么说。会计是监督者吗？好像也不是。但《会计法》赋予了会计监督与管理的权利、职责，执行《会计法》不叫执法吗？执法人员都有执法制服，但会计没有，所以全社会不认为会计是执法者、监督者。但政府财政、审计和上级主管部门却是按执法者和监督者的要求考核会计的，认为会计就是执法者、监督者。

会计是管理者吗？好像是，但好像又不是。单位领导不认可、部门负责人不认可、职工不认可、全社会不认可，他们认为会计是服务者，只部分认可会计的管理权限。这就使会计比城管更难开展工作，无法正常行使权力，但又不能逃避因行使权力不力、监督受阻、管理不到位带来的责任和风险。

会计是比城管权力更小、责任更大、利益更少、风险更多、认可度更低的职业。

视角八

站在国家角度看会计

视角八：站在国家角度看会计

■ 为什么每个单位必须有财务会计

大家知道，企业有经营自主权，每个企业经营什么业务、设置哪些部门、招聘哪些人员都是企业自己的事，别人无权干涉。

然而，所有单位必须有财务部门；必须配备符合条件的财会人员；必须任用有会计师职称或三年以上工作经验的财会人员担任财务部门负责人，任用总会计师的条件更高；规定会计不能干什么、出纳不能干什么；等等；这些都是单位内部事务，单位却无权自主决定，必须执行国家统一规定，这是为什么呢？

国家以法律形式，规定一个单位的内部设置、人员资格、部门负责人资格，财会部门独一无二。单位的人事、计划、办公室等三大综合管理部门，没有这样的待遇和要求，业务部门更是没有这样的要求。

国家为什么要以法律形式强制要求每个单位必须设置财会部门，并配置符合条件的财务人员和财务部门负责人呢？

笔者认为，这是由财会工作的性质决定的。

财会工作简单说就是管钱的工作。钱是社会的血液，是社会经济最基本、最普遍、最广泛的表现形式，财会工作就是负责给社会供血的工作，是经济工作的重要组成部分，也是最基础的经济工作。经济是政治的支柱、军事的支撑、文化的基础、外交和国防的胆量、社会的营养。因为钱特别重要，经济特别重要，管钱的部门和人员，当然也就特别重要，必须上升到国家高度来统一，必须通过法律形式予以固定和强制。管好钱、管好经济，国家才有根本、长远、全面保障，国家的政治稳定、军事强大、文化繁荣、国防稳固才有保证。

一、钱是商品的一般等价物，财务会计是计量和管理等价物的手段

钱，学名叫货币，是商品的一般等价物。它有支付、流通、储藏三大职能。

假如钢铁企业有1000吨钢，煤炭企业有10000吨煤，汽车企业有100辆汽车。如何实现以钢换煤、以车换钢？棉花企业有10万吨棉花，纺织企业有100万个纺锭，服装企业有100万套服装。怎么用服装换纺锭、用纺锭换棉花？粮食企业有100吨小麦，面粉企业有100吨面粉，面包企业有10万个面包。如何才能用面包换面粉，用面粉换小麦？煤炭、钢铁、汽车，棉花、纺织、服装，粮食、面粉、面包是上下游关系的企业，它们之间必须发生进销贸易，如果找不到中间商品、找不到交换媒介类商品，贸易就无法完成。

货币就是全社会各类商品交易的中间商品、媒介商品，经济上称其为商品的一般等价物。借助货币这种适合所有商品折算的等价物，交易才显得容易、才能公平顺利进行，产品才能售出，原料才能购进，劳动成果的计算、分配，社会财富的全面长期流动才能顺利进行。全社会财富阶段性数量增减、某个时点总财富的数量结余、增减和结余分布的地区、行业、单位、部门、个人，也才能清晰准确掌握，全国、全省、全市、全县范围内的经济调控才容易实现。

上述经济贸易涉及的有关用货币表现的社会财富的增减变化的每一项工作，按照法律规定，只能由财会部门和财务人员确认、计量、记录、报告，并参与经济活动的计划、预测、决策、控制全过程。所以，社会财富增量、存量的计算，变动情况的反映，变动过程的监督，等等，均是由财会人员完成的，其他部门和人员无权参与，无权反映和监督、无权记录和报告。财务人员是社会财富的法定管理者，如同打官司必须由法官审判，

车辆肇事必须由交警裁定一样。

财会工作是社会经济贸易的基石。没有财会工作，经济贸易活动将处于以货易货的低级阶段，经济繁荣、社会繁荣的步伐将变得十分缓慢。

二、钱是社会的血液，财务会计是保障资金血液良性循环的抓手

人依靠血液输送营养才能存活，社会也必须依靠各种物资才能运转。经济上，将各种普通物资折算成货币，折算成可用来交换的商品的一般等价物，生产必须以原料供应、设备配置为前提，必须以产品售出为保障，生产活动才能持续。供应、售出就是物资的流动，流动必须有渠道和通道，这个渠道就是市场；流动必须有介质，有水，这就是货币。即社会生产必须以物资流动为前提，物资流动必须以货币流通为媒介、为轨道。货币好比江河海水，物资好比舟船和集装箱中的货物。只有将货物装入标准集装箱，才好装运、好点数，才容易做到等价交换。

货币是人们公认的社会财富的代表符号，正因为如此，人们才能接受它与货物的流通同步走，或者先收货物后付钱，或者先付钱后交货等各种交易模式，有时人们甚至完全用货币流通替代实物流通。

血液循环有其完备的闭环系统。血液从心脏流出，通过动脉血管到达静脉血管，然后流入毛细血管，为全身各部位提供营养。当第一批血液中的营养物质释放吸收完毕之后，血液就从毛细血管回到静脉血管，再到肺部加氧加压，之后输送到动脉血管、送到心脏，变成第二批新鲜血液，再由心脏送出，供全身享用。血液的一个循环接一个循环，就如此这般发生着。当出现动脉大出血，血液的闭环循环就发生断裂，人就有生命危险。当心脏的主血管发生堵塞，特别是完全堵塞之后，就无法向全身供血。心肌缺血超过两分钟，就会发生无法逆转的心肌坏死，也就是常见的突发性心脏病，人就会猝死。

一个国家、一个单位的血液循环、资金循环也有其闭环系统、闭路系统。

国家的财政部就是国家的财会部门，中央银行就是国家的出纳部门，这两大部门就是国家的经济心脏，是供应全国资金，汇总资金信息、经济信息的专门器官。各省、市、县财政部门就是该地区的财会部门，人民银行就是该地区的出纳部门，是国民经济动脉血管的延伸段。工、农、中、建四大银行及股份制银行、政策性银行等，是国民经济的静脉血管。银行之外所有用款单位，均是国民经济的毛细血管。

国家税务部门、地方税务部门、农税部门、海关，是负责资金回流的法定机构，是负责回收毛细血管"剩余资金"的静脉血管，是保障国家机关、各级行政机关、党群机关、事业单位等没有"造血"能力的单位的资金供应，提供国防、外交、政治、社会发展、国计民生资金的专用机器。

各单位财会部门是各级政府财政部门和人民银行的派出机构，是国家心脏向动脉血管、静脉血管、毛细血管延伸的血液集散器，是静脉血管的尾部和毛细血管的头部，是资金管理的抓手，是国家资金血液循环系统的有机组成部分。

国家以法律形式，要求各单位必须设置财会部门、配置合格的财会人员和财务部门负责人，如同毛泽东主席当年要求将支部建在连上，让党的声音能够传达到连级单位一样。财会部门是国家设置的对每个单位进行遥控的资金阀门，又像全国联网的电脑系统的各个终端。

国家统一会计制度和会计政策，就是国家统一资金阀门调控、统一国民经济调控的具体体现。只有这样，国民经济体系、地方经济体系、行业经济体系才能稳固，社会经济秩序才能有条不紊。国家运转才有健康、稳定、高效的资金供应与维护保障。

地下钱庄、私人放贷、民间借贷等属于我国资金体外循环的表现，是静脉出血、毛细血管失血的表现，是国家法律禁止和打击的违法行为。

各级人大、党的纪律检查机关、国务院发展和改革、审计等部门及其各级分支机构，是监督财政财务部门是否按规定渠道、方式、时间、数量运作的专设机构，是对资金心脏、血管、终端运行情况的监督者、修正者。

三、钱是经济贸易的工具，财务会计是国际通用的经济贸易的语言

设计图是工程师的语言，五线谱是音乐工作者的语言，处方是医生的语言，车灯是汽车的语言，财务会计是国际通用的商业语言、经济贸易语言。预算会计是政府机关和事业单位的经济语言，基本建设会计是建设领域的经济语言，施工企业会计是施工企业的经济语言，工业企业、商品流通企业、餐饮服务娱乐企业各有其经济语言。各种各样的行业语言经过改良、改进，逐渐变成了全国通用的"普通话"。随着世界贸易的发展，国家的"普通话"又变成了世界通用的"普通话"。语言不通，就无法交流，更无法进行贸易活动。财务会计政策、制度、准则、概念的国际化，就是实现经济贸易活动的确认、计量、记录、报告标准化、统一化、国际化。

国家要求财务会计人员必须有相应的专业知识和职业道德，就是要求能听懂、会说、能写、会用世界经济语言。该语言非财会人员则听不懂、说不了、写不出、用不了，这正是财会工作专业性的表现。如果财会工作者只会用专业语言，只会说行话，但不会将其翻译成领导和有关非专业人员能听懂的语言，财会工作也难以开展，同样面临语言不通、无法交流、容易被误解等问题。这也是财务语言的"双刃剑"特点，必须加以关注，不能只会自言自语，让别人听不懂，被误解和否定。

四、钱是国家和社会赖以生存的食粮，财务会计是为国家提供食粮的土地

国家和社会运转必须依靠税收，各单位的财务会计就是国家税务部门赖以收割的土地。没有财务会计所记录的账目、编制的报表数据，税务机关征税就无从下手，养老、医疗、失业、生育、工伤保险和住房公积金等社会保障费就无法征收，财政收入就无法保障，社会保障事业就难以开

展，国家的计划就难以实施，事关国计民生的重大工程就难以实施，国家安全、社会稳定就难以保障。

五、钱是每个单位赖以生存的口粮，财务会计是专门负责口粮收发的仓库

作为商品的一般等价物，钱已经成为各种物资的替身。所有单位必须有钱、必须用钱。收到拨款、贷款、商品和服务销售款，必须存入财务的粮库、钱库、仓库；拨付资金、支付货款、支付人员费用、归还贷款本息，必须从财务仓库中办理出库手续，经过一定的审核审批程序，用到指定的地点、人员、事件上，才合法、合规、合理、有效。这是国家法律、法规、规章、制度的要求，是法定的资金循环和周转渠道，是保障社会经济秩序、保障公平和效率的基本措施。财会人员就是法定的钱库管理员、资金专管员。其操作规程由一系列财经法律、法规和制度加以限定，其操作过程和结果由国家审计机关、内部审计机构、社会审计单位、党的纪律检查机关、行政监察部门、人民群众等多方面的机构和人员予以监督。

如果没有财务部门，单位将难以运转，地区将难以运转，行业将难以运转，国家将难以运转。

明白了财务部门是国家法律要求设置的单位内设机构，财务人员的职责和权力是法律所赋予，法有授权必须为的职业特点，就能够增加财务人员的职业责任感和使命感；明白了财务人员行使权力要接受审计、财政等部门的监督，未履行职责要受到党纪、政纪和法律追究的职业要求，就能够提高财会人员的法制意识和爱岗敬业意识；明白了财务工作是国家经济的重要一环，是国民经济、行业和地区、单位发展不可或缺的管理节点，就能够提高财会人员的职业自豪感和荣誉感。

所以，每个单位必须有财务。

视角八：站在国家角度看会计

质量、安全、廉政、稳定与财务管理的关系

岁末年初，各种考核评比纷至沓来，考核评比指标五花八门，但每个单位都必须接受的且被定性为"一票否决"的指标基本相同，这就是质量、安全、廉政、稳定工作。

为什么对这四项指标考核如此严厉？因为它们直接关系着人民生命和财产的安危，直接关系着党和政府的安危。

首先说质量。质量属于技术范畴指标。工程质量、产品质量、服务质量、房屋质量等，人们都在追求质优价廉的产品，唾弃质次价高的产品。质次价高、粗制滥造、偷工减料、以次充好是质量问题的通病，其结果是产品功能达不到要求、产品寿命达不到要求，甚至会给使用者造成生命危险，当然也造成了经济损失。质量上出现问题其实就是通过减少投入来增加自己的收入，属于经济问题、属于财务问题，完全可以通过财务账目和资金流的对比分析发现、找到充分的铁证。以工程质量为例，施工图设计要求用什么品牌型号材料、用多少，价格是多少，实际施工过程中用的是什么材料、数量、型号、价格等，通过查阅施工单位财务账目，看会计凭证，查原始发票、材料入库单、出库单、工程施工原始记录，与设计文件对比之后，马上可以给出是否以次充好、是否质次价高、是否偷工减料的结论，可以判定是否存在工程质量问题，什么地方存在工程质量问题，质量问题的严重程度如何，对工程的危害有多大，等等。

所以，质量问题也可以说是经济问题，具体说就是财务管理问题。

其次说安全。安全属于技术范畴指标。煤矿安全、施工安全、消防安全、交通安全等，造成各种安全事故的根本原因是思想不重视，投入不到位，设施老化、陈旧，培训不到位，违章操作，等等，产生的结果就是引起人员伤亡和财产损失。安全问题也是经济问题，核心是财务问题，从财务账上可以看到各单位安全投入是否充分、安全设施更新是否及时、人员安全培训工作是否按规定进行。

所以，安全问题也可以说是经济问题，具体说就是财务管理问题。

再说廉政。廉政属于政治范畴指标。廉政问题表现上是政治问题，也是经济问题，是财务管理问题。单位财务管理混乱，制度不健全、不完善，控制不力，漏洞较多，财务支付审核把关不严、一个人说了算，有制度不执行，执行制度不进行检查监督，检查发现的问题不处理、不整改，整改问题应付了事。就像专家所说：不好的机制和环境能把好人变成坏人，好的机制和环境能把坏人变成好人。健全有效的财务管理制度、机制、措施是单位的病毒防控系统，是防火墙，是防腐剂。

可见，廉政问题也可以说是经济问题，具体说就是财务管理问题。

最后说稳定。稳定问题属于政治问题。政治稳定，社会治安稳定。聚众上访、越级上访、聚众闹事、围堵政府机关、围堵公共场所，影响正常的办公和生活秩序。根本原因是拖欠工程款、拖欠农民工工资、执法不公、裁决不公、积案久拖不决等，上述问题若通过正常渠道、方式无人过问或解决不了，当事人只好采取过激行为引起社会关注、引起政府重视，促使上级领导督促有关部门和单位在限定时间内给予解决。

可见，稳定问题也可以说是经济问题，具体说就是财务管理问题。

财务管理和会计核算工作是幕后工作而非台前工作，很难出成绩，不出问题就是最大的成绩。正因为出不了成绩，往往得不到应有的重视。有人说，出问题的往往是不重视的。一切有关质量、安全、廉政、稳定的投入、支出事项，只要有资金流发生，全部会有记载。即使没有资金流发生，准备产生资金流的经济行为也会以往来账方式予以记载。是否投入，投入多少，投入是否充分、满足要求，财务账项、原始凭证和发票可以说明是否科学、是否集体研究。原始凭证的合同文件签字审批程序可以证明，要消除质量、安全、廉政、稳定问题，必须重视和加强单位财务管理工作，建立科学的财务管理决策机制（制度建设与完善），杜绝管理空隙和管理漏洞；建立严格规范的财务制度执行机制，严格依据程序把关，杜绝不按制度办事行为发生；建立完善的财务监督机制，对制度执行情况要经常检查，及时发现制度建立和执行中的问题；建立有效的纠错防护机制，及时修改完善制度，对发现的问题进行纠正并适当予以通报、处罚、处分，以避免此类问题再次发生。

只有建立科学、规范、完善、有效的财务监督管理机制，才能建立起和谐社会，人民群众才会过上更加美满、安全、温馨的生活。

总会计师是企业财务管理的顶梁柱

《会计法》第五章第三十六条规定：国有的和国有资产占控股地位或者主导地位的大、中型企业必须设置总会计师。总会计师的任职资格、任免程序、职责权限由国务院规定。

为什么必须明确要求是国有性质，而排除非国有性质？

因为国家法律只管国家的大事，主要负责并首先要保护好国家财产，负责对任命国家工作人员的指导。非国有性质的单位财产，其所有者有权处置，用什么人是所有者个人的权力，国家及其工作人员不能随意插手私人财产处置，更不宜用法律手段强行安排和处置人员。

为什么必须是国有大、中型企业而不是全部企业？

我国政府由国家级、省级、市级、县级、乡级五级组成，相应地就有中央企业、省属、市属、县属、乡属企业，这些企业都属于国有和国有资产占控股地位或者主导地位的范围。但是乡属、县属和多数市属企业规模小、员工少、业务简单，资产管理的难度不大。若给占全国80%以上的小微企业全部设置总会计师，不但增加了管理人员数量，增加了管理成本，还降低了管理效率和管理效益，得不偿失。

国有大中型企业设置总会计师有什么必要？

国有大中型企业具有资产规模庞大、企业员工众多、业务多元化、经营场所分散化、资产品种多样化等诸多特点，管理难度极大。比如许多企业集团有跨国、跨省、跨市子公司、孙公司、曾孙公司；有多种外币业务；有工业产品制造、基本建设投资、设计、施工、监理，有商业、餐饮娱乐业、房地产开发等多种业务。有的企业的子公司、孙公司遍及全国、全省、全市，点多、面广、线长，如果不设总会计师，很难管住、管好。

总会计师与单位负责人相比有以下特点：

首先，总会计师具有财务管理的专业优势。

总会计师学的是财务，有理论专长；总会计师干了十几年甚至更长时间财务，有实践经验；总会计师懂政策、晓法规、能把关、善把关。他们拥有比单位负责人更高的财经法规意识和政策水平，有更扎实的财会理论基础和更丰富的财务管理实践经验。

其次，总会计师有管好本单位财务的权限优势和职责压力。

总会计师是上级任命的专门负责单位财务审计业务的行政领导，有权力管理单位的各项财务工作。管好财务是总会计师的第一责任。业务上不去、后勤没管好、党建抓得松与总会计师无关。总会计师有权力管住单位的所有人和所有事，也有责任管好财务。否则就无法向任命他的上级组织交代，可能还会被问责。总会计师不但要为本单位负责，要对本单位法定代表人负责，还必须对任命他的上一级组织负责，三重职责压力迫使总会计师必须管好本单位财务。

再次，从业务分工看，单位负责人要负责单位的全面工作，不但要负责财务，还要负责计划、业务、后勤、安全、质量、廉政、人事、党建，以及单位长远发展和全面发展、单位的内外部综合协调等，多头管理都要抓，没有精力也没有时间对财务工作投入过多。投入少，了解就少，理解就少，所以常常出现单位负责人与财务人员相互埋怨的情况。总会计师有更充足的时间和精力投入财务管理。

所以，总会计师比单位负责人更适合管财务，管理的效率更高、效果更好。

总会计师与财务科长相比又有如下特点：

一是管理的权限和责任更大，能实施全员管理。

财务科长无权管理其他科长，无权管理单位副职，无权约束单位负责人。中层以上的人员财务科长都没有权力去管理和控制。只有财务科长没有总会计师的单位是真正的牛栏关猫，大猫一个也关不住，若单位负责人没有给财务科长充分授权或者不支持其工作，财务科长的能力发挥就十分受限。总会计师有权管理所有中层以下人员，有权管理所有副职，有权约束单位一把手。单位财务管理的所有权力几乎都装进了总会计师的笼子中，其管理效果与没有总会计师的单位自然差异巨大。

二是总会计师能实行全过程管理。

单位各项制度的审定，单位发展规划、年初计划、预算的审定，重大事项决议等几乎所有事关财务事项的决策，总会计师都要参与讨论，发表意见和建议。在决策之后的实施过程中，签合同、拨资金、审核报销，总会计师能全面监督，实施之后的效果评价总会计师也有很大的发言权。而财务科长参与决策的程度较浅，部分事项无权参与；监督的力度偏小，常常会反对无效；几乎很少有资格参与考核评价。

三是总会计师比财务科长的专业优势更大、工作经验更丰富、政策水平更高、协调能力更强、职责压力更大。

财务科长"个子"中等甚至偏低，上够不着顶，臂不够长，腿不够长；中够不到边，身体单薄，力气偏小，无能力、无责任、无权力担当"顶梁柱"大任。总会计师的政策水平、财会理论、业务实践、协调能力等专业优势，再加其权力较大权责对等、三重职责压力、时间和精力充足等因素，决定了总会计师能管住、能管好、敢管、愿意管财务工作。决定了他们是肩负单位财务管理顶梁柱的不二人选。

视角九

站在未来角度看会计

视角九：站在未来角度看会计

财会人员面临的危机与出路

财务人员的基本职责是报账、记账、算账、编报表，高级职责是预测、决策、监督、控制。随着计算机技术的发展，记账、对账、试算平衡、结账、编制会计报表五个环节的会计工作已经无须人工操作，完全可由计算机替代，相当于计算机抢走了许多老会计的饭碗。现代互联网技术的发展，使得计算机可以自动编制记账凭证、可以编写报表说明、可以进行报表分析，这又抢走了中青年会计的饭碗，财务人员的危机已经来临。

据报道，中铁建集团借助互联网技术、云计算技术、移动终端技术和电子商务技术等，建立了财务共享服务中心。该中心创新了企业财务管理模式，通过影像技术、网上报账，达到了集中核算、集中支付、集中管控、集中报表，法人一套账、管理信息化，财务管理统一化、制度化、标准化，实现了对企业人、财、物等经济资源运行状况的实时管控。

推行网上报账业务后，报账人员只要登录中铁建财务共享平台，填写报销金额，提交报销内容，生成打印报销确认单，在线办理审批签字手续，报销资金就会转入员工工资卡或供应商账户。网上报账会计业务全部由集团公司总部财务共享服务中心集中处理，下属各单位财务人员的职责是收集、审核、整理所报销的票据，并将影像资料上传到总部财务共享服务中心，无须做账，更无须编报表。

财会人员不做账、不编报表，还叫会计吗？其实他们仅仅相当于财务资料员。

据中铁建十七局集团有关人士透露，该局原有财务人员750人，启用财务共享服务平台之后，全局财务人员不到 100 人，分流裁员达 86.7%。

中铁建集团共有类似于十七局集团这样的单位 18 家，财务人员约 13500 人。分流裁员后，全集团留用财务人员不足 1800 人，大约有 11700 人需要另找岗位或另找单位。如果他们全部到社会上其他单位干会计，那么就可能又有 10000 名左右的中青年会计，因态度不好、能力不强、人品不佳等原因下岗。

中铁建并非会计界分流裁员的个案，据说中兴通讯等新兴企业财务人员的裁员幅度也不小。

现代信息技术的发展，为企业单位提供了更先进、更科学、更高效的管理工具，为淘汰落后的技术与管理方式提供了可能。如同格力集团在用工荒背景下，用机器人取代工人，这是社会进步的表现。

站在企业和整个社会角度看，材料和人工成本不断上涨，管理手段落后、效率低下，产品成本和管理费用居高不下的企业，在市场竞争中就是被淘汰对象。技术进步、减少手工劳动、提高管理活动的自动化水平，是企业生存和发展的治本之道。企业需要与现代技术创新的供给一拍即合，财务人员无疑将成为现代企业管理模式的牺牲品。

从长远看，像中铁建、中兴通讯等分流裁减财务人员的企业会越来越多。财务人员的市场需求在萎缩，将来还可能更大范围、更大幅度萎缩，这已是一个不可逆转的趋势。但是，财务人员的市场供应一直持续增加，供大于求、"产能"过剩的矛盾越来越尖锐。

据有关部门统计，从 20 世纪 90 年代起，财会类专业招生规模一直处于大专院校各专业前列，近十年更是创下了占比超过全国招生数 10% 以上的纪录，没有一个专业可与之匹敌。

"985" 院校、"211" 院校几乎没有不开设财会专业的；一本其他院校、二本院校无一例外都在培养财会人员；职业技术学院的财会专业也是其突出的"卖点"。

据了解，有所民办高校，2014 级财会专业竟开设十几个班。如此大规

视角九：站在未来角度看会计

模流水线生产的会计人员，"生产"者只要能挣到"加工费"就行，至于能否"出售"与自己无关，所以多多益善。但他们在招生宣传时往往打着财会专业就业率100%的旗号来欺骗大众。"委托加工"者因为信息不对称，搞不清财会人员是"滞销"还是"畅销"，仅凭想象和经验，仍然抱着所有单位都需要会计、会计好就业的陈旧思维，在没有进行市场调研和行情预测的情况下，就盲目送子女学财会。就像我国的钢铁、水泥、房地产等产能过剩一样，财会人员也是绝对过剩。

在财会人员需求萎缩与供应井喷式增长的巨大矛盾之外，另一个普遍的矛盾是，财务产品（报表）品种过于单一，功能局限在满足政府财政、税务、工商、国有资产管理、证监会、银保监会等有关外部监管机构的最低要求上，仅停留在机器加工生成的初级产品层次上，无法真正满足企业管理内部需求，无法提供企业经营所需的亏损原因分析及扭亏举措建议，不能发掘企业的利润增长点，提供发展前景预测等有用信息。

传统会计认为：财务工作的最终成果就是三张表，即资产负债表、利润表、现金流量表。其实这三张表均是法定的外部要求报表，是财会人员的最基本任务，完成三张表最多算是及格，不能算良好，更不是优秀。完不成则是绝对不及格、不合格。

企业董事长、总经理对这三张表并不感兴趣，因为大多数企业领导缺乏相应的财会知识，几乎看不懂这三张表，难以从报表中获得对自己有用的信息。上报时之所以要他们签字、盖章，那是《会计法》的规定动作，不签不行。

许多单位的报表分析说明只是应付式的走形式，对企业领导有用、有帮助的信息，能让领导据此决策，提高企业管理水平和经济效益的意见建议几乎找不到一条。长此下去，会计人员的劳动成果、会计的产品（会计报表）对企业基本无用，财会人员对企业没什么作用的印象，就会深深地烙在单位领导的心目中。没有作用就没有地位、没有话语权、没有良好待遇。

会计报表如同烧到五六十度的水，必须经过再"加热"，让它变成沸水，然后进行后期再加工变成茶水、饮料、啤酒等，变成有色、有味，能解渴、能提神、能醒脑、能直接饮用，适合不同人群消费的高附加值的产品。

企业会计报表的消费者、使用者主要是企业领导班子成员，特别是企业的董事长、总经理，其次是企业内部各部门。

所以，企业财会人员必须将编制好的会计报表进行再开发、再延伸，生成多种内部管理所需的报表，如收入构成及增减变化对比表，成本、费用构成及增减变化对比表，所属单位、部门人均收入、人均成本、人均费用对比表，各项业务利润对比表，企业年度计划、预算执行情况对比表，应收账款前十家单位资金占用时间统计表等。特别要将董事长、总经理关注的企业主要经营目标和经济指标，通过相关表格形式及时、准确、简洁、明了地予以列示，并进行有关原因分析，提出改进的措施建议。尽可能做到所提供资料对领导和上级有用，领导和上级能看懂、能据此进行决策。

如果领导和上级所需的数据资料，布置下来还需查半天甚至几天，提供不及时，会让领导感觉财务人员的工作效率太低。如果提供的资料要么不全，要么不准，要么领导看不懂，会引起领导不满，让他们感到财务提供的数据不可靠，他们可能就不再相信财务人员的能力和水平。

如果相关部门所需资料不能及时准确提供，影响别的部门工作，受到上级批评，相关部门会把责任推到财务部门头上，影响部门间的团结与协作。一旦让领导对财务部门和财务人员产生不好的印象，那么财务前期的许多工作等于白做，无法得到领导认可。不被认可的员工还能得到提拔重用吗？不被认可就是财务人员的最大危机，如果裁员，肯定是会被首先考虑的对象，分流、调整估计也是迟早的事。

财会人员的出路在哪里？

第一，热爱财会工作、愿意在财会岗位展示自己的才华，专业基础较为扎实、实践经验较为丰富、干财会工作有明显优势的财会人员，应当在干好本职工作的同时，积极学习现代财务会计新知识、新方法、新思维，学习管理会计知识，学习平衡积分卡理论、财务预算、财务控制、财务决策、财务信息系统管理、财务共享服务等知识和技能，给自己装入时代需要的理论知识和技能；同时要深入研究单位、行业特点，研究单位在经营过程中存在的问题和管理活动中存在的问题，研究单位主要领导的关切和需求，把问题和需要当成自己工作的新目标，运用掌握的传统和现代财务理论与方法，研究分析问题，分析问题产生的原因，提出解决问题的具体思路、方案、措施、办法供领导决策，提出修改完善单位考核和管理制度的意见与建议。把编制适合单位领导和主要部门、主要业务工作的各种内部报表当作日常工作的一部分，让部门从中受益、对领导有很大帮助，对单位发展产生极大促进和推动作用。到那时，即使单位与行业出现再大变化，使用任何先进的管理工具和方法，自己所干的都是计算机等现代工具无法完成的工作，始终不会遭到淘汰，还有提职的可能。

第二，不喜欢财会工作、不愿意在财会岗位干一辈子，专业基础薄弱，在财会领域很难取得发展者，可以选择从事计划、统计、审计等相关经济专业的工作，也可以选择非经济专业但自己非常喜欢、乐意为之付出心血和汗水的工作。

第三，还没有上大学的学生和家长，应当清醒地认识财会人员面临的危机，充分进行市场调研，慎重选择是否报考财会专业。

兴趣是最好的老师，有志者事竟成。

如果真的有志成为一名优秀的财会人员，危机则既是挑战更是机遇，它能激发出潜能，考验意志和信念，提升能力和水平。能度过大难闯过大险者，将来一定是强者，什么事也难不倒。

财会人员的危机只是一种趋势，并没有完全变成现实。这里提醒同行们要未雨绸缪，早做打算，不能下雨时才找伞。财务人员过剩确实是严酷的现实，身边许多亲朋好友的小孩学财会，却找不到干财会的差事，笔者也非常替他们着急，故书此文给朋友们提出警示。

■ 财务会计信息供求错位表现和改进建议

众所周知，财务人员的劳动产品和劳动成果最终体现在会计报表上。财务人员算账、报账、记账、调账、结账等一系列工作的目的，就是为了编报表。编报表的目的，是以规定的表格形式，浓缩企业的各种经营管理信息，定期向投资者、债权人、经营者，以及政府财政、国资、审计、税务、工商、社保等有关部门报告企业的财务状况、经营情况以及现金流转情况。会计报表是外界了解企业的最主要的信息发布方式，也是会计反映职能的法定要求和集中体现。

然而，财务人员的这些劳动成果却没有得到应有的认可和尊重。

在中国，多数投资者几乎不看会计报表；除贷款银行和发债券商等少数向企业提供有偿债务资金的债权人之外，其他债权人基本不看会计报表；政府财政、国有资产管理部门使用会计报表，主要用于汇总地区和行业经济信息；税务、工商、社保等部门使用会计报表，只是为了纳税、注册资本变更、资质变更、社保费征缴等单项工作需要，报表中的绝大多数数据对他们而言没有用处；政府审计部门使用会计报表相对最深入、最全面，但他们的目的是拿报表找问题，然后向政府和社会公众报告，并据此处罚有问题的报表编制单位及其相关责任人，多数企业并不喜欢自己的报表被政府审计部门使用；绝大多数企业经营者根本不看会计报表。

从上述情况看，在之前的相当长一段时间，会计的劳动成果已经出现了严重的供求错位和缺位。有关各方不愿看报表，一是因为看不懂，二是找不到自己需要的信息，看了没有用，三是会计报表有虚假之处，参照报表决策可能会产生误导。

会计报表提供的信息供求错位和缺位具体表现在以下七个方面：

第一，会计报表格式单调、品种单一，企业对外主要提供资产负债表、损益表和现金流量表三张主表。几十年都是一种模式、一个框架，就像陕西的羊肉泡馍，一百年不变，吃上几次就腻了，不去吃也知道它是什么样子、什么味道，能不能像肯德基、必胜客那样，经常推出新品种，让没吃过的人总想去尝一尝。

第二，内容单调且过于抽象，几十年都是这些不变的内容，变化的只是数字，外行难以理解、无法消化，更谈不上运用。

第三，时间单调，固定的月、季、年才有报表，难以满足决策者需要掌握及时信息的要求。只报过去，没有现在和未来，信息严重滞后，都是马后炮，与瞬息万变的经济生活差距极大，起不到及时提醒和应有的引导作用。

第四，生硬的数字与生动的经济生活现实存在极大反差。充满矛盾并不断变化的经济生活被财务人员加工成既生硬又不会说话，长相几乎一模一样的死数据后，如同将一个活生生的人剥去了衣服、剥掉了皮肉，只剩下干巴巴好似骷髅的一堆骨头，非但不可亲不可爱，反而令人生畏、让人生厌，一点也提不起接近它的兴趣。

第五，原本有着密切联系的单位经营与管理活动，经过财务、人事、计划、业务等部门分别加工后，变成了一个个联系不多甚至毫无联系的信息孤岛。各种信息之间口径不一致，相互矛盾和冲突随处可见。同一个事实，财务数据、计划数据、业务数据相互打架，使决策者不知所措，难以做好决策。而财务数据确认的原则性太强、严谨有余灵活不足、信息滞后性严重、离实际更远的现实，导致财务数据被业务数据所替代，财务人员的辛勤付出变为无效劳动。

第六，会计信息作假很普遍且很严重，给人留下财务信息不可信的印象。

第七，企业内部经营管理所需要的财务信息，财务人员竟毫不知情、漠不关心。比如，企业董事长最需要知道什么财务信息，企业总经理最需要什么财务信息，企业董事会成员、监事会成员、副总经理需要什么，各职能部门需要什么，企业在同行业中的财务地位和优势是什么？缺点和不足又是什么？企业在本地区的财务地位和优势各是什么？企业主要领导的财务偏好与特殊需要是什么？对于这些，多数单位的财务人员根本不知道。这就必然造成财务信息供应无法满足需求，产生缺位和错位现象。财务信息供求缺位和错位，必然造成财务人员劳动成果无效无用、低效难用。因为财务人员提供的无效劳动、无用成果在先，才导致领导不用财务信息，不重视财务人员，财务人员地位低、待遇差。所以，我们必须从自己身上找问题，然后再寻求弥补和解决之策。

针对财务信息供求缺位和错位问题，笔者提出以下改进意见和建议：

其一，认真研究单位内部各层次有关人员对财务信息的需求特点和规律，特别要研究企业董事长、总经理对财务产品的需求特点和规律。只有知道主要用户对产品的真实需求，我们才能生产出适销对路的产品。只有让内部用户体验到我们产品的好处，我们的劳动付出和劳动成果才有可能得到单位领导和其他人员的认可与尊重，我们的地位才能提高，待遇才能改善。

其二，针对报表格式单调、品种单一、内容单调且过于抽象的问题，我们无权修改法律制度规定要报送的三张主表的格式和内容，但我们可以在规定格式和品种之外，增加若干种专为不同用户个性定制、能满足不同用户需求的衍生报表产品。

先用减法，将与特定用户无关的内容和数字全部剔除，只留下特定用户需要的信息；后用加法，增加不同用户所需的不同项目；再用转化法，将抽象的会计概念和内容形象化，变为决策层能看懂、能理解、便于掌握和运用的具体、生动、直观、丰富的特色化内容，用特色化的格式进行报告；最后用解释分析预测法，将所提供信息的变化结果、影响因素、变化主要原因、变化趋势、建议采取的措施等说明性和分析性的文字材料一并提供给领导，一定会赢得领导和其他用户的青睐，获得称赞和好评。

其三，针对报告时间单调问题，建议在原有月报表的基础上，尝试编制半月简报、旬简报、周简报、日简报、半日简报等报表。该类报表只报告主要领导关注的几个核心和关键数据，其他数字和内容可以全部略去，力求简洁明了、通俗易懂。必须对这些核心和关键数据的发展趋势、影响因素、预防措施、未来可能结果进行必要的分析预测，要着重站在未来的角度看问题、提建议。如果领导采用了财务人员提出的措施后取得了良好效果，或者财务人员的预测结果与实际非常接近，那么财务人员在领导心目中简直就像个神人，财务人员的"参谋长"职位就谁也抢不走。

其四，关于生硬的数字令人生厌问题，应当给核心数据和领导关心的那些数据写上详尽的文字说明，解释清楚这些数据变化的主要过程和变化原因，并预测未来变化的趋势、变化对企业的影响，提出抑制不利变化的措施，等等。这样这些数据就变得有血有肉，比较贴近实际，领导就愿意亲近它，慢慢就养成了离不开它的习惯。

其五，关于信息孤岛和财务信息被业务信息取代的问题，建议财务部门加强与计划及业务部门的联系，尽可能让计划与财务同步，让初步设计与施工图设计衔接，让总体计划的盲目性尽可能减少和杜绝，至少不能将计划错误的问题和责任变成财务的问题和责任。同时，财务人员要及时获取并认真研读业务部门相关报表资料，将计划、业务、财务三种资料数据进行对比分析，发现相互之间的口径差异和数据差异，并向领导解释说明计划和业务数据与财务数据的差异所在及差异形成的原因，说明财务数据产生过程的严格性、严肃性，财务数据的真实性和可查可验性等要求和特点，证明业务数据无法替代财务数据，双方各有所用，消除领导对财务数据无用的误解。这样领导自然不敢轻视财务数据，进而不会轻视财务人员。

其六，关于会计信息失真问题，这方面的研究论文很多，此不赘述。

财务信息供求缺位错位是普遍的社会现象。但在信息时代,在信息供应多渠道、多元化、快捷化的今天,其弊端越来越突出。如果不加以弥补和改进,财务在企业管理中的核心地位会被撼动,财务的作用会更加弱化。财务一旦真正被逐出核心,将会是财会职业和财会人员的灾难和悲哀。

愿财会同行早日认清财务信息供给缺位错位是对我们极其不利的现实问题,积极改进财务供给,让信息时代的财务供给更加符合财务需求。

视角九：站在未来角度看会计

■ 网络时代财会信息已不再是信息孤岛

在手工记账年代，每个单位的财务信息几乎是一个又一个相互没有联系的信息孤岛。各地区、各行业、各单位几乎不知道其他地区、行业、单位的情况，特别是不知道作为重要商业秘密的单位财务信息。

政府管理部门之间要求不同，同一单位向不同政府部门报送的信息内容不一致。比如，给工商多报注册资本、多报收入和利润，目的是取得较高等次资质；给银行多报收入和利润，目的是多要贷款；等等。以至政府各主要管理部门对同一企业的认定各不相同甚至截然相反的奇怪现象普遍存在。有的说该企业很好、有的说很差；有的说很富，有的说很穷；有的说赔钱，有的说赚钱；有的说实力很弱，有的说很强。

这种体制不顺、信息不通的环境，也为企业做假账、编假报表提供了没人管没人问、没人查没人对、难查难验的做假空间，以及利用虚假财务信息得利的可能，让不少企业尝到了利用虚假财务信息获利的甜头。

财务做假账、编假报表让时任国务院总理朱镕基震怒。

到了今日的信息时代、互联网时代、大数据时代，财务人员面临的条件与环境已经有了翻天覆地的变化。几乎没有财务人员还在用手工记账、用手工编报表。各单位全部采用计算机记账、编报表。虽然各单位均有自己独立的记账系统，有专门的内部网络与互联网隔绝，有极好的防火墙防止财务信息泄露，但这并不能防止单位财务信息之间互联互通，不能妨碍单位财务信息成为大数据时代整个信息的一部分，不能保障财务这座原来的信息孤岛独立、保密和安全。

在当今社会，每个单位的财务信息已经成为单位第一个全面、真实、准确、及时向社会公开的信息。不用去单位，只要在网络上搜一搜、查一查，每个单位最主要、最重要、最核心的财务信息便可知晓。你不说，有人会替你说；你不想单位财务上的秘密被知晓，也由不得你。

关于大数据分析，我举个例子。

有位老板收到了一个商家的广告信，推销婴儿衣服和儿童用品，并注明专门为老板的女儿××准备。老板看后非常气愤，准备起诉这个无良商家。原因是自己唯一的女儿还在上高中，根本用不着这些东西。该老板认为这是在败坏女儿名声、侮辱她的人格。他打电话给商家，商家说绝对不会错，您的女儿已经怀孕四个月，这是通过大数据分析出来的。最近几个月，您的女儿去过什么超市买过什么东西，去过哪个书店翻看过什么书，去过什么饭店点过什么菜，去过哪家医院几次看过什么病、诊断报告写着什么，等等，通过分析，您的女儿怀孕的概率是 99.99%，不信您等着瞧。

经老板询问并查实，商家说的是对的。

一个人的事，大数据都能分析判断得这么准，对于一个单位，有那么多人、那么多事、那么长时间的经营活动，其所形成的众多财务信息，难道大数据分析不出、判断不准吗？

如果说国家经济是一张大网，那么，每个单位的财务部门就是这张大网上的一个结点、一个摄像头、一个卡口。全国所有单位都有财务部门，每个单位的财务摄像头都要和国家经济网相连，否则就无法运作。在运用互联网传送信息的环境条件下，所有单位都被网在国家和国际经济监督的大网之下，没有例外。

从银行结算、存款、贷款、信用记录网中，监管部门可以看到任何在银行留下过交易记录的单位财务信息；贷款企业必须在贷款前和贷款后，按期向银行提交企业财务报表，报告企业的重要财务信息及其变动情况及原因，银行系统可以查知任何企业的相关情况。

企业必须按月向财政机关、国有资产管理部门报送会计报表；企业交税要向税务机关报送信息；企业进行工商年检、工商注册变更，要向工商机关报送信息；企业办理各种商业保险，要向保险机构报送信息；企业办理医疗、养老、失业、生育等社会保险，办理住房公积金、残疾人保障金缴纳，要向医保、养老、劳动、住房、残联等机构报送财务信息；企业发行中期票据、短期融资券、私募债券等，要向银行间交易商协会报送财务信息；企业发行公司债，要向国家发改委报送财务信息；企业上市，进行期货、基金交易，要向证监会报送财务信息。

也就是说，企业的财务信息已经上传到了十多个政府部门的数据库中。上市公司、公开发债、贷款企业的财务报表，按要求必须定期定点在公众熟知的网页公告。可以说，在网络时代，企业的财务信息已经没有秘密可言。

政府信息公开制度要求，财政预算和决算要公开，"三公"经费要公开，财政供养的行政机关和事业单位的财务信息，已经没有秘密可保。

所有非财政供养的企业单位，必须购进原材料，必然与上游的供应链企业群因采购而产生资金往来，被拴在一根绳上。查到一个企业，很容易找到与之有业务往来的另一家企业。企业必须销售产品、收取服务费，必然与下游的销售链企业群因销售结算而连在一起。在延伸审计、检查调查时，往往能够牵一发而动全身。

网络时代，每个单位的财务信息已经不再是信息孤岛，不再是30多年前甚至更遥远时代的"天知、地知、你知、我知"。所以请大家一定要认清形势，不要再抱着干了错事、坏事，只要自己不说，没人知道的侥幸心理，不要耍小聪明，不要再做掩耳盗铃的蠢事。只要动用大数据手段，将一个单位报送给有关管理部门的财务数据在网上搜一搜，加以对比分析、推理演绎，数据中的自私矛盾、逻辑错误、常识性错误，就如同单独吹竽的南郭先生，丑态自现。

愿财务同仁们谨记，信息时代，所有单位的所有财务信息均可查询，可鉴定真伪。千万不要在财务信息上做手脚，否则就是搬起石头砸自己的脚。

企业财务与会计文化建设的目标措施

一、关于建立会计文化的基本思路

新中国成立后的经济管理一直沿用苏联计划经济模式,其突出特点就是以计划管理代替财务管理,基本没有财务管理的概念。时至今日,许多企业财会人员不知道财务管理与会计核算的关系。《会计法》对财务管理方面的内容涉及不足。社会上普遍存在会计就是报账员、是出纳员,会计是简单劳动等片面、错误认识。同样是财会人员,同样是总会计师、财务总监,在较大的私营企业、合资企业、外资企业,他们的地位、待遇就远远高于国有企业。个别私营企业派一个财务总监就能管住几千人的被投资企业,这就是财务管理的作用。

财务作为一项复杂的管理活动,其文化内涵远远超过仅仅属于技术工作、信息工作的会计工作,研究会计文化不能忽视更根本、更重要的财务文化,以财务与会计文化为切入点更适合我国当前的现状,更有助于解决根本性、源头性问题。

财务与会计文化是一种职业文化,它不同于企业文化,更不同于行业文化和地区文化。财务与会计文化必须充分反映财务会计的职业特点和职业要求,反映会计的职业道德、职业责任、职业权利,有助于会计职业道德的建立和完善、职业责任的履行、职业权利的实施。

我国会计包括政府会计、事业单位会计、企业会计等多个方面,各有特点,其中只有企业财务与会计的结合更为紧密,本文就以企业财务与会计文化建设为着眼点展开。

二、企业财务与会计文化方面存在的问题与产生的原因

企业财务与会计文化方面存在的突出问题是不诚信和失职渎职。

据财政部发布的《企业会计信息质量抽查公告》,我国国有企业会计信息失真不仅普遍,而且严重。第一号公告:被抽查110户酿酒企业,有102户存在不同程度的会计信息失真问题,占92.7%;第五号公告:被抽查的159户企业,有147户资产不实,占92.5%。

国务院原总理朱镕基为会计人员题写的"诚信为本,不做假账",说明财会人员的诚信问题已引起党和国家领导人的关注和重视。

另一个突出问题就是失职渎职问题严重。

财会人员没有履行《会计法》《会计基础工作规范》赋予的会计核算、会计监督、决策、控制等管理职责,有章不遵、乱遵、职业道德沦丧等。

产生上述问题的原因主要有以下几个方面:

一是入口把关不严,财会人员素质不高,不知道自己的职责是什么,没有能力履行法律赋予的职责。

二是财会人员数量不足,常常超负荷运转,无暇顾及日常核算之外的会计监督和财务管理工作。

三是财会人员职务不高,无权履行法律赋予的职责。财会人员上有单位领导班子成员,中有职级相同、权力相等的各部门负责人,面对众多没有财经意识、不懂财经法律法规、级别、权力高出或者平行于自己的被监督者、被控制者,涉及众多"损害"被监督者、被控制者利益的事项,财会人员虽有道理、有能力,但最终不得不以少数服从多数收场。

四是无保护措施,会计人员不敢履行监督管理职责。目前,财会人员履行职责最大的保护来源于单位主要领导。会计既要监督各部门又要各部门配合,财务既要管理各项经济业务又要让各部门协作,这种天然的矛盾财务人员自身无法解决,只能由单位主要领导解决。主要领导要管理全盘

业务，事务较多，常常顾不上这些小事。大多数单位主要领导非财会专业出身，弄不清事情原委和到底该怎么办。某些领导出于其他方面的考虑，本意就不想按财务要求办，财会人员的主张自然得不到支持。三种情况的综合结果就是，由于得不到主要领导的充分保护和大力支持，财会人员越认真履行职责，受到的伤害越大，得罪的人越多，最后单位领导会以人际关系很差等原因将该财务人员调离。

五是无过错责任大，不公正规则妨碍履行职责。多种原因造成财会人员不能按法律法规要求履行职责，政府审计、财政、财务、税务等管理部门检查发现了问题，要求财会人员解答、整改、承担责任。无过错责任让财会人员感到不公正、很委屈、很冤枉。

六是付出与报酬相差悬殊，不公平待遇影响履行职责。严谨、周到、耐心、热情，事事都是痕迹管理，件件都要经得起检查，工作量大、加班多、检查多、审计多的职业要求和职业特点，让财会人员付出的劳动比同一单位其他管理人员要多得多，但待遇却是一个标准，而出纳这一重要的会计岗位，待遇往往比其他管理人员还要低。付出与报酬不成比例而且相差悬殊，这是对财会职业的不公，也影响了财会人员履行职责的积极性。

三、企业财务与会计文化建设的目标

笔者认为，企业财务与会计文化建设应达到两个目标。基本目标是在全社会树立诚信、守制、严谨、公正、廉洁、效益的企业财会人员职业理念。最终目标是提升企业财务会计的权威性和影响力，引导全社会特别是各单位领导重视支持财会工作，为财会人员营造良好的监督与管理环境；引导政府财政、财务、审计、税务将管理部门，将单位财务会计问题上升到问责单位领导、部门领导等责任主体和直接责任人；赋予企业财务会计调节社会关系的权力和职能，以企业财会文化修复企业文化，修复行业文化，修复地区文化，修复全社会文化。

四、企业财务与会计文化建设应采取的措施

第一，修改完善《会计法》等财会职业法律法规。

我国现行以《会计法》为核心的财务会计法律法规体系中，有关会计核算的内容太多、太重，财务管理的内容则太少、太轻，没有抓住财会工作的"牛鼻子"。这也是全社会重会计轻财务、重核算轻管理的根本原因。《会计法》《会计基础工作规范》规定了会计核算和会计监督诸多职责，却没有赋予财会人员更高的职务和更大的权力，形成了目前上级监督太远、同级监督太软、下级监督太难的财务监督管理格局，表现出明显的责、权、利不对等现象。

建议：一是将《会计法》更名为《财务管理与会计监督法》，现行《会计法》中所有涉及会计核算技术的内容改由《会计准则》等规范。本法仅针对财务管理和会计监督、违反本法事项的处罚等。

二是在《财务管理与会计监督法》中进一步明确、细化单位负责人的财务管理与会计监督责任；增加非财会部门、人员有义务接受财会部门和财会人员依法监督、管理的内容；对有意提供虚假经济交易等违法行为的直接责任人给予必要的经济和行政处罚。

三是在《财务管理与会计监督法》中明确，作为管理与监督主体的财会部门和财会人员其职务应高于被管理和被监督的其他部门、人员，如同纪检部门比同级其他部门级别高出一级一样，这样相当于在全社会布满了经济警察，全社会的经济犯罪肯定是会大幅度减少。

四是要求设置总会计师、财务总监的国有企事业单位，其总会计师、财务总监由上级财政部门统一委派、统一发放工资福利、统一工资福利标准，费用由各用人单位按规定额度缴纳，三至五年轮岗一次；总会计师、财务总监履职情况由政府财政、审计、纪检部门联合检查监督。委派的总会计师、财务总监有权监督管理单位一把手，可以提议撤换单位负责人。委派的总会计师、财务总监对所在单位、所在单位负责人的违法违纪行为

承担连带责任。

第二，加强单位间、部门间、地区间、行业间互查，增强民间监督、互助监督、互促监督的广泛约束力和长效监督力，弥补政府财政部门人员少、事务多、顾不上、管不细等不足。

第三，定期开展上级主管部门、财政部门、社会中介机构的联合抽查，发挥政府检查的权威和示范作用，对检查结果实施严格的奖惩问责。

第四，定期开展财务会计职业全国、全省、全行业等多形式多层次的先进集体和先进个人评选，大力宣传优秀财会人员的先进事迹，向全社会展示财会职业的重大成就和财会人员的风采，提高财会职业的社会影响力。

视角十

站在会计角度看领导

视角十：站在会计角度看领导

■ 天下没有不称职的会计，只有不懂使用称职会计的领导

笔者提出这个观点，估计绝大多数领导特别是单位主要领导都会持反对态度。

先举个例子。

笔者原来服务的一个大型企业集团，下面有几十个分公司、建设管理处和经营公司，有150多个会计核算单位，分布在全省三大片区的几十个县上，点多面广，难以管理。各单位管理水平参差不齐，不好推行统一政策。有的单位领导一点也不重视财务工作，把财务人员当成出纳员，啥时要钱啥时必须给，要多少必须给多少，不能问理由，不要办手续。领导一个电话，钱马上得送到办事者手中，不得有误。

集团检查时发现，某单位库存现金余额长期超出规定限额，存在重大安全隐患；现金账竟出现多笔赤字余额；银行未达账项调节表编制不符合规定。集团对该单位财务科长、主办会计、出纳等相关人员进行了通报批评，并扣发三个月绩效工资。

该单位老总找到笔者，认为在集团范围内把他们单位作为问题最多、最严重，处罚最重的单位，让他很没面子。现金多主要是为了应急，为了工作，不是为别的。会计的问题在会计内部处理就行了，放到单位层面，在集团范围内通报处罚有点小题大做。你得罪会计问题不大，他们都是你的部下，拿你没办法。你把那么多老总得罪了，恐怕有点得不偿失。

笔者毫不客气地对他进行了批评教育。

笔者说，你以为这些都是会计的问题？我打的是会计的屁股，疼的是老总的脸。如果老总没有一点感觉，问题永远解决不了。

这是集团发现的问题，如果这些问题让审计、财政、纪委抓住，再往下挖，恐怕你这个老总就当到头了。

你以为单位的钱就是你家的钱，想怎么花就怎么花，花好花坏没人过问，花得合适不合适没有人管？你花的是国家的钱，是财政资金。国家审计、财政、国有资产管理部门都是这些钱的监管者。你敢胡来，有人举报，纪委、公检法机关就会找上门来。国家审计查出了问题，会把问题线索移交给纪委和公检法机关。

你以为你们财务科长、会计是给你家管钱的？你给人家发过工资吗？你以为会计是为自己家管钱的吗？他们都是帮你管国家钱的行家里手。你自己不懂，懂行的人帮你管你又不听，你不出事谁出事？

你们公司财务管理的第一责任人是你，不是财务科长和会计。公司任何人违反财经纪律和财务制度，第一个要问责的是你。

你有人事任免权，谁当财务科长、谁当会计由你说了算，你选的人出了问题，不找你找谁？你有财务审批权，任何钱没有你签字就支不出去。你同意付钱，出了事不找你找谁？

听完我的话，老总吓出了一身冷汗。

原来自己的责任有这么大！过去一直不知道，看来还得谢谢笔者对他的处罚，不然不知会惹下多大麻烦。

回去之后，老总就召开单位中层以上干部大会，宣布："从今日起，单位财务审批必须先过财务科长这一关。科长说不行，任何人不能报销、借钱，更不能为难科长。我把权力给了财务科长，今后财务方面有问题，财务科长要首先承担责任。集团这次处罚财务科长等人，我觉得还不够，所有会计都必须接受教训，分公司、管理所、服务区的所有会计都执行扣发三个月绩效工资的规定，目的是为了让大家吸取教训，一起承担责任，共同支持财务科长的工作。"

视角十：站在会计角度看领导

不久，财务科长专程由外地赶到西安感谢笔者。

笔者很诧异，你是我这次处罚最重的人，你非但不记恨，反倒来感谢我，这是为什么呀？

科长说，自从老总开了有关财务的专题会之后，自己的地位一下子连提三级，这是笔者的功劳。以前老给别的科长说好话，给副总、老总解释道歉，现在是别的科长对自己说好话，副总主动给自己解释。分公司所有财务人员的地位都空前提高。同时，领导把担子都压给了他，就逼迫他要好好学习政策、学习制度，严格按政策制度办事。他的业务水平也有极大提高，这还得感谢笔者。

"我与人交往的能力比以前更高，像您这样努力做到既坚持原则，又加强沟通协调，与大家的关系相处很和睦，这是第三个感谢您的原因。"

这个例子说明：财务科长、会计称职与否，与单位主要领导的使用密切相关。会计称职与否、尽职不尽职，外部审计、财务检查发现问题的多少、问题的严重程度能够充分说明。

领导充分信任、充分授权、积极支持会计按原则办事，曾经领导眼中的"无用"之人，也能发挥巨大作用，能替领导把住关，把风险和隐患拒之门外。

如果领导不支持财务工作，撤掉财务审核与监督的岗亭，任风险自由出入，让隐患遍布单位，当隐患变成灾难之时，受伤害的不只是肇事者，单位党政主要领导要承担党委和行政上的主体责任，纪委、审计、财务也要承担监督责任。

我们经常能听到很多单位领导说我们那几个会计不行，没有一个头脑清醒的，简单的账都算不到一起，有些是关系户，不好惹，等等。

很多不是学财务的，只要有关系，想进财务就能进，边工作边学习边考证，是一些单位的常见现象。私企老板更是把用自己的妻子、妹妹、小姨子当会计、管钱当成经验和法宝，觉得这样才放心。他们认为，会不会是次要的，啥事都是由不会到会转变的。

某次，笔者随省财政厅到陕北检查，发现某单位的17个会计，竟没有一个有助理以上职称，一多半都不是学财务的。财务科长是经理的儿媳妇，拿的是文秘大专文凭。只要有检查，科长家里就有事。

还有一个单位，年终库存现金余额竟然有180多万。财政厅人员要看保险柜，科长说，保险柜里没有钱，钱让两个老总拿走了。一个说要去西安买奥迪车拿走了80万，另一个说临时急用。再问才知道，财务科长是学化学的，中专毕业。

为了杜绝非财会专业的关系户进入财务领域和低水平者从事中高岗位工作，笔者给领导提出一个建议，被领导采纳，后来以集团文件形式正式印发执行。

笔者的建议是：在全集团范围内每年对所有会计进行一次专业知识考试，考试结果在全集团范围内公布。

考试成绩优异者，可以破格录用、优先晋级晋职、优先评为先进。

凡连续三次考试不合格者，给予岗位调整警告，第四次仍不合格，直接调离财会岗位。

试题由笔者出，全部是实际工作中的问题，网上查不到，其他书上也没有。试卷由集团监察室会同人力资源部保管、印刷、收回。监考由人力资源部、监察室人员和财务部正副部长组成，财务部其他人员一律参加考试。总监考为集团总经理，巡考是集团纪委书记、分管人事的副总经理和总会计师。阅卷由监考人员完成，考试分数由人力资源部员工在阅卷之后马上汇总、登记。考试结果由三个部门负责人共同向总经理和董事长汇报，真正做到了公开、公平、公正。

考试合格人员与不合格人员的名单公布之后，在集团范围内引起了极大反响，大家自觉学习财务制度和专业知识的热情空前高涨。

第二次考试成绩公布后，有好几名会计主动申请调离了财务部门，包括一名副科长。

很多想调到财务部门的人员，都打消了进财务的念头，怕被考试刷下

视角十：站在会计角度看领导

来，太丢人了。

该制度实施之后，几个考试成绩优异的会计被集团发现，集团就借调他们到财务部工作，为优秀人才提供了更广阔的发展舞台，达到了优者胜；不符合条件的会计陆续被淘汰出局，达到了劣者汰；大多数会计感到了前所未有的压力，有"饭碗"不保的危机感，主动学习的意愿增强。不少单位的主要领导看到自己的"兵"成绩不如意，就给他们下达了考试合格率、优胜率指标，把考试成绩与评选先进部门、先进个人挂钩。三重压力之下，会计人员学习的动力源源不断。

领导对会计不负责任，就是对自己不负责任。

明知会计不称职，却不找称职的会计替代，就是单位主要领导的责任。就像足球场上首发的左边后卫能力不足，根本防不住对方进攻，有他与没他是一回事。有但靠不住，还不如没有。让中后卫帮其防守，中间又形成防守空当，失球的概率极大。此时最好的办法就是换人，让能防住对方前锋的人上。

明知会计有能力，却不给他们发挥的舞台，就是单位主要领导对单位不负责，对自己不负责，对会计不负责。就像文中所说的那个曾经被当成"无用"科长的人一样。只要给他授权，给他加压，他就能替领导把好关，成为一夫当关万夫莫开的英雄。

会计人员数量不足，也是很多单位的通病。领导不知道会计上到底需要多少人才，是问题的关键。

当会计需要经常加班的时候，一方面可能说明会计的能力不足，另一方面说明会计的工作量太大，人手不够。

就像足球场上一方的一名球员被红牌罚下，少一人几乎赢不了球。财务人员就是足球场上的防守队员，单位其他所有人员则是场上的进攻球员。1防10、20，还是50，的确没有明确的标准，这要根据每个单位业务量的大小而定，老总心里必须有数。

拿保安来说，单位有四个大门，每个大门至少要安排2人，总共需要

8人。安排4人、6人看门，就会出现无人值守的情况，坏人就可能乘虚而入。

财务的大门不止四个。出纳之门，审核报销的会计之门，编制报表的会计之门，稽核会计之门，负责纳税的会计之门，负责固定资产管理、购置、处置、盘存、计提折旧的会计之门，负责流动资产进出库、盘点、损耗计量、成本、出库价格确认的会计之门，负责工资及个税计算、社保缴纳的会计之门，负责基建的会计之门，负责和单位内部各部门协调，和外部财政、审计、税务、国有资产管理、上级主管部门、银行、证券等部门与单位处理关系的科长，都是有关资金的大门。

老总安排2人或3人，少设一个或多个岗亭，就迫使财务人员一人多岗，就会顾此失彼。会计就总有干不完的活、加不完的班，让"坏人"乘虚而入是迟早的事。

财会人员数量是否足够，财务科长的说法领导一般不信。建议领导再听听对本单位业务量比较了解的国家审计部门或者会计师事务所有关人员的意见，结论就比较客观。

单位主要领导要从会计人员数量够不够、能力和素质能否达到要求、能力与监督作用能否充分发挥三个方面检查一下自己对会计的了解和重视程度，若有一个方面不足，会计的工作就难干好，单位财会部门作为牢不可破的管理之盾的作用就难以发挥。

只有把财务变成单位的坚强后盾，单位才会成为百病难侵的强大堡垒，领导才可以集中精力放心大胆抓业务、抓经营、提效率、促效益。

视角十：站在会计角度看领导

一把手的作风决定单位的会计环境

电视连续剧《亮剑》中李云龙有句名言：首任军事长官决定了这支部队的魂。古代剑客明知实力不敌对手，也敢于亮剑。就算死在对方剑下，也绝不认输，这就是亮剑精神。两军相遇勇者胜，是李云龙的理念，也是李云龙所领导的独立团的军魂。

现实生活中，每个单位都有自己的魂，每个单位的魂往往由这个单位的灵魂人物，也就是我们常说的一把手决定和左右。不同的一把手有不同的执政理念和习惯作风。

有人霸道，习惯一个人说了算；有人民主，遇事喜欢和大家商量，让多数人满意。有人喜欢搞山头、拉帮结派，主要靠几个铁哥们打天下；有人善于团结一切可以团结的力量，靠大家拾柴让火焰一直高下去。有人只顾眼前；有人谋划长远。有人敢于担当；有人喜欢推卸责任。不同的领导有不同的管理风格，不同的管理风格对各项管理与业务活动会产生不同的影响，对财务管理和会计工作会营造出不同的环境。现简要分析一把手的几种主要作风对会计环境的影响。

第一种：管理型领导与经营型领导的不同影响

领导的职责是管理而非经营，管理型领导才是称职的领导。他们会从人事、计划、财务、经营、后勤管理等各个角度出发，全面策划、决策、考核、监督、整改完善，各环节都体现出管理的痕迹，构建了环环相扣、主次分明，权利、责任、利益、风险匹配，有制衡、能防错纠弊、能自我修复与完善、能不断改进提高的单位运行体制和机制。

这种体制机制以制度建设为核心，以制度执行为目标，以监督制约考核评价奖惩激励为手段，能做到用制度管人、管事。合适不合适、正确不正确，制度说了算。制度有问题，马上修改完善，制度面前人人平等。这种公开、公平、公正的管理方式，具有稳定性、长远性，大家服气，能确保单位一直走在健康、安全、稳定、可持续发展的良性轨道。

在管理型领导眼里，财会工作是牵一发而动全身的管理工作，是确保企业和单位安全的大后院，是能增收节支的智囊团，是单位的宝贵财富。

经营型领导的核心理念是心中只有经营业绩，眼中只有收入、产值、利润，对管理不太关心，对制度建设，特别是财务制度建设重视不够。管理的手段只有奖钱、罚款，他认识不到人事、计划、财务、后勤等管理工作对经营工作的作用和贡献，给管辅人员的工资福利奖金很低，把财务人员当成出纳员、报账员，将其看成企业的费用负担。认为不能创造利润的人，都是企业的包袱。在经营型领导眼里，财务工作是数钱记账的简单劳动，财务人员是给经营工作使绊子、拖后腿的负能量释放者，弃之不敢、要之不甘。

是否重视财务制度的建设与完善，是否将权、责、利、险统一在一套制度之中，是否按国家政策及时调整修改单位财务制度，制度执行是否严格、不打折扣，一把手是否带头执行财务制度，不执行财务制度是否会被问责处罚等，是检验是否为管理型领导的重要指标。

第二种：民主型领导与霸道型领导的不同影响

民主型领导的基本理念是干事要靠大家，每个人都有优点和缺点，发挥每个人的特长、抑制每个人的缺点就能产生乘法效应。他们会博采众长、广泛听取群众意见，努力让大家都满意，让所有人都受益。他们认理不认人、认法不认情、认多数不认少数、认权更认责、认利更认险。在这种环境下财务人员敢说话、敢负责、敢监督，说话有人听，监督有人服，该说不说、该管不管要受到批评和追责。财会人员有地位，作用发挥正常，甚至往往能超常发挥，有成绩，提职晋级非常顺利。

霸道型领导的基本理念是干事就靠那几个人，自己才是单位的核心人物和第一功臣。企业就是自己的，我说一别人不允许说二，把权威、威胁当成管理的主要手段，任何人不能提意见，只要照我说的去做就行，不要问为什么。

这种环境下的会计没有话语权，不敢如实记录如实报告，不能行使监督权。特别是监督这样的一把手，给他提意见和建议，那就等于不想混了。"有问题自己扛着，自己想办法解决，解决不了给我走人。"在这种不正常的会计环境下，会计整天提心吊胆，还必须言听计从，无法搞好工作。

第三种：担当型领导与推责型领导的不同影响

担当型领导的基本理念是有问题算我的，有成绩是大家的，你们都放心大胆地干。由于敢担当、愿担当，他的决策相对比较谨慎，考虑问题比较全面，能看到长远。出了问题会积极弥补解决，然后找原因、提措施，完善制度。财会人员能在无压力、小风险的环境下安心干好本职工作。一把手的担当精神也会影响到每个副职和中层，进而影响到所有员工，大家都会主动担当、自觉担当。担当型领导用自己的示范带头作用实现了人人肩上有担子、各人挑起各人担的良好氛围，财务工作较为顺畅，财务人员比较轻松、舒心。

推责型领导的基本理念是问题都是你们造成的，成绩主要是领导的，出了问题必须拿你们是问。遇到审计、税务等上级部门检查发现提出问题，就认为全部是财务人员的错，至少是财务人员没有配合好。要求由财务整改，不关自己的任何事，也不关业务及其他管理部门的任何事。财务账没记好、报表没编好、政策没解释好、情况没说明好，所以必须由财务部门全权负责，扣奖金、扣工资，再弄不好干脆别干财务了。

第四种：任人唯贤型领导与任人唯亲型领导的不同影响

任人唯贤型领导给财务岗位上选人配人主要看人品和能力是否合适，目标是选最合适的人到最合适的岗位，挑得起担子、顶得住事。被领导认定的贤能人才派配到财务岗位上,其能力发挥定会有舞台,其工资待遇一定不会差。

任人唯亲型的领导给财务选人的标准主要是看是否是自己人、是不是上级领导的亲戚。至于人品,差不多就行,能力嘛无所谓,人无完人嘛。会计就是算账数钱的,是人都能干。没学过会计,干几年不就学会了。只要听话,不把单位的钱往自己家拿就成。因为是亲人,待遇不会很差;因为能力没有考察,待遇也不会太高。

第五种:严谨型领导与大胆型领导的不同影响

严谨型领导说话办事有理有据,对财会工作的要求严格谨慎到近乎苛刻的程度。他们始终把风险防范放在第一位,自己不冒险,不越雷池半步,也不允许别人冒险、试图越雷池。这种环境下的会计工作确实很辛苦,一会儿让分析原因,一会儿让解释现象,一会儿让预测未来,一会儿让做几个决策方案进行比较,工作量翻了不止几番。但能让财会人员学到不少东西,认识问题的深度、逻辑性会大大增强,能力有很大提高。

大胆型领导说话办事以拍脑袋决策、拍胸脯保证、拍屁股走人为特征,经常无理无据甚至无法无天。对财会工作要求宽松,他们把利益放在第一位,似乎忘记了风险的存在。财务人员在这种领导手下工作常常把心提到了嗓子眼上。可以提建议,但他们不听、不信,在单位也会形成相互比胆量的风气,财务工作较为轻松,但隐藏的风险让人害怕。

第六种:奖罚分明型领导与吃大锅饭型领导的不同影响

奖罚分明型领导对会计核算的要求非常高,按部门考核、按业务核算、按人员发工资奖金。要分部门、分业务、分人员算收入、成本、费用、利润。什么单车耗油量、单位产品成本、人均医药费、办公费、差旅费、水电费、工资、福利、资金等,几乎一分钱都不能漏掉。每一分钱的来龙和去脉必须交代清楚,国家标准是啥,省上标准是啥,提高了还是降低了,原因是什么,等等,财会人员会非常忙。但这种环境下财会人员的地位较高,作用表现较为突出,意见和建议容易被采纳。虽然工作累,但累得很有价值，活得很有尊严。

大锅饭型领导对会计几乎没有特别要求，许多钱都是按人头平均发，谁也不得罪，大家齐步走，以公平为关注点，以和谐稳定为奋斗目标。这种环境下的会计作用最多能发挥五成，会计与其他部门一样，不温不火，不好不坏。

一把手对单位的会计环境、对会计人员作用的发挥起着决定性作用，同时对单位的未来、会计的未来有着重大影响。我们应当予以关注和重视，这一点特别应当引起任命一把手的上级组织人事部门、上级单位主要领导高度重视。

■ 一把手重视财务就是重视自己

一把手，就是单位的法定代表人，有时叫单位负责人。

《会计法》第四条规定，单位负责人对本单位的会计工作和会计资料的真实性、完整性负责。俗称单位负责人是本单位会计工作的第一责任人。

有人解释：法定代表人就是打官司站在被告席上的人。

作为国家法律，将某些业务工作责任直接指定落实到人，落实到单位最高管理者的，《会计法》是第一个。

为什么要将单位一把手锁定为单位会计工作的第一责任人？

这是由单位一把手的职责、权力和地位决定的，也是由财务工作的特点、性质和作用决定的。

一、单位负责人的职责、权力和地位决定了其是单位会计工作的第一责任人

第一，从单位负责人的职责来看，单位负责人应对本单位所有经营管理工作负责，包括应对本单位会计工作负责。

《中华人民共和国公司法》规定：单位法定代表人拥有公司代表权、业务执行权、股东大会召集并主持权、董事会召集并主持权、董事会决议检查权，有公司、单位所有重大业务和对外代表公司、单位处理业务的权利。根据权利与义务对等的原则，法定代表人应对所作出的决策和形成的决议负责，而公司、单位所作出的决策和决议多数都可成为公司业务和管

理活动的依据，当然就成为公司财务管理与会计核算直接或者间接的依据。所以，要求单位负责人对本单位的会计工作和会计资料的真实性、完整性负责是有依据和理由的，是切中要害和找准病根的要求。

会计工作是企业生产经营管理工作的主要内容之一，是单位负责人责任范围的重要组成部分。

单位主管会计工作的负责人、会计机构负责人、会计主管人员和有关会计人员的任免、聘任或解聘权一般在单位负责人手中，其必须承担相应的责任。

单位对外提供的会计资料和财务会计报告是以单位的名义，单位负责人均签字盖章，就应对财务会计报告的真实性、完整性负责。

第二，单位负责人对本单位会计工作负第一责任，有助于提高单位信誉，降低成本，提高效益。有助于提高管理水平，增强竞争力。有助于转换经营机制。有助于会计工作和企业行为规范化、法制化。有助于维护正常、健康的经济秩序。

二、财务会计工作的特点、性质和作用决定了单位负责人是单位会计工作的第一责任人

财务工作涉及单位所有业务、所有人员、全部时间甚至超过单位寿命时间，政策性强、专业性强、综合性强，是单位的核心管理工作，是一项痕迹管理工作，是凡检查必看的内容，是秋后算账和追究责任的主要内容。

第一，财务工作寿命长于单位寿命。

财务工作往往在单位正式注册成立之前就已经介入，在办理营业执照、税务登记证、机构代码证等之时，必须办理银行开户、注册资本收缴、验资等相关手续。在企业停业、破产倒闭之后，企业、单位的财务会计工作并未停止。企业破产清算、债务清偿仍需财务部门和财务人员去完成。财务工作始于单位成立之前，终于单位消亡之后，这是财务工作区别

于其他管理工作、业务工作的显著特点。

第二，财务工作记录反映单位每时每刻的业务、管理和人员活动。

财务工作以资金管理为核心和纽带，记录单位每一笔资金的筹措、到账、付出、结余，每日甚至每时每刻反映单位的业务活动开展情况、管理工作开展情况和每位员工工作情况。

第三，财务工作记录和反映单位每位员工的业务和管理活动。

所有业务活动和管理工作都是由人来完成的，凡是涉及资金的业务，在财务上均有记录。每位员工的工资、福利、奖金都由财务部门发放，每位员工的借款、报销都须通过财务部门办理，甚至员工家中发生变故如父母去世等，以及员工生病，在财务上就会出现抚恤金、丧葬费、工伤费、慰问费等。员工的调入、调出、晋级、奖励、处罚，财务上均有记载。

第四，财务工作记录和反映单位各项业务和管理活动。

几乎所有的管理活动都需要资金，凡是有资金运动的事项财务上均有记录。业务活动开展了什么内容，支付了什么款项，收到了什么款项，收到多少，业务活动的经济效益如何，在财务上一查便知。管理活动开展得如何，安全投入是否充足，职工教育是否到位，管理责任是否夯实，管理活动目标、绩效、单项、综合奖惩是否及时兑现，包括获得了哪些奖励、受到了什么处罚，财务上一清二楚。

财务是一项综合性很强的痕迹管理工作，其他业务和管理活动如人事管理、计划管理、生产管理、技术管理、营销管理、经营管理、安全管理等无法比拟。

从财会工作的性质和作用看，它关系着国家、企业、单位的生死存亡。

国家宏观经济，行业和地区中观经济，企业、单位微观经济决策离不开会计信息。微观会计信息支撑中观经济信息，中观经济信息支撑宏观经济信息；宏观经济信息支撑着宏观经济政策，宏观经济政策的制定和实施则影响着中观经济和微观经济。微观经济管理的核心在于决策，决策离不

视角十：站在会计角度看领导

开信息，经济决策离不开会计信息。所以说，会计信息是经济决策的依据，做好会计工作，对于强化经济监督、防范财务风险和经营风险有着极为重要的作用。发挥好财务管理和会计核算的作用，对于落实经济责任，提高经济效益作用巨大。会计工作还能推动对外开放和企业做大做强，是企业实现跨国经营，实现兼并重组的基本工作和前提条件，因为会计是国际通用的商业语言，语言不通就无法做生意。

国务院原副总理姚依林同志在1980年全国会计工作会议上指出："哪一个企业要是不重视会计工作，那么，这个企业在竞争中必然失利，这个企业职工的生活必然受到影响，这个企业的领导一定会被淘汰，这个企业对国家的贡献就不会达到一个好水平。如果企业的领导不懂会计，从长远看，他就不配当企业领导。"

孔子曰："其身正，不令则行。其身不正，虽令不行。"

无论任何工作，只有一把手做好了，才能管住管好分管领导；分管领导做好了，才能管住管好部门领导；部门领导做好了，才能管住管好全体职工；全体职工做好了，单位的工作何愁之有？

按照相关规定：单位一把手离职必须进行审计，离任审计、任职审计结果必须与干部考核、干部任用结合，审计结论要装入个人档案，要上党委会、党组会研究，审计查出的问题必须在整改落实后才能任命。

单位财务管理混乱，就不能说一把手管理能力强、业务能力强。单位财务制度不健全、执行不力，就不能说一把手政策水平高，能认真执行国家相关政策制度。

管理能力不强、业务水平不高、政策水平不高、不能认真执行国家相关政策制度的一把手，留任、调任、提职合适吗？

由于没有重视财务工作而影响自己的前程，责任在自己而不在别人。所以说：一把手重视财务工作就是重视自己。

财务科长如何说服单位主要领导

在我国,单位主要领导多数不是学财务出身,真正懂财务的不多。他们深知单位发展靠的是业绩,靠的是业务部门和业务领导。他们的理念是管理必须服从和服务于业务。加之要综合考虑单位与主管上级,自己与各位副职、单位各部门、全体员工的利益平衡,虽然其掌握单位的人权和财权,但人事和财务必须服从和服务于业务的思维模式很难动摇。所以,大多主要领导平常根本听不进也不愿听财务人员的意见和建议。单位财务出了问题时,他们总批评财务人员没管好。财务科长如何让企业董事长、总经理听从自己的意见和建议呢?这里介绍几则实例,供大家参考。

案例一:

某国有大型企业的经营管理情况一直受到主管厅局、分管省长关注。该省省长易人,新省长要听取该企业前五年发展情况总结与后五年发展规划。财务运行情况、面临的困难和问题是汇报的核心内容。

关于汇报的思路和指导思想,在该企业内部以及主管厅局均出现了较大分歧。一种意见是:新省长要听成绩,不愿听问题,应当以说成绩为主,少提甚至不提困难。另一种意见认为:要实事求是,在充分摆出成绩的同时,一定要说清我们面临的重大困难,寻求上级的理解支持和帮助。经过多次辩论,第一种意见占上风,但没有完全否决第二种意见。

该企业财务部老总的观点属于第三种,以说困难为主,摆成绩为辅。他没有参与争论,就是想用数据说话,用事实辩论。

第一稿退回,第二稿退回,第三稿退回,第十稿退回,到最后一稿即第十一稿，几乎和第一稿的思路一模一样。部门人员复印会议资料时发现了这个秘密，就不解地问："你是怎么说服咱们那一堆领导的？"

老总说："不是我说服了他们，而是他们说服了自己。第一稿提交后，领导意见很多、很分散。凡领导要求改的地方，我都改了。结果越修改问题越多，前后矛盾迭出。于是就有了二稿、三稿，直到第十稿。后面几稿又把前面的全部推翻，再后来，我提出省长开会时，省财政厅、发改委、银保监会等单位精通财务的领导一定会到场，需要一个符合单位实际、符合财务要求的报告，因此终稿还原为第一稿。"

案例二：

某公司融资需求较大，经常出现到期债务因账面资金不足，需要走非正常渠道特别处理的路子。以前特别处理之法的操盘手全是财务部长，总会计师很少参与，总经理、董事长只履行签字程序，具体细节并不关注。

某日，财务部长意外受伤住院，将近一个月时间不能上班，操盘手的责任落到总会计师肩上。该公司有一笔 8 亿元的贷款眼看还不上，总会照例找六大银行帮忙。其中一家银行答应用总行资金池的钱帮公司渡过难关，条件是最多只能用三个月，但必须按一年期利率上浮 10% 收利息。合同签一年期和基准利率，上浮部分另签中间业务合同。经总会与该行分管副行长商定，双方达成协议，资金很快到位，难题得以解决，总会计师逢人便讲自己的功绩。

他的高兴劲还没完，问题和麻烦就接踵而来。

还没到三个月，该行总行要求分行还款，另有急用。该公司贷款还款有一套严格的制度和程序，贷款要经董事会同意，贷款合同要经三个部门共同审核把关，贷款提取、还款也必须严格执行贷款合同，要报资金需求计划、要看账面结余情况。

该笔贷款的提前还款申请提交给总经理后，被总经理否决。总会再三解释，总经理勉强同意，但最终是否可行由董事长决定。董事长对照合同，坚决不同意。一笔一年期的贷款，凭什么不到三个月就要还，凭什么要支付高利息？如果我们这么多贷款，这么多银行都不执行合同，我们的资金还有什么保障，我们的经营管理活动还能正常开展吗？

银行着急了，支行客户经理、公司部经理几乎蹲点天天耗在该公司，支行分管副行长、行长，省分行公司部老总、风险部老总隔几天催一次，就像车轮大战，搞得总会筋疲力尽，总经理、董事长厌烦透顶。

总会计师对该行来人说，自己已无能为力，去找部长吧。行长和老总们只好一次又一次地找部长，说上面压得喘不过气。

事情到了这种地步，部长决心尽最大努力将此事处理好。

他找总经理和董事长分别汇报和沟通。他提出：我们是个大公司、大企业，对方是个大银行，两家的合作历史比较长，该行给公司的贷款已经有100多亿元。如果真把关系搞僵了，银行要求全部收回贷款，不跟我们合作了，我们能还得上吗？如果别的大银行、小银行知道我们是个不守承诺的公司，恐怕以后与我们打交道都会千小心万小心了。再说，这件事过错根子在我们这里，人家银行是在给我们帮忙的。我们有困难，总会计师代表咱公司向该行副行长求救，银行提出的条件我们没有异议，人家才放了贷款。我们应当兑现承诺，不能出尔反尔。至于总会没有向总经理、董事长说清讲明，这是我们内部的问题，不应该让外人为我们的内部问题承担责任。两位领导赞同部长的意见，要求由总会计师写个书面说明，他们就签字，尽快还款。

案例三：

该事件与案例二同时发生。

该公司按上级要求接收了一家由地市管理的建设项目。由于项目原资金链断裂，管理不善，工程停工一年多，上访闹事的民工和施工单位此起彼伏。网上关于该项目的负面报道连篇累牍，引起银行高层的重视。某大银行为该项目提供了6亿元贷款，看到该项目的负面报道后，总行要求，省分行必须在一个月内收回该项目贷款，否则要严厉追查经办银行贷款评审等有关人员的责任，并缩减甚至取消总行对该省的贷款投放额度。

不知是银行人员没有说清总行的要求，还是公司财务人员没有给老总们讲清银行的要求，或者其他原因，总之银行提出提前收回贷款的要求被否决。该行上至分管行长、下至经办行客户经理，五六个人都像热锅上的蚂蚁。特别是地市分行行长和省行相关部门老总，人人如临深渊，都怕被处分，更怕省行的贷款规模压缩，那罪过就大了。

总会计师又让找部长解决。部长向银行提出要求，这个忙我们可以帮，不能让办好事的兄弟受处分。但相应银行也要做出其他让步。退一进二，要还6亿，必须增加12亿贷款。我们要的是钱，以什么方式、给哪个项目都可以。期限不低于前者，利率不高于前者，答应则谈，否则，我也无能为力，我无法说服老总。

能收回这笔资金，其他事都好说，银行爽快地答应了部长的条件。公司总会计师、总经理、董事长等高层也完全赞同部长意见，一个难题就这么解决了。

要让单位主要领导听从财务科长、处长、部长、经理的意见和建议，关键要看意见和建议的质量，要看其能解决问题的大小和对企业带来的利益如何。如果财务科长的意见和建议在理，符合实际、符合制度，有创新，能解决领导们也解决不了的财务难题，主要领导肯定是求之不得。

财务"一支笔"审批存在的三个认识误区

财务必须坚持"一支笔"审批，是许多单位财务管理的基本原则和普遍做法。然而实际工作中，不少单位的主要领导和财务人员将"一支笔"审批片面理解为一把手审批，有的理解为一个人审批，更极端的还理解为只能由一把手一个人审批，这三种情况都是对"一支笔"审批的曲解和误读。

曾经有一个公路建设项目，上级要求工程提前通车。由于要赶进度，许多单项工程根本来不及办理计量支付，施工单位所需的工程进度款都是采取预借方式。

为了让借款尽快到位，项目管理处采取由施工单位打借条，管理处处长直接在借条上签字批准，项目财务科按处长批示拨款的方式，少则几百万，多则几千万。涉及的单位达到数十家之多。

该管理处严重违反了国家关于建设项目工程款支付的财经法规和本单位财务制度。工程款支付依据不充分，没有按照计量支付报表办理；支付程序不合规，没有按照施工单位必须向项目驻地监理、总监办、管理处工程科、合同科、财务科、分管工程领导、分管合同领导、分管财务领导逐级报送审核，最后由管理处处长审批的规定程序办理。违反了不允许向施工单位预借工程款的规定；属于提前支付工程款，增加了建设单位的建设成本，增加了项目贷款利息支出，且存在超借工程款的风险。

该管理处就是错把一支笔审批当成由一把手一个人审批的典型。

视角十：站在会计角度看领导

还有一个单位的法人代表，也是因为项目赶工期原因，来不及逐级审批支付报表，就直接在支付报表封面夹着一张便条，"为了加快工程进度，请财务立即支付十七标70%工程款"。署名人为该法人代表。

项目财务部长拿着该便条向该领导汇报，表示这样做不符合要求，不能办。

领导很生气。"我是法人代表，难道我还没有这个权力？"

财务部长说："你的便条是该笔支付的唯一依据。如果外部审计检查时看到便条，只会质问你、要求你解释，不会叫别人。如果他们问你，你是如何计算出要支付70%工程款的？难道75%、80%不能加快？你该如何解释？这个支付依据不充分、程序不合规的违规违纪责任，只能由你一个人承担，你愿意接受由此带来的问责和处罚吗？"

该领导听从了财务部长的意见，按要求的依据和程序很快办理了工程款支付。

该法人代表也是错将一支笔审批当成一把手一个人审批去理解和执行。好在该财务部长比较尽职尽责，才避免了该法人代表由于认识错误，犯下违规违纪错误。

现实中，许多财务处长、部长、经理、科长（以下统称科长）本身对一支笔审批认识不清，或者自己认识正确，也知道领导理解不正确，要么不敢说、不敢顶，怕被领导骂，怕得罪领导；要么说不清，说后领导听不懂；要么明知不对却不想说、不愿说。这些想法和做法，不仅是害领导，更是害自己。

财务方面出现问题，单位被批评，领导被问责，领导会将这笔债第一个记到财务科长头上；第一次没有给领导说清楚，没有提醒和阻止领导的违规违纪行为，今后就不好再提醒、再次阻止。就会出现第二次、第三次违规违纪。主要领导违规违纪不阻止，其他领导违规违纪同样也不敢或不能阻止，其他科长违规违纪也难以阻止。单位违规违纪行为接二连三地发生，单位不出问题，领导不出问题，那才叫怪事。

财务科长因不知道而不阻止，就是不称职；知道却不阻止就是失职；包庇纵容、出坏点子帮助违规违纪，就是渎职。这样的科长能当多久？这样的单位能有安全感，能稳定并可持续发展吗？

如果财务科长在第一次发现后就有效劝阻单位一把手不能犯违规违纪错误，领导非但不会怪罪，反而会从内心敬佩财务科长的专业能力和敬业精神，感谢财务科长阻止他犯错误，感激财务科长让他免于承担失职渎职责任。

单位一把手被有效阻止后，心中就有了衡量其他人是否严格执行财经纪律和财务制度具体而准确的尺子，那就是依据要充分、程序要合规。一把手用该尺子衡量，就能阻止单位其他领导、各部门负责人犯此错误，能帮助财务科长阻止科长管不了、管不住的人和事。这是借一把手之力管住单位所有的人和事，为财务管理营造良好的机制的治本之策，是对单位和个人长期利好的举措，应该大胆为之，并全力而为。

财务一支笔审批的准确含义应当是：在审批依据充分、程序合规的前提下，单位财务制度规定的有最终审批权的领导的一支笔。

例如，某单位规定：单笔支出额度在1000元（不含1000元，下同）以下，由财务科长审批；1000元以上10000元以下，由总会计师审批；10000元以上100000元以下，由总经理审批；100000元以上，由董事长审批；但计划外项目审批权限不在此列。100000元以下计划外项目，必须报总经理办公会集体研究审核，总经理审批；100000元以上计划外项目，必须报董事会集体研究，董事长审批。

该单位财务的一支笔审批，实际上是"五支笔"审批。但对某单笔支出而言，只能有一支笔有权审批，不可能出现第二支笔。

在制度设计上，凡是需要高一级审批的支出，就必须经过较低一级的领导审核把关，审核是审批的前置条件。只要有一个审核人有不同意见，经沟通也无法达成一致，最后的一支笔就不能或不宜签字，否则可能存在风险。

从审批程序看，对某一笔支出的审批绝对不能也不应该只有一个人，而必须由包括业务部门负责人、分管业务的领导、会计、出纳、财务科长、总会计师、总经理、董事长等多人组成的审核审批团队，层层把关、联合监督、各负其责、各尽其职。这样的管理体制机制才能有效防止暗箱操作、越级越权、出现问题后相互推卸责任等问题。

科学规范的审批一支笔，不是独裁之笔，不是霸道之笔。它不是只有一把手有权审批，它不允许一个人审批，它更不是一把手一个人审批。这是把权力关进制度笼子里的有明确指向的、广义的、授权委托下的"一支笔"，是让财务管理在阳光下运作、层层把关、相互监督的"一支笔"。

希望对财务"一支笔"审批有曲解和误读的单位一把手、单位分管财务领导、财务部门负责人，尽快走出认识误区，修改完善财务制度，让阳光下健康的"一支笔"为单位发展和个人成长保驾护航。

财务科长转岗提职是人才浪费和管理倒退

在我国不少地区不少行业的不少单位，表现优秀的财务科长（处长）被提拔重用之后，绝大多数都脱离了财务工作。有的当上了单位的工会主席，有的成了分管业务的副经理、副局长、副处长，有的则是纪委书记。总之，财务科长提职后改行者要远多于不改行者。

造成这种现象的原因主要是单位编制中没有总会计师的岗位设置，不转行就找不到合适岗位。更为重要的原因是，很多人认为，单位一把手就必须人权财权一把抓，丢了任何一个就管不住、管不好。单位一把手更是这种观念的鼎力支持和誓死捍卫者。单位不争取，上级也不会强行安排。

《会计法》规定："国有的和国有资产占控股地位或者主导地位的大中型企业必须设置总会计师。"但这一规定执行得并不好。许多应该设置总会计师的企业并未设置，优秀财会人员、财务科长（处长）的上升通道比别的专业要短出一大截，发展平台要低出很多层。这让财会队伍始终处于弱势地位，这是对财会人员最大的不公。

财会队伍上面没有人说话，领导不了解、不理解财务工作，就很难支持，财会工作也很难搞好。

财会工作的一项重要职责是监督，通常情况下监督者的身份地位权限是高于被监督者的。但对财会人员来说，让低身份、低地位、小权限的财会人员去监督高身份、高地位、大权限的单位领导，是非常不容易的一件事。

视角十：站在会计角度看领导

财务科长被提拔后转行干别的事,单位财务管理的最好水平可能就会止步于该科长的水平。新科长如果缺乏经验,肯定不如老科长,单位财务管理会出现倒退现象,由较高水平降为中等水平或者低水平。

被提拔为工会主席、纪委书记、副总经理的原财务科长则彻底丢掉了自己的专业,以抛弃自己的专业为代价换取了一份很不熟悉、很不擅长甚至很不喜欢的工作,干起来不得心也不应手,事业上难有大作为。干不好、干不出成绩就很难得到认可,很难获得他人发自内心的尊重,更难以实现自己的宏伟理想和远大目标。

这好比一个优秀的篮球运动员被派到足球队效力,一个有较大潜力的科学人才被安排当市场部经理、人力资源部部长,不是任人唯才、用其所长,却成了用其所短。对人才是一种极大的浪费,是资源错配,是没有把好钢用在刀刃上。胡拉乱用,导致人才变成了人员。

财务科长能到提拔重用的地步,一般要努力十年以上时间。他们熟悉国家财经法规和单位财务制度。单位的多数财务制度就是由他草拟制定的。熟悉单位的业务和人员,熟悉财会专业知识,熟悉与单位有密切关系的财政、税务、审计、银行、国有资产监管、证券、保险、债券的业务和人员。他们人脉关系广泛,为人处事能得到普遍认可,是单位做大做强必需的基础性、资本性资源。

改行后,这些资源将全部闲置、被白白浪费掉。单位丧失这个宝贵的"财务金子",用"铜"代替,单位发展的财务黄金期也会变为财务青铜期,这对单位造成的损失将难以估量。

财务科长提升为不管财务的单位副职后,由于所处位置不同,他将很难与单位财务人员站在一条线上。有时为了自己分管业务目标任务的完成,可能会干出破坏财务制度的事,变成财务管理的"劲敌"。

术业有专攻。财会工作这个业"专"的程度,在某种程度上不亚于甚至还难于搞原子弹和氢弹。为什么?原子弹、氢弹只是与物打交道,不与人打交道。财务主要是与人打交道,人有自私自利的一面,有贪嗔痴疑慢的本性，有主观能动性。财务限制人的私欲、贪欲，与多数人的人性竞高低，还要能控制住自己的私欲、贪欲，还要用专业术语向上级报告管理与控制效果，接受上级财政、审计、税务等政府部门的随时监督。上有政府看管，中有领导指示，下有不少人钻空子，没有相当的本领、技能、道德素质和自控力、社交能力，办不好，做不到！

财会人员社会地位低，在单位得不到重用，在很大程度上与财务科长提拔后转行有关，与财会队伍上面缺少为自己说话的人有关，与没有人为财会人员主持公道有关。

为此，笔者呼吁全社会特别是组织人事部门和单位一把手，今后对财务人员提职，尽可能不要转岗转行，就让其协助一把手分管财务和审计工作，或者申请增设总会计师岗位，让其担任总会计师。

这对单位一把手有好处。他能帮一把手管理好财务，让单位在政府审计、税务、财政等部门的检查中顺利过关；能让单位的管理水平不滑坡，还会更上一层楼。

这对被提拔者有好处。被提拔的财务科长能够充分利用多年的经验、技术和人脉资源，能干当科长时想干但很难干的事。可以在业务上大显身手，干出成绩，能受到广泛认可和人们发自内心的尊重，能实现自己的理想和人生目标。

这对单位的好处更大。能够人尽其才，才尽其用，确保财务管理水平、单位管理水平保持稳定，单位的管理效率、经营效益还会大大提升，企业在较长时间内不存在倒闭之虞。

这对广大职工有好处。财务管理和整体水平提高了，单位就会走上安全、稳定、可持续发展轨道。经营无风险、财务无风险、法律无风险、纪律无风险，单位中层和副职就不容易走上因违法违纪被处分、被处理的道路。职工就没有被裁员、下岗、分流、降薪的风险。

利大于弊的事，我们为什么不支持呢？

视角十：站在会计角度看领导

■ 对财会人员数量与素质认识的误区

在我国，由于受几千年农耕文化的影响，民众的商业意识普遍比较淡薄和落后。中华人民共和国成立之后，我国实行了 30 多年的计划经济管理体制，财务管理被计划管理管辖并替代，无论在行政机关、事业单位还是国有企业，会计只相当于报账员和出纳，仅能发挥出应有作用的 30% 以下。全社会对财会工作的意义和作用认识不到位，表现为：

在机构设置方面，将财务与计划、财务与设备条件、财务与审计合在一起，甚至将财务并入综合办公室，将事前、事中、事后三个不同环节叠加在一起进行管理，把专业工作与综合业务混为一谈，成为一套人马在一个舞台同台唱戏。将计划与财务合并，意味着计划的编制者与执行者同体，无法实现相互制衡；将财务与设备条件合并，设备的采购者与付款者是同一人，无法做到相互牵制；将财务与审计合并，让财务的实施者与监督者既当运动员又当裁判员。

机构设置决定职能发挥、作用体现，如同一个政策的制定者、执行者、监督者都是同一批人一样，存在明显的体制与机制缺陷。

在人员配置方面，各单位的财会人员编制普遍不足，实际配备的财会人员能力和素质普遍达不到要求。这是在财会工作是一项简单劳动、财务人员不创造价值、财务监督妨碍业务工作等错误理念和认识误区支配下，才会出现的不当行为。

中国国有企业的领导人多数是业务干部和行政干部出身，对经济管理、企业管理特别是企业财务管理知之不多、不深、不全。用行政思维管理企业、用业务思维管理财务的现象不在少数。古人云：少知而迷，无知而乱。不了解就难理解，难理解就谈不上重视和支持。

多数民营企业老板对财务会计的认识更显得极端和偏颇。会计证账表，在某些民营企业眼里就是根据需要，想怎么编就怎么编；会计监督在多数民营企业根本行不通。

直到实行了社会主义市场经济几十年后的今天，除中外合资企业、上市公司等少数企业外，绝大多数政府机关、事业单位、国有企业和几乎全部民营企业的财会人员数量不足、素质达不到规定要求的现象一直存在并且比较严重。

审计署审计西部某省大型国有企业时发现，该企业资产数千亿元，年现金流量数百亿元，企业筹资投资经营活动极其频繁，管辖着分布在全省半数以上地市、50多个区县的60多个行政和业务管理单位，180多个会计核算单位；管理和指导300多名从事3个不同领域的基层会计人员。按照这么大的工作量，总部财务配20名会计都不够。然而该单位财务部实际编制只有8人。为应付日益增加的工作量，该单位财务部常年从所属单位借调会计数人，有紧急任务时，还会从下面借调，借调总人数有时竟达到编制人数的1.5倍还要多。

这种拆东墙补西墙的做法，严重干扰了基层单位的正常工作。使本来人员数量不足、素质达不到要求的基层单位，在精兵强将被抽走之后，出现了业务真空和管理短板，管理根基被人为动摇和削弱，给基层单位了带来严重隐患。被借调人员因不熟悉总部的人员和工作要求，工作开展很不利。人员不熟、政策不熟、没有正式身份、没有固定岗位职责、没有明确管理权限的借调人员，顶替总部岗位工作后，对总部工作质量也会造成较大的负面影响。由此可见，借调人员对借调单位和被借调单位来说均是弊大利小。

数量不足且素质不高，业绩就很难达到要求。业绩达不到要求就让领导和群众不满，就不会有理想的地位和待遇，就会挫伤财务人员的积极性。没有积极性就更难出成绩，如此就进入一种死循环。其结果是领导和群众看不起财务人员和财会部门，认为增加再多的人也无济于事，只好维持数量不足质量不高的现状。财会人员无论多么努力，也得不到领导和群众的满意和赞赏，只好当一天和尚撞一天钟。

首先，财会人员数量不足，对企业有极大的负面影响。

企业的每个会计岗位就像企业的每一个大门。

假设某国企有两个院子，主院有东南西北四个大门，次院有东西两个大门。那么该企业大门值守人员最少应该安排多少人？这是一年级小学生都能算出的最简单算术题。然而我们的大老板、老总、董事长，就给八人。主院六个，次院两个，不够可以相互调剂。这是我国多数企业财会部门的人员数量状况。

看大门白天晚上都要值守，一年365天每天每个大门必须有人，这是常识，也是院子安全的需要。八个人看六个大门存在明显漏洞。假设白天每个大门必须有一个人，白天需要六个人；晚上六个大门只剩两个人，只能看管两个大门，另外四个大门就处于无人值守状态，这正是小偷期盼的状态。长此下去，单位不丢东西那才奇怪。

如果谁家被盗、哪个领导办公室被撬，应该找单位一把手论理，不该找后勤部门，更不该找看大门的工作人员的碴儿。因为这不是工作人员态度不认真、能力不强惹的祸。这是体制机制漏洞产生的必然结果。

财会人员是单位资产资金安全的守护者，是资金大门的"看门人"。

一般来说，单位的资产资金有很多种，也就是说，单位有多个资金大门。

第一是货币资金大门。门中存放着单位全部的货币资金。这个大门必须由出纳一个人看守，其他人不能插手。但出纳不能同时负责收入、支出、费用、债权债务账目登记，不能负责会计档案保管，也不能兼任稽核，这几个大门必须另外安排人。

这个看门人每天要对现金进行清算，与会计核对；每月要对银行存款进行结算，与银行核对、与会计核对。核对不正确就要找原因或者自己赔。

第二是存货资金大门。里面有原材料、包装物、低值易耗品、在产品、产成品等用于短期能变现的实物资产的价值管理资料。

这个看门人要懂入库出库核算与管理，要能进行存货成本结转，要会定期盘库，要能处理盘盈盘亏。

第三是固定资产资金大门。里面放着房屋、建筑物、机器设备、交通工具、专用设备、电子设备等价值大、使用期限长、能代表企业规模和实力的实物资产价值管理资料。

这个看门人要针对不同期限、不同种类固定资产计提折旧，要办理购置、入库、调拨、毁损、修理、报废、变价处理、盘盈盘亏等手续。

第四是往来资金大门。里面有各种应收应付、预收预付，其他应收其他应付等。

这个看门人要定期与对方核对账项是否正确，要及时收回债权、及时支付债务，收不回的债权要计提坏账准备等。

第五是有偿债务资金大门。里面有短期借款、长期借款、应付票据等一大堆品种繁多、期限不同、利率不等的债务。

这个看门人要按时还本、按时付息，要复核利息计算是否正确。

第六是收入资金大门。里面有主营业务收入、其他业务收入、营业外收入、投资收益等各种收入。

这个看门人要计算和缴纳各种税金，还要充分利用国家税收政策，合理避税。

第七是成本性支出资金大门。

这个看门人要熟悉成本的确认和归属原则、方法，要能将归集的成本在不同产品之间进行分配，还要将成本在同一产品的在产品和产成品之间进行分配。

第八是费用性支出资金大门，里面有管理费用、销售费用、财务费用等间接费用。其中的职工工资资金支出管理较为复杂，要计算并缴纳养老保险金、医疗保险金、失业保险金、工伤保险金、生育保险金、住房公积金等"五险一金",要计算和缴纳个人所得税。

第九是资本性支出资金大门,里面有除固定资产之外的无形资产、长期待摊投资、其他资产等价值管理资料。要懂得按规定摊销。

第十是在建工程资金大门。需要按基本建设会计核算,按基本建设财务管理。

第十一是所有者投入和权益资金大门。要会计算和分配股利和利润,要能计算和缴纳企业所得税,要进行税收筹划,充分利用税收优惠政策。

第十二是会计报表编制与分析大门,要会编制年度预算、决算,年度资金计划,按月编制会计报表,编写会计报表说明,要会进行会计报表分析。

第十三是负责筹融资的会计岗位,要熟悉国家的金融政策,熟悉各银行不同的贷款要求,熟悉长期贷款、短期贷款、各种债券的融资方式、渠道、政策门槛、期限、额度、利率、用途、担保条件等监管要求。

第十四是管会计档案、会计继续教育、会计电算化的大门,这是不直接涉及资金管理的岗位,却是资金管理岗位每个大门的保障者和幕后英雄。

第十五是内部稽核会计大门,要求理论基础扎实,实践经验丰富,能发现和预防其他会计岗位出现失误和差错。

尊敬的董事长、总经理,会计要干的这么多事您清楚吗?每个岗位的核心要求您知道吗?您的单位有多少个资金大门,需要多少个替您把关的资金看门人,您算过吗?对这些一定要清楚。否则,单位少了资金资产国家不会答应,群众不会答应。企业管理和财务管理出了问题,找会计也没用,那是您的机制体制等出了问题。制度不好,今天不出问题,明天、后天一定有大灾大难降临。

其次,财会人员素质达不到要求对企业的影响更大。

仍以上述看大门为例。假如该企业按要求配足了 12 名看门人,但是,其中有两人眼睛看不见,两人耳朵听不见,两人腿脚不方便,走不快。那么该单位六个大门一定看不好,东西照样丢。

财会人员素质达不到要求，有问题发现不了，有动静听不到，看见坏人抓不到。一些单位干财务的没学过财务，不知道出入库手续怎么办，存货成本如何结转，折旧怎么计提，往来账怎么核对清理，利息怎么复核，税金怎么计算，成本费用如何归集分配，无形资产、在建工程如何摊销，利润如何计算，所得税如何清算，职工五险一金如何计算，如何做账，如何编报表，如何合并会计报表，如何编制预算、决算，如何进行会计报表分析，等等，没有这些基本功，怎么能当好领导的参谋和助手呢？怎么给领导提出加强管理、堵塞跑冒滴漏、增收节支提高效益的建议和措施呢？安排没有金刚钻的人干瓷器活，能干好吗？

让不懂会计的人干会计，如同请到不会做饭的人当厨师，不但浪费食材，还可能引起食物中毒。钱白扔了，事干不了还会瞎干蛮干，会给单位带来更大的麻烦和潜在风险。

资金是企业的血液，决定着企业的命脉。管资金的人就是掌握企业命脉的人。挣的钱再多，如果违法，不但血本无归，法人也得坐牢；挣钱再快，如果花得比挣得还快，企业也会变成穷光蛋，甚至破产倒闭。

掌握企业生死存亡命运、掌管资金链安全连续、把握政策面合法合规、负责经营链合理高效的财会人员，数量必须配足，要让每个可能出问题的关口都有人看管和值守；同时还要要素质过硬，一个顶一个，保证每一个关口的每一名看管者具备合法合规合理高效的知识和技能。只有这样，单位的安全稳定健康可持续发展才有保障。

告诉您一个小窍门：会计人员的数量与企业的资金量成正比，与企业年收入成正比，与企业的股份构成数量、所属单位数量、所涉及业务量成正比。如果这些业务数据不断增长，就必须增加财会人员。否则，资金成本高、支出大、浪费多、跑冒滴漏频繁，您的业务增长再快，也并不一定能让您的资产净利润率提高，让您手中的现金增加。

会计人员的素质与企业一把手的素质成正比，与企业制度的健全性成正比，与制度执行的严格性成正比。

视角十一

站在会计角度看单位

视角十一:站在会计角度看单位

■ 为什么国有企业要有行政级别

国有企业过去叫国营企业,是全民所有制经济体制产物。

全民所有制,就是企业的投资来源于全体中国人民而不是某个外国组织和个人,也不是国内的某个组织或个人。企业生产的产品、创造的利润,同样必须归全体中国公民所有,而不能归企业的经营者、债权人、债务人、业务合作者、企业员工所有。

与国有企业相对应的是非国有企业,包括民营企业、私营企业、个体工商户、股份制企业、外资企业等多种形式。

国有企业有以下五个显著特点:

一是企业的股东、出资人是中央或者地方各级人民政府及其组成部门,企业由政府全额投资或者控股。

二是企业的注册资金来源于财务资金,来源于全体纳税人。

三是企业的法定代表人必须由为其出资的政府机关及其组成的部门任命,企业的党委委员、党委书记、纪委书记必须由各级党委及其组织部门任命。

四是企业必须服从政府领导,接受政府财政、审计、国有资产管理部门的监督检查;必须贯彻落实政府国民经济和社会发展规划,完成政府下达的年度计划,接受政府考核考评。必须接受上级党委、党组及其纪律检查委员会的指导、监督和巡视检查。

五是企业经营收益属于国家和地方政府财政预算的组成部分,要按规定比例上缴到政府国有资产管理部门,用以弥补政府养老、医疗等资金缺口。要按规定向政府财政部门上报预算和决算，向国有资产管理部门上报年度经营计划，签订年度目标责任书。

国有企业上述五个特点，决定了它具有非国有企业所不具备的性质和特点，也决定了其特殊地位和特殊身份。国有企业肩负一定的行政使命和党的使命，设定并保留行政级别、纳入或比照行政和党务管理，有其合理的历史传承，有必要的经济基础、政治基础、制度基础和文化基础。

政府机构精简，人员分批次分流到企业；经济体制改革，企业合并重组。原来有行政级别的政府官员若被分到没有行政级别的国有企业，分流人员的原有待遇无法保障，利益无法保证，既不公平难以服众，又会挫伤很多干部群众的积极性，还容易引起人心不稳，管理混乱。

国有企业干部的职级职别往往和个人的工资、住房、车辆、办公用房等许多个人利益密切相连，不少个人的核心利益事项都是按照行政级别套下来的。若取消了企业及其干部的行政级别，就等于破坏了维系企业正常运转的思维基础、管理基础、分配基础，会造成企业管理混乱，经济体制改革、军转干部安置受阻。

军队自实行正师职以下干部转业制度以来，一部分人进入到党政机关和事业单位，谋取到相应的职务，还有更大一部分人被安置到国有企业。若国有企业没有相应的行政职务提供，显然对这部分人不公平，同时也会对在部门服役的军官们产生影响，军转干部安置工作将很难推进。

党政领导干部到企业任职，企业干部到党政机关任职，部队干部到党政机关、事业单位、企业任职，这是干部交流制度的基本体现。该制度扩大了各类单位选人用人的范围，能引进全新的思维模式，激活原有单位；能充分发挥人才的作用，做到人尽其才。是经过实践检验的科学灵活的选人用人机制。

党政机关有行政级别、事业单位有行政级别、部队有级别，如果国有企业没有行政级别，四者就难以平等交流。最能容纳干部的国有企业若因无行政级别而被干部拒绝进入，势必堵上了一条党政机关、事业单位改革和分流、军队干部转业的最主要渠道，将不利于国家治理。

从党员干部管理和行政管理角度看，中央和国务院的一些文件要求只传达到团县级以上单位。若无行政级别，国企的党员领导干部就看不到这些文件，就很难贯彻执行党中央、国务院的决定。

从县处级以上干部定期报告个人事项制度要求看，没有行政级别的国企领导干部，就可以不报送个人事项，其党员身份、干部身份给社会造成的影响，有时不亚于党政机关的党员领导干部。让这部分人不报告，在党员干部管理上也会出现要求宽严不一致的不公平现象。

在党委或政府举办的有党的机关、行政机关、事业单位、国有企业、军队等参加的活动或举行的会议上，如果国企没有行政级别，国企领导人的站位或座位安排，将会成为主办者头疼的问题，安排不当可能引起矛盾和纠纷。

综上，在中国，国有企业必须有相应的行政级别。

国有企业的特点与新理念

国有企业是相对于民营企业、私营企业、个体工商户、外资企业的一种称谓。它有以下特点：

第一，国有企业的股东、出资人是中央或地方各级人民政府及其组成部门，企业由政府全额投资或者控股、参股。

第二，国有企业的注册资金是财政资金，归全体纳税人所有。或者是集体资金，归某个集体所有人员共有，不属于某一个或某几个人。

国有企业，分布在城市的，过去叫全民所有制企业；分布在农村的，过去叫集体所有制企业。这是中华人民共和国成立后确立的社会主义公有制的两种基本形式。

改革开放前，中国没有公有制以外的其他企业。对外开放后，中国接受了外商投资，就有了外资企业，包括外商独资、中外合资、中外合作等形式。对内搞活后，中国允许对国有企业、集体企业由个人进行承包、收购，允许民间资本投资办企业，才有了现在的民营企业和私营企业、个体工商户等市场主体。

第三，国有企业的法定代表人必须由其出资人即各级人民政府任命，党委书记由各级党委任命，不允许有其他任命方式。

第四，国有企业必须接受政府和党委领导，接受政府财政、审计、国有资产管理等部门检查、监督，必须接受党的委员会、党的纪律检查委员会的检查、监督、巡视。

第五，国有企业的经营收益属于财政收入的一个组成部分，已经被纳入国有资本经营预算，实行预算管理。其中经营收益的一部分要上缴政府国有资产管理部门。比如陕西省规定省属交通运输企业要上缴10%的经营收益，用于弥补政府养老、医疗等财政资金缺口。

过去我们常说：企业是独立核算、自主经营、自负盈亏的经济组织。现在看来这句话并不全面，也不准确，特别是新《预算法》颁布实施和党的十八大召开之后，这样的表述显然已经不合时宜。

新《预算法》颁布实施，将国有资本经营收益作为国家和地方各级人民政府预算四大板块之一，说明国有企业收益的分配，已经从原来的企业全面负责、依法交税，变为如今的还须依法向政府缴纳部分收益。强调国有企业必须接受政府领导，贯彻落实政府的发展计划，实现政府的发展目标。

党的十八大召开之后，要求国有企业党的组织必须接受上级党委的领导和监督，贯彻落实党的路线、方针、政策，执行党的决定，遵守党的纪律。国有企业党组织是国家政治组织必不可少的组成部分。

企业社会责任的概念提出后，要求企业不仅要对经济负责，还必须对社会和环境负责。不仅要创造利润，对股东承担法律责任，还必须关注环境保护，救助社会中需要关心的群体，对消费者的权益负责，关心员工成长。

企业文化的提出和应用，又让企业成为一个文化组织。

由此可见，企业不仅是个经济组织，而且还必须是个社会组织、环境保护组织。因此，现在的国有企业是集政治、经济、文化、环境、社会五大文明建设于一身的综合体，仅仅用经济组织去要求、去看待、去运作，显然太片面。

独立核算的要求没有变，不独立核算，几个企业的账务混在一起，每个企业的账都算不清，经济上就无法评价每个企业经营业绩的好坏和管理水平的高低，难以分清各自的责任。

自主经营是相对的，要受到政府正面清单、负面清单、目标任务、年度计划等因素制约。

自负盈亏很难实现。一些企业亏损严重，职工工资发不出来。政府就得出面调解，借款给职工发工资，或者让效益好、经济实力强的企业全盘接收，以缓解社会矛盾。

实现盈利就必须上缴国有资本经营收益，以丰补歉，全社会统筹。

现代国有企业不同于过去，旧的游戏规则已经完全不适用，我们必须换脑子、变思维，用新的"五位一体"的理念经营企业，才能适应时代要求，完成现代企业新的任务和使命。

视角十一：站在会计角度看单位

■ 价格也是企业的第一生命

我们经常能听到"质量是企业的生命"的说法，但很少听到"价格也是企业第一生命"的提法，这是人们对价格认识的一个盲区。

"质量是企业的生命"的确没错，但质量仅仅是确保和延长企业和产品生命的第一关，价格才是实现质量得到社会认可的第二关，质量与价格同为企业的第一生命。

我们挑选商品的标准是"质优价廉"。

如果只有质优，价格很昂贵，超出了人们的心理承受能力和经济承受能力，人们则会放弃购买。豪车、豪宅、高档奢侈品质量绝对没问题，但销量却很小，原因显然不在质量，而在价格。

质量和价格是产品的两条腿、两条命。

质量好比左腿，当产品出厂之后，质量就很难改变，成了死的东西，灵活性较差。价格好比右腿，比质量更灵活，与外部关联度更高。质量固定不变，但价格可以根据市场行情升高或降低，可以成为救活企业和产品的唯一手段，是延长产品和企业生命的法宝。

人都有贪小便宜的本性。同样质量的商品，人们往往会选择价格更低者。

价格高低，马上就能知道，当场就能算出是否值得购买，进而决定掏钱不掏钱，也就意味着产品能否变成商品，资金能否收回投入到下一个阶段生产，企业生产能否连续，企业的生命是否继续。

质量的高低好坏，通常需要使用之后，经过与前面用过的同类产品作一比较，才能检验。

质量信息在时间上要比价格信息滞后很多，是事后才能感知的信息。价格是在购买时，通过"货比三家"，就可获得的决策直接信息，它对购买行为起着第一决定作用，价格不合适，产品被客户淘汰，企业的产品积压，企业生命就岌岌可危。

价格好比人的形象，一眼就能看出英俊漂亮或者丑陋难看、白净细腻或者黑脸粗肤、高挑魁梧或者低矮瘦弱、苗条灵活或者臃肿笨拙、双眼皮还是单眼皮、四方脸还是瓜子脸、高鼻梁还是塌鼻子、大嘴巴还是樱桃小口等，立马就能决定是否愿意继续交往。

质量好比人的内在品质，善良、勤劳、正直、诚实、勇敢、宽容、负责、有能力、人际关系好、幽默、大方、知识面广、善解人意、知书达理等，没有较长时间交往，难以下结论。

如果男女谈对象，一见面就感到不舒服、不喜欢，根本达不到交往了解的程度就各走各的路，就像购买商品时，一问价格高得离谱，就不再问第二句。

经济条件一般的人，明知五星级酒店住着舒服，高档饭店饭菜品种多、质量高，名车、名表、名牌服装、名牌化妆品好，但就是不进去消费，不买，这不是质量把他们吓跑了，而是价格让人们不敢靠近。

企业要通过产品销售实现生存和发展。

企业生产需要通过市场交换才能取得原材料、人员和设备，也必须通过市场将自己的产品卖出去，换取生产资料继续生产，实现盈利目标。

市场上起第一作用的是价值规律或叫价格规律，而不是质量规律。价格会因供求关系的变化而变化，质量不会因供求而有任何变化。

价格能直接体现成本，附带有利润或亏损。成本生价格，价格是成本的"儿子"；价格生利润，价格是利润的"母亲"，三者之间有"血缘关系"，价格才是能下蛋的鸡。质量与成本如同叔侄关系，成本高质量未必好；质量与利润有师生关系，质量好利润未必大，三者之间没有必然的

"血缘关系"。

一分价钱一分货。价格能够直接反映质量的高低,能够决定销量大小、利润多少。但质量却不能完全代表价格的高低,不能决定销量和利润。

质量是企业可以自己控制的内在指标,是市场上排在价格之后的幕后英雄,价格才是在台前表演的主角。但价格却不能由企业控制,而由市场控制和决定。达不到市场要求的质量标准的产品,初期可能因人们不了解会有销量,但中后期就会被市场淘汰;不符合市场要求的价格,初期就会被市场拒绝,没有销量,就没有中后期。

也就是说,没有合适的价格,产品就会"胎死腹中"或者"过早夭折"。

2011年,以微利卖菜挑战高菜价的新疆"卖菜哥"司德华和魏刚,曾引爆媒体眼球,引起全国民众关心支持,引来中央电视台专程独家采访报道。结果仅仅坚持了101天,两人的资金耗尽,身心俱疲,最后还是乌鲁木齐市政府出资,补齐了两人亏空的7万元。

人们可能会问:这么好的事,怎么会是这样的结果?

笔者以为,有这样的下场是必然结果。因为它违背了市场规律,特别是违背了价格规律,它是一个期望通过个人意志来改变市场定价规律的鲁莽行为。

其一,"卖菜哥"经营的商品为鲜活农产品,不耐储存、损耗较大,当天卖不完,第二次就卖不出,成了死货呆货,变成连本钱也收不回来的净损失,经营风险极大。

其二,"卖菜哥"的经营时间在2010年11月至2011年2月,这几乎是中国最冷的季节,特别不适合经营鲜活农产品。

其三,"卖菜哥"经营地点选择了新疆乌鲁木齐市,这是中国冬天最冷的省会城市之一。

将最易损耗的蔬菜,放在最易冻伤的时期和最易冻坏的地区销售,是挑战自然规律的愚蠢行为，三者叠加，仅自然损耗一项，就有极大的潜在亏损。

其四，按照市场规律，高风险必须有高回报。但所有蔬菜一斤一律加5角钱，这是低回报的表现，也是亏损的核心原因。

仅一个价格政策，说明"卖菜哥"的确不懂经济，不懂加价的基本原则。

一般而言，商品加价都要按相对值加价，比如加价10%、20%，没有一律加价5角、1元这样的加价法。因为不同的商品有不同的进价，加价率要视进价而定。如果土豆一斤2毛，你加价5毛，加价率为150%，这叫暴利而不是微利；青椒一斤8元，你加价5毛，加价率仅为6.25%，由于青椒冻伤冻坏自然损耗的损失率肯定不止6.25%，加价10%即每斤加8毛都可能亏损。所以对高价菜加价5角不是微利，而是亏本销售，卖菜哥估计没算清这笔账。

所有蔬菜一律加5毛，"卖菜哥"还向央视记者表示，"菜其实可以卖得更便宜"，好像每斤加1毛2毛都不会亏似的，更显示出"卖菜哥"善良背后对市场规律、价格规律的无知。

"卖菜哥"的经营失败虽然是个案，但它所反映的问题却普遍存在。

很多企业没搞懂自己产品的特点、经营时间的淡旺季、自然损耗规律，不知道经营地点的气候条件和人们的消费偏好，不晓得商品加价要根据进价与市场供求关系变动规律，等等。

价格是由市场上成千上万家供需企业与亿万消费者共同决定的，是经济社会民主最大的体现，不是一两个企业、更不是一两个人能够决定的，这就叫市场定价规律。不遵守市场形成的大众共识和万众接受的价格，其结局只有一个，那就是赔光赔净，然后被市场淘汰出局。

价格过高就会抑制消费，是将需求的口子收紧。价格过低就会抑制生产，是挖断供应的路子。

价格高了，需求的口子紧了，降低价格、放开口子还有活路；价格低了，生产的路子断了，提价更会失去竞争力，相当于走到了死路绝路，生还的希望很渺茫。

现在许多商家疯狂降价促销，电商更是以拦腰价甚至1折2折价来吸引消费者，在笔者看来，这十分不利于生产企业的长期和稳定发展。

看看我们每个人的衣食住行用，从汽车到手机、从服装到家电、从食用油到化妆品，使用国产商品的人越来越少，其中一个因素就是由于价格大战，我国生产企业被挤到了市场边缘，这是非常危险的经济信号，我们不得不高度关注。

价格大战看似对老百姓有利，其实就像新疆"卖菜哥"的做法一样，是不符合市场规律的无知行为，对生产的稳定持续非常不利。

认识并遵循价格也是企业的第一生命的规律，杜绝价格战，支持民族品牌和民族企业，应当从我做起。

■ 领导与管理是什么关系

在许多人的脑海中,领导就是搞管理的人,搞管理的人都叫领导。

看了彼得·德鲁克和史蒂芬·柯维的有关论著后,笔者才知道原来领导和管理有本质区别。

德鲁克认为,领导是选择和决定做正确的事,管理则是正确地做事。

柯维认为,领导是第一次创造,是判断梯子是否搭在正确的墙上;管理是第二次创造,是有效地顺着梯子爬上去。

笔者认为,领导是设计者,是房子的柱子和大梁,是企业董事长;管理是施工者,是房子的椽、檩条、墙和砖瓦,是企业总经理。

领导和管理的职责不同。

有位厅长说:如果什么事都来找厅长,要你们这些处长干什么?什么事都由你们处长说了算,要我这个厅长干什么?说出了领导和管理者关系的本质。

领导的职责是思考应该朝着什么方向走,到达什么目的地,应当干些什么事,是定战略、把方向的决策者,是一把手,是官,是总指挥。

管理的职责是思考怎样按领导所指的方向走,如何才能到达领导设定的目的地,怎样有效地干好领导安排的这些事,是定战术、定方法,是决策的执行者,是副职和中层,是僚,是组织实施者。

"兵熊熊一个,将熊熊一窝",很好地诠释了领导和管理的关系。

"熊"就是能力不足,"将熊"就是将的领导能力很差,不知道该朝什么方向走,不知道要到达什么目的地,不知道要到达这个目的地应当干些

视角十一：站在会计角度看单位

什么事。要么对部下、对管理者提出的意见和建议分不出好坏优劣；要么心中无数或者有数但是错数；要么优柔寡断，一次次错失良机；要么刚愎自用，听不进管理者的良言妙计；要么盲目决策，情况不明决心大，心中无数点子多。结果由于一次决策失误，导致几千人、几万人丧命，几千万、几亿财产遭受损失。

韩信的背水一战决策，项羽的破釜沉舟决策，毛泽东的打土豪分田地、四渡赤水、农村包围城市等决策，实践证明都是英明的决策，世人对他们的赞誉和崇拜也皆由此产生。

袁绍面临千载难逢的战机，三个儿子争夺储君之位他无力协调，几个非常有智慧的军师屡次谏言，他拒绝听信，到头来将最有实力的一支军队带没了；蒋介石"攘外必先安内""中山舰事件""皖南事变"等决策，让国民党渐失民心。这些都是将熊熊一窝的经典案例。

再成功的管理也无法弥补领导的失误。

无论哪个国家、哪个地区、哪个行业、哪个单位，领导都重于管理。成功的关键不在于你出了多少力、流了多少血、流了多少汗，而在于你努力的方向是否正确。

对于每个人而言，你的领导就是你的信仰，具体表现为你的道德，它们掌控着你前进的方向及你所达到的目标；你的管理就是你的知识和技能，它们负责你按照信仰和道德指引的方向和设定的目标，去行动和实践。

没有能够脱离信仰和道德支配而运用的知识和技能，没有可以脱离领导的管理。

当领导将大众的目标加以提升并当成自己的目标时，就能影响和带动千百万人朝着自己指挥的方向和设定的目标前进。领导有能力改写自己和他人的人生，他们是时代的弄潮儿、历史的创造者，是世界奇迹、国内奇迹的创造者。

齐桓公、秦孝公、汉高祖、唐太宗、宋太祖、明太祖、毛泽东、曼德拉、华盛顿等，就是这样因改写历史而名扬天下的领导。管理者难以改写历史，无法创造奇迹。管理者的第二次创造，只不过是仿造、制造、改造，其影响与领导不能同日而语。

领导最伟大的创造就是创造一种文化和价值观，并以此来引领群众跟着自己走，管理者没有这样的能力而只能跟着领导走。

领导和管理者是相对的。领导之上还有领导，管理者之下还有管理者。

韩信在自己的部队面前，就是领导，领兵打仗时可以独立拍板。在刘邦面前，他只是个管理者，不再是领导。

在自己的职责权限范围之内，在自己的部下面前，最高指挥者就是领导。超出自己的职权范围，自己不能拍板决策时，则不能称为领导。

领导都是从管理岗位上走出来的。所以，很多领导习惯用管理的思维从事领导工作。许多人将领导与管理混为一谈，认为领导就是搞管理的，搞管理的就是领导。

笔者认为：主要依靠大脑工作，其工作的核心对象是管理所在单位、行业、地区、国家中全部的人，决策重大且具有方向性、全局性、长远性，这样的人，为领导。领导具有管人的全面性，管事的重大性、目标性，管单位的长远性等特点。只管理一部分人、一般事、具体事、小目标、子目标、短期工作，不是领导，而是管理者。

领导应该干别人无权干、无能力干的大事、难事。

校长直接上讲台，医院院长亲自上手术台，研究所所长亲自做实验，县长亲自招商引资、推介当地优质产品，市长亲自参加某某项目开工典礼、暗访城市出租车管理及垃圾围城，等等，不符合领导的职责要求。

拿校长举例。校长的职责是确定学校未来的发展方向和要达到的目标，是决策如何为社会培养优秀人才、培养什么样的人才、如何让家长和社会满意。培养社会需要、家长满意的人才，需要什么样的教师，需要什么样的教学条件，需要购进哪些仪器设备，如何留住优秀教师，如何引进

视角十一：站在会计角度看单位

优秀教师、学校的未来应该如何发展，等等，才是校长的职责。校长要负责那些副校长、教务处长、普通教师没有权力考虑、没有责任考虑、没有能力考虑的大事、难事。如果校长上讲台，首先说明学校师资力量不足，校长没有尽到配备足够师资力量的职责；其次校长干了自己不该干的事，让该干此事的人无事可干；再次，干不该干的事，影响校长投入该干的大事、难事的时间和精力。这是领导缺位的表现，也是管理越位、越权的表现。再进一步讲，领导有失职、渎职，管理失职、渎职的嫌疑。

我们常说，干部干部，先干一步；领导干部要起模范带头作用。这些说法又让我们把领导、管理、干部三者混淆在一起。

笔者认为，干部对应的应当是群众。不是群众的人，大家都称其为干部。干部又分为领导和管理者两类。领导就像导演，管理者就像副导演，演员、剧务、灯光师、摄影师、化妆师、音响师、厨师、司机、搬运公司等，全都是群众，都得直接听副导演这个管理者的安排，领导一般不直接指挥群众，而由管理者负责管理，这就是一级对一级负责的管理体制机制。对于大事、难事，副导演定不了，就得听导演的，由领导决定和拍板。

负责拍板的人，就是领导；负责组织实施拍板定下来的要干的事的人，就是管理者，他们都是干部。

没有拍板权力，不承担拍板责任的人，统统不算领导。没有组织权力，不承担组织责任的人，统统不算管理者。不符合领导条件也不符合管理者要求的人，都是群众。

有时候，坐在领导位子上负责拍板的人，因不敢拍板、不愿拍板，而由坐在他旁边的人代为拍板，这样的领导其实只是名义上的领导而非实际领导。

楚王派去攻秦救赵的上将军宋义，因害怕秦军，按兵不动，被副将项羽所杀并取而代之成为主帅。项羽下令破釜沉舟后，将士们像吃了火药，都能以一当十，连续九次冲锋而大败秦军。宋义由领导变为项羽的刀下之鬼，原来是管理者的项羽则变成了领导。东汉末年，汉献帝是领导，但拍板者起初是董卓，之后是曹操，他只是挂个虚名。

领导所具备的胸怀、胆识、智慧、谋略、人格魅力、担当精神，管理者一般不具备。

卓越领导力挽狂澜、救民众于水火，有撑起将倾之大厦的能力，千万个管理者合在一起也办不到。

领导绝不是管理者，管理者也绝不是领导。

视角十一：站在会计角度看单位

■ 管理工作的特点及其应具备的意识

管理一词在我们日常工作和生活中出现的频率非常高，几乎人人都是管理者，人人又是被管理者。

生活中，我们都会面临管孩子、管老人、管自己，管吃、管穿、管住、管行等问题。

上学时，我们要接受老师和学校的管理和教育。

工作后，我们几乎每天都在和管理打交道。

经济管理、社会管理、环境管理、工商管理、市场管理、行政管理、企业管理、事业管理、社团管理、党务管理、计划管理、人事管理、财务管理、公文管理、档案管理、后勤管理、车辆管理、会议管理、工程管理、资产管理、安全管理、质量管理……

可以说，人与人交往本质上就是管理与被管理，人的世界本质上就是管理的世界。

书上说，管理是在特定的环境条件下，为了完成组织使命，实现组织目标，对组织所拥有的资源进行有目的的计划、组织、领导和控制的过程。计划、组织、领导和控制被称为管理的四大职能。

笔者认为，这个定义不科学。核心原因在于它将领导作为管理的职能之一，犯了把上级当成下级的逻辑错误。

组织使命和组织目标是由领导设定的，执行该任务的管理者又将任务分配给设定者，存在明显的逻辑和程序错误，准确地讲属于概念混淆，让该定义陷入设定目标者与执行目标者相互指挥的死循环。

去掉"领导"二字，该定义即符合管理的特点和本质。

笔者认为，管理工作有以下明显特点，搞好管理工作，必须有符合其特点和本质要求的以下意识。

1. 目的性特点和目标意识

管理是一项有目的的活动，其目的就是实现组织使命，完成组织的既定目标。这个既定使命、既定目标由组织的发起人、企业的投资人确定，并得到了其利益相关者的共同认可，管理者不能擅自改变组织目的，也不能自行设定组织目标。

设立学校的目的是教书育人，设立医院的目的是治病救人，设立企业的目的是向社会提供符合要求的产品和服务，设立政府的目的是代表国家管理社会，这些都是能够得到社会认可的合理目标，是公众的共同需求。正因为其目的的合理性，纳税人才愿意将自己所上缴的税金一部分拿出来，由政府拨给学校、医院、政府各相关部门供其使用，才愿意花钱购买企业生产的产品和服务。

假如某个组织的使命和目的不符合老百姓的需求，老百姓就不会支持它，甚至要向政府、向公检法机关举报，要求取缔它。黑社会组织、传销组织、诈骗组织、卖淫组织、贩毒组织等，老百姓肯定不会用自己上缴的税金支持它们。

管理的目的性特点要求管理者必须有强烈的目标意识，必须以组织设立时确定的目标为管理的目标，管理者不得自行设定与此目标不一致的其他目标。

如果学校的目标不再是教书育人，医院的目标不再是救死扶伤，企业的目标不再是提供社会所需且符合要求的产品和服务，这样的学校、医院、企业就会被取缔。如被政府取缔的黑作坊、黑诊所、黑中介、文凭批发工厂、黑社会组织；企业的产品不受欢迎，市场就会取缔它们；企业制假售劣，造成人身伤害，不但要追究企业的经济责任，还要追究相关责任人的刑事责任。

2. 非独立性特点和服从意识

任何管理都离不开组织，离开组织的管理是不存在的，这就是管理的非独立性或依附性特点。

管理机构和人员必须依附于某个组织、某个行业、某个地区的某个单位。比如人事管理、财务管理、计划管理，一定是某地区某行业某单位的人事管理、财务管理、计划管理，前者是主语，后者是谓语和宾语。没有主语，谓语和宾语就无从挂靠，如同没有爹娘的孩子。组织就是爹娘，管理就是孩子。

管理工作的非独立性特点要求管理者必须有服从意识，必须服从和服务于组织目标实现这个大局，以组织目标为自身的目标，不能为管理而管理，更不能将自身的管理目标与组织目标相矛盾、相对立。组织是主人，管理者是客人，要客随主便，不能挟天子令诸侯。

3. 系统性特点和全局意识

管理过程由一系列相互关联的专门管理工作组成。包括对人的管理（由人事部门负责），对资金的管理（由财务部门负责），对工作任务的管理（由计划部门负责），对物、关系、信息的管理（由办公室负责）等。各种专门管理活动相互密切联系、相互渗透、相互影响。

一个组织的管理不是只有一种管理，更不是一种相互独立、互不干涉的单项管理行为，而是由一系列相互关联的多种管理活动共同组成。如办公室人员由人事部门调配，年度重大任务由计划部门下达，所需资金由财务部门调拨，离开其他三个部门的配合，办公室难以运转。

管理工作你中有我，我中有你。这个特点要求，各项管理工作必须按照本专业的规则要求搞好"自转"，还必须按照其他专业的规则要求，搞好"小公转"，最重要的要求是必须按照组织的规则，搞好"大公转"。任何管理都是"自转""小公转""大公转"三位一体的综合运转系统，都要兼顾前后、左右、上下三维空间，是空间上的立体协调与平衡，不是平面上的协调与平衡。这既是管理工作系统性、复杂性的表现，也是展示管理艺术、发挥各专业的管理优势、达到优势互补，发挥各专业人员的潜能和智慧的大好机遇，也是各方面管理者面临的巨大考验和挑战。

管理工作的系统性特点要求管理者必须有全局意识，不能只见树木不见森林。要搞好本专业自身的协调平衡，搞好本专业与其他管理专业的协调平衡，搞好本专业与业务工作、与整个组织的协调平衡。

4. 连续性特点和长远意识

管理活动都是连续进行、没有中断的活动。昨天的管理工作会影响今天，今天的管理工作又会影响明天，这一特点在财务管理上表现尤为突出。

财务管理具有连续性、累加性、长期性特点。昨天的一笔错账会延续到今天，如果不能及时纠正，一直会延续到明天、后天，会影响相关的几个会计科目出现错误，进而引起几套报表出现错误，几个月甚至几年这个错误都不会自动消失。如果该错误数字正好被决策者使用，就会出现决策失误；被投资者使用，就会出现投资失误。财务档案的长期性、永久性会将这些错误长期保存，当事人的责任和风险被装入档案，人员被锁定、错误被锁定，人走了，错误的记录却时时存在，问责时跑也跑不掉。

管理工作的连续性特点，要求从事管理工作必须有长远意识，管理长远的背后是管理责任长远、管理风险长远，切不可掉以轻心。

5. 限制性特点和顺应意识

任何管理工作都是在一定的环境条件下展开的。这里的环境条件包括外部环境和内部环境。

外部环境包括政策环境、社会环境、市场环境、文化环境等；内部环境和条件包括企业和组织文化、人员条件、设备条件、资金条件等。这种环境对于管理工作既有有利的一面，也有不利的一面，既有限制和约束，也有激励和帮助。

管理工作的限制性特点，要求从事管理工作必须有顺应意识，要顺应客观条件、顺应社会和组织内部的要求，充分利用有利条件，抑制不利条件造成的影响，顺势而为，不可逆势而动。

6. 多变性特点和创新意识

环境条件、国家政策、市场竞争格局、民众需求等，不是一成不变的，它们都会随着国内、国际形势的变化而变化。比如煤炭石油曾经是非常好的行业，如今不行了；国家的土地政策、财政政策、货币政策、投资政策等，会随着国际、国内形势的变化而调整，原来产品供不应求的市场变成了库存积压，从卖方市场变成买方市场；民众从数量需求型转到了质量需求型。这是对管理者的挑战，也是机遇。

管理工作的多变性特点要求管理者必须有创新意识，要主动适应社会、适应时代、适应市场、适应民众需求，必须有较强的创新意识，不能被原有的理念和方法禁锢。更要转变理念，创新产品和服务，用新方式、新措施、新方法实现组织的既定目标。

管理工作人人熟知，看似很简单，就像下棋，谁都知道一点，但真正要成为高手、成为行家里手非常困难。

管理工作长度没有尽头，宽度没有边缘，深度看不到底部，是看不见摸不着、无形无踪的实际工作。要想将它说清楚，估计和登天差不多。笔者上述浅识陋见不一定正确，仅供大家参考。

■ 经营与管理哪个更重要

一次，教授在课堂上提问：到底是经营重要还是管理重要？让台下的企业老总和行政机关处长们回答。

台下有三种意见：一种是经营重要，另一种是管理重要，第三种两者一样重要。

教授回答：当然经营重要，没有经营，还要管理干什么？经营管理，经营管理，谁听说过管理经营？经营排在管理的前面，自然就比管理重要。

听了教授的解答，部分学员如梦初醒，部分茅塞顿开，还有部分将信将疑，笔者就属于后者。

按词语的先后顺序判断重要程度，似乎太牵强。父母、夫妻、东南西北、风雨雷电，难道前者一定比后者重要？

没有经营，也需要管理。许多企业创业之初几个月接不到一单生意，但房租、水电费还得付，人员工资要照发，制度建设、员工考勤、公司年度计划、办公用品购置等管理范围内的事，一个也不能少。许多停产、半停产、停业整改的企业，经营活动已经停止或半停止，但管理活动一刻也没有放松，甚至比正常经营时还要严。

每个较大单位都有办公室、财务部、计划部、人事部等部门，这几乎是所有单位的共设部门。所不同的是，行业不同，不同单位有不同的业务部门。人们常常根据业务部门的性质和特点，区分单位的性质和特点，判定单位所在的行业；根据其在行业的上游、中游、下游的位置，判定其经营成果与所处位置是否匹配。如处在行业上游的设计企业利润最大，销售企业利润次之，生产企业利润最小。如果用管理部门判定，就无法正确区分单位之间的差别。但同样是利润最小的生产企业，不同单位因管理水平不同，经营业绩差距也非常明显。

办公室的主要职责是政务管理，财务部的职责是财务管理，计划部的职责是任务管理，人事部的职责是人事管理，它们都不直接从事经营活动，是真正的管理部门。

许多企业诞生前，往往需要财务人员去进行公司注册资本验证办理、机构代码证办理、税务登记证办理，及银行账户开设等工作，完成了这一系列工作，企业才算真正成立，才可以对外经营。

企业成立后，要有办公室为领导和其他部门服务，要有人事部门为企业招聘各类急需人才，要有财务部管钱管账，要有计划部门安排各部门的工作。而对于业务部门，每个企业有不同的设置。那些只有几个人的小企业，老板加上几个朋友，就是业务员。办公室、财务部、人事部、计划部常常是四合一。找两三个人，把这四摊子事都管上也能凑合，但绝对不能缺少这几类综合管理人员。若单位的规模大一点、资产多一点、业务广一点，靠几个管理人员，其精力、能力、资历、阅历太有限，管理会顾此失彼，就必须成立四大综合部门，找四批专业人员来管理。

现行管理制度的要求和实际工作过程表明，管理优先于经营，而不是经营优先于管理。

在单位内部，管理是为经营活动提供资源的供给方，经营是需求方。

财务部门是给企业供给资金的，是典型的供给侧而不是需求侧。资金的需求者主要是经营部门，次要是管理部门。

人事部门为企业供给人才，哪个部门需要什么专业人才、需要多少，由人事部门决定并招聘选调。

计划部门是给企业供给工作任务的，是把企业的年度经营和管理目标层层分解到具体部门和人员。

没有人、财、物、事的供应，经营部门就无法开展工作。

计划、人事、财务等综合管理部门还有考核评价监督各经营部门经营业绩的职责。反过来，经营部门则没有考核评价管理部门的法定权限。

计划制度、人事制度、财务制度、《公司法》《合同法》《会计法》等，是管理部门监督考核经营部门的法律和制度依据，由国家授权、单位授权要求管理部门对经营部门开展法定监督管理行为。

从供需角度看：管理部门决定经营部门的规模、效率和效益；

从监管角度看：管理部门是监管者，经营部门是被监管者。

从职责角度看：管理的职责与核心目标是合法、合规、合理、公平、安全、稳定、有效率。是把牢方向不跑偏，是方向盘，该向东不能向西，该朝南不能朝北。也是刹车片，该快则快、该慢则慢、该停则停、该走则走。

经营的职责与核心目标是经济效益。拓展市场、提高市场占有率、以最快速度前进、多拉快跑、多收多得。是发动机，是油门。

经营部门要求政策宽松、限制条件尽可能少，处罚少一些、激励多一些。只有约束少，才好放开手脚大干，才好施展才能，才能创造出良好效益。经营者是企业强大的动力源泉，经营是捞钱的"耙子"。

管理部门要求政策严谨、严格、严厉，限制要多，处罚要重，违法违纪决不能姑息迁就。只有约束多，才能确保合法合规经营，才有利于公平、稳定和可持续发展。

管理者是企业安全、健康、可持续的稳定之源，是镇流器，管理是装钱的"匣子"。

只有经营没有管理，如同一辆一路狂奔刹车失灵的汽车，车毁人亡是其必然结局。

只有管理没有经营，如同一台没有发动机、没有油门的汽车，就是废铁一堆。

从经营与管理的外在表现看：经营是台前显性工作，看得见、摸得着，容易计量、容易出成绩、容易得到认可。是"面子工程""形象工程""政绩工程"。就像歌唱家，常抛头露面，认识的人多，获得的赞美多。管理是幕后隐形工作，看不见、摸不着，不易计量、不易出成绩、不易得到认可。是"基地工程""底子工程""隐蔽工程"。就像曲作家和词作家，很少与大家见面，获得的赞美少。

从经营与管理的模式看：经营者多用感性思维、形象思维，羁绊少，可以信马由缰。他们重机遇、重实效、重当前、重局部、重经济利益。管理者多用理性思维、抽象思维，受法律政策制度约束多，不能信马由缰，必须照章办事。他们重长远、重全局、重整体，在关注经济利益的同时，还要关注政治利益和社会利益，关注企业的安全、稳定、可持续，关注经营者和管理者的安全稳定、长期工作，关注各种利益的协调、平衡。

企业老板是企业经营与管理两大阵营关系的协调者、指挥者、控制者。偏重于经营的老板属于激进型领导，关注眼前，局部胜过长远、全局，容易出现冒进、贪大求快的问题。偏重于管理的老板属于保守型领导，但容易错失良机、丧失发展优势。最优秀的老板应当能将经营与管理的关系协调好，不偏不倚，在遵纪守法的前提下，追求利润最大化，在确保安全稳定的前提下，开拓创新、占领新市场。是守法者，是有战略眼光和全局思维者，是通过文化感召、品牌吸引，能凝聚全体职工、投资者、合作者之心，顺应市场之势、满足社会之需的伟大的企业领袖、行业领袖、地区领袖！

管理与经营是企业腾飞的双翼。

纵观中国历史，大凡名垂青史的帝王将相，其麾下无不聚集着众多胸怀天下、能运筹帷幄而决胜千里的文臣谋士，同时又不乏能征善战、战必胜攻必克的武将。

刘邦能从比乡长还低的亭长成为汉朝开国皇帝，是因为他手下有萧何、张良、韩信、樊哙、英布、季布、陈平等人，若没有这些人，恐怕他早就被项羽消灭。项羽若没有范增、钟离昧等人，拿什么推翻秦二世？秦始皇若没有吕不韦、李斯、蒙恬等人，就无法统一六国，不可能北击匈奴、南征百越、拓疆西南，建立郡县制，实行度同制、车同轨、书同文、行同伦。

最能说明文臣与武将作用的是三国时期蜀国的崛起与衰亡。

刘备在没有诸葛亮之前，征战二十多年，总是败多胜少，一会儿寄身袁绍篱下，一会儿投靠曹操，一会儿被吕布接收，一会儿又被刘表代管，几次险遭毒手。好在他的的卢马神勇无比，让他躲过了刘表妻弟蔡瑁的追杀，死里逃生之后，他遇到了水镜先生。水镜指出他难以振翅起飞的原因在于他只有一个翅膀，关张赵均属武将，只能算作一翼，只有再添一个能为之谋划天下的军师，才能一飞冲天。

刘备先请徐庶为军师，徐庶帮他破了曹军的阵法，他取得了领兵以来空前的胜利，从此坚定了他请高人指点的决心。不料曹操知道徐庶在为刘备出主意，认为龙生了双翼，这还了得？于是派人将徐庶的母亲抓了起来，逼迫徐庶进了曹营，刘备又陷入单翼难飞的痛苦之中。徐庶临走时，向刘备推荐了诸葛亮。刘备三顾茅庐，请到了诸葛亮后，一个不足一万人的刘家军，迅速发展壮大，刘备成了拥有70万大军的一方霸主。

后来，贵为皇帝的刘备听不进诸葛亮的建议，执意要攻打吴国为关羽报仇。接连攻城拔寨、屡战屡胜的蜀军不把吴军放在眼里，刘备作为主帅竟犯下兵家之大忌，在树林中扎连营700里，但没有人看出其中的危险。名不见经传的吴将陆逊看准了战机，一把大火让70万蜀军葬身火海，刘备逃到白帝城一病不起。智者千虑必有一失，失街亭让诸葛亮的自信受到沉重打击。诸葛亮离世后，蜀国既缺能征善战的武将，又少文韬武略过人的一批军师，其管理人才与曹操、孙权比都差得太远，所以蜀国率先被消灭。

再举萧何的例子。刘邦夺取了江山，按理应当马上论功封赏，但谁是头功让他颇难决断。一年之后，他把头功记给萧何，众将士不服——我们出生入死，浑身是伤，血洒疆场，多少弟兄把命丢在战场，凭什么把头功

视角十一：站在会计角度看单位

给了一个手无缚鸡之力、只会耍嘴皮子的萧何？

刘邦问众将士：打猎你们都熟悉吧？扑向猎物的的确是猎狗，但指出猎物所在位置、制订和部署包抄扑杀计划的是猎人。萧何就像猎人，你们就像猎狗。将士们服气了。

企业经营其实与打仗是一个道理。

干事、成事要靠人。

干什么事、先干什么、后干什么、当年目标是什么、未来目标是什么，是计划部门的事，计划部门是猎人之一；安排谁干合适，是人力资源部门的事，人力资源部门是猎人之一；干事要花钱，要筹钱管钱，要少花钱、花好钱、多办事，财务部门是猎人之一；人与人、事与事之间要沟通协调，要互通信息、指挥、下达指令，办公室是猎人之一。

四大综合部门分别从任务、人员、资金、信息与指令四个角度，为业务部门在市场上厮杀提供了人财物、信息、进军线路、攻克目标的策划和供给支持。就像战场上的四个萧何，没有这四个萧何，任韩信有再大的能耐，无兵无马、无粮草、无攻击目标的仗也没法打，没有信息，不知彼不知己，攻城略地、摧城拔寨的任务就无法完成。

如果说作为一线将士的业务人员对二线管理人员能做什么、有什么作用不了解、不理解，可以原谅，因为隔行如隔山。但单位一把手和单位副职对二线管理部门的作用不了解、分不清谁是头功，那就有点说不过去。

当领导首要的任务是搞管理，而不是搞经营。专搞或者以管理为主业的人，若连管理与经营的关系也理不清、摆不正，岂不是不称职或者失职渎职？

优秀的企业家首先必须是管理专家。洛克菲勒、松下幸之助、稻盛和夫、比尔·盖茨、巴菲特、张瑞敏、任正非莫不如此。

中国多数企业领导人都是业务干部出身，对管理认识不到位，片面、极端、短视、静止地看待管理者不是个例，许多企业重业务轻管理的现象还比较严重。

不少企业没有发展规划或者有规划不实施，很多项目都是猴子掰苞谷，浪费了大量资源却一无所获。不少企业不重视制度建设，不是靠制度管人管事，而是靠领导的人格魅力甚至靠哥们义气。结果换了领导，一朝君子一朝臣，"旧臣"不信"新君"，"君臣"心不和，人心涣散，事业不稳。多数企业不懂得人才培养、储备与引进，人才青黄不接时有发生，后继无人，企业很快从兴盛走向衰败。不少企业没有严格的激励与约束制度，干好干坏一个样，大家都吃大锅饭，挫伤了真正干事者的积极性。不少企业挣钱不少，但花钱如流水，今日有酒今日醉，明日没酒喝凉水。结果在市场波动，需要转行掉头之时，没钱投资，企业萎缩，最后被淘汰出局。这些管理问题都是比干好业务要重要得多的基础工程，是管全局、管长远、管稳定、管可持续发展的大事。

管理就是造势之举。势如破竹是成功之势，大势已去是败亡之势。

势是道和术长期积累的结果。刘备由弱渐强，最后与曹操、孙权形成三国三足鼎立之局面，有其匡扶汉室的正义大旗吸引万众，更有其仁义之师的道的感召，还有诸葛亮运筹帷幄、放眼未来、用兵如神的术，弘扬其道，助力其势。刘备由强盛走向灭亡，有其只顾为关羽报仇不顾将士性命的不合道之举，有超出国力、六出祁山北伐的战略错误，有违背军事规律扎连营的过失，更有依靠个人权威、个人喜好决策的失误。归根结底都是管理方面出了问题，没有管理意识、没有足够的管理人才是刘备失败的核心原因。

对企业而言，业务工作是术，是编织和彰显道之结点；各种制度是道，是构筑良好大势之线；良好局面是势，是由一条条道之线织出的牢不可破的大网。

没有一系列管理之道，就不可能形成企业的大势强势。战略是由道决定的，战略错了或者根本没有战略，玩战术、一心搞经营，只能是"秋后的蚂蚱"。对于已经形成明显优势的竞争对手来说，找出你漏洞百出、内乱不止的势之漏洞而攻之，很容易成功。没有铜墙铁壁般的势作为防御体系，用再高明的术与人比拼，其结果只能是鸡蛋碰石头。

管理与经营是企业腾飞的双翼。只有经营一翼，企业就像刘备起兵初期，会屡战屡败，败多胜少。有大势强势不懂得加强和巩固，任凭内乱丛生，旧病复发，就只能叹息大势已去。

拥有强大的经营团队，犹如拥有锐利的矛，还必须配备与其相适应且比其更强大的管理团队、配置更为坚固的盾，才能管住自己的矛不会伤到自己，就像刘邦拥有萧何、张良，齐桓公拥有管仲，秦孝公拥有商鞅，唐太宗拥有魏征一样。

管理之盾是比经营之矛作用更大的一翼。

视角十二

站在会计角度看教育

视角十二：站在会计角度看教育

■ 孩子，你只是个"在建工程"

一个女孩因琐事与母亲吵翻，离家而去，决定再也不回这个讨厌的家。她跑得筋疲力尽，饿得头晕目眩之时，来到一家面摊，看到别人吃面，口水都快流到地上。

她摸摸口袋，竟然没带一分钱。老板看她的神情，问她是否想吃面，她说特别想，但是没有带钱。"不要钱，算我请客。"小姑娘激动得差点哭出来："老板，你人真好！我们素不相识，你却对我这么好。不像我妈，根本不了解我的需要和想法，真气人！"老板笑了："小姑娘，我不过才给你一碗面而已，你就这么感激我，你妈妈帮你煮了二十几年饭，你不是更应该感激她吗？"小姑娘听后恍然大悟，丢下吃了一半的面，赶快跑回家中。她远远看见妈妈在巷子口四处张望，说："等你吃饭，半天找不到人，快回家吃饭。"

在小姑娘的心里，母亲给自己做饭是应该的，似乎做一切都是应该的。这是自己应得的利益，自己有权利索取；是母亲应有的付出和应该承担的责任。

用会计语言表达，小姑娘认为：妈妈的付出是妈妈应该做的，应该记入自己的"应收账款"，也就是应该收到母亲欠自己的这笔款项。收到是天经地义，收不到，收到的数量不足、品种不全、质量不高，说明母亲欠自己的没有还清，自己有权追索，有权提出批评指责，有权发泄不满，母亲应当无条件接受。

对母亲而言，认为给女儿的一切应计入自己的"应付账款"，即应该支付欠女儿的这笔账项，要按女儿要求的时间、额度、质量标准及时、足额、保质保量支付，否则就有点"赖账"之嫌，受人批评指责也无话可说。

其实，按会计制度，女儿、母亲的账都记错了。

"应收账款"作为一项资产的追索权利，其形成是有条件的，这个条件是：这项资产是自己拥有的，通过转让所有权或使用权，受让者、使用者得到了利益，就应该从获得的利益或将来可能获得的利益中，分出一部分，作为出让者对该资产所付出的成本补偿。

应收是赊销的产物，即先提货后收款，才会形成应收。

对于一个没有参加工作、没有收入来源，只有支出的孩子来说，她只是父母的"在建工程"，还没有达到通过竣工验收的地步，在交付给使用人使用并能产生预期的经济利益之前，还不能变成可以转让所有权或使用权的资产，不能创造任何利益，没有任何可以应收的账款。

父母给儿女提供的一切，不是儿女的应收，而是预收父母垫付的款项；不是儿女的资产，而是儿女对父母的一笔负债，是父母垫付资金、精力、时间等的建设工程成本，目的是待儿女长大成人后，首先有能力养活自己，即工程竣工可以交付使用，使用过程中能创造收入，创造的收入能够部分养活自己，到全部养活自己，再到能全部养活自己和自己的子女、不需要父母追加投资，然后才有能力归还父母的垫付款项。全部还清后，收入去掉各种成本仍有结余，儿女的工程产出才有利润，用自己的利润回报父母和社会，才有真正的"应收账款"。

可见，子女要想获得应收的权利，前提是交付使用。交付使用后产生的效益第一道关是能全部养活自己，第二道关是能全部养活小家庭的所有人，第三道关是偿还父母垫付的全部款项，过了这三道关，才有资格谈贡献、谈对父母的应收事项。

没有过三道关的任何一关，就只是个负债之人，是亏欠父母和社会的"寄生虫"。

视角十二：站在会计角度看教育

如果算不清这么简单的账，说明是个糊涂之人；如果不承认，说明是个无情无义、没有起码的善良之人；如果知道有亏欠，有能力但就是不归还、不感恩、不报效国家和社会，不赡养和孝敬父母，说明是个"白眼狼"，是"过河拆桥"的小人。

中国以及世界其他各国的祖父母、父母、儿女三代人的人生往来账都是这么由父母垫付（预付）儿女款项，儿女预收（应付）父母款项，祖父母赞助或垫付（营业外支出）孙子孙女款项。建设工程的投资主体是父母，投资客体、建设对象是儿女，友情赞助者是爷爷奶奶。儿女这个建设工程竣工交付使用，就变成了新的投资主体或友情赞助者。工程投入使用后产生收入，用收入支付自己的生活费、垫付儿女的建设工程成本、归还父母垫付款项，循环往复直到永远。

正是这么密切的往来关系，才形成了父子母子之间很难算清的往来账目，才让父子、母子贸易频繁且无法中断，成为全世界合作最为密切、没有人可以替代的全天候终身战略合作伙伴，成为法定的最基本的人情往来，才有了父子情深、母女情深的人间最美好的感情。

父母把我们带到这个世界上，赤条条来，没有带任何东西。在我们不能给家庭和社会作贡献的情况下，我们尚不具备资产价值，没有任何应收的东西。我们所拥有的只是父母和老师等人垫付预付给我们的身体健康、道德、知识、技能的"装机容量"。是我们欠父母老师和社会的负债，而不是资产。

面摊老板请小姑娘吃了一碗面，小姑娘认为这是负债，是老板的爱心奉献，而不是其应尽的责任和义务。因为之前两者没有任何贸易事项，老板不欠小姑娘任何东西，这是小姑娘的思维逻辑，也是大多数人的观念，无疑非常正确。

但当她回到家中，就就算吃了几千几万碗面，也不会认为这是父母的爱心和奉献，不会感激父母。她认为这是父母的责任和义务，是父母欠自己的。

此时小姑娘就犯下了逻辑错误，误将父母垫付、预付的事项当成了应付，当成自己的资产应获得的利益。

她不知道，资产在投入使用并带来收益后才有价值，没有投入使用，就没有利益流入。就像一辆时速 200 公里的豪华轿车，在出厂之前没有价值，锁在车库里也没有价值。

没有参加工作的子女是父母的纯负债，参加工作后仍然向父母伸手要钱的子女是父母追加的后续投资。

有了儿女之后，抚养教育儿女的投资是第二任父母的垫付、预付行为，是另一项贸易活动。此时孩子的父母是孩子的投资者、资金垫付者，是自己孩子的债权人，但对自己的父母，又是被投资者，是父母的债务人。这两者的关系一定不能搞错。

对我们的债权人，我们的责任是抚养、教育、垫付、预付，完成这项人生最大最重要的建设投资，交付使用之后有权利获得赡养和孝敬，享受投资分红。

对于我们的债务人，我们的责任是返还投资成本，归还垫付款、预付款，最主要是尽好赡养、孝敬之责，给他人和社会作贡献。

全天下的父母和子女都是代际往来，前人栽树，后人乘凉。如果我们不栽树，让后人无处乘凉，就是我们的不对。如果我们无处乘凉，那是父母没有给我们栽树，是父母做得不好，但我们无法改变，只能接受。

如果把父母当成那个不认识又请自己吃了一碗面的老板，全社会子女对应收和预收的概念就不会混淆，感恩父母、报答父母就会成为一种社会风气。家庭和睦、社会和谐就无处不在。

视角十二：站在会计角度看教育

■ 人品是永恒的固定资产，能力是流动资产

无论是选拔干部还是录用公务员，不管是企业招聘员工还是家庭挑选女婿儿媳，都离不开对备选对象的人品和能力两大指标的考核与考察。

选拔干部的标准叫德才兼备，以德为先。其实所有选人用人的标准都是如此。

有德有才叫优质品，有德无才为半成品，无德无才叫废品，无德有才为毒品。

人品的主要成分是道德，才能的主要成分是知识和技能。

知识会不断更新，旧知识很快会被新知识替代。知识是形成技能的原材料。我们学习各种知识，其本质都是一个采购原材料的过程。原材料如果不能使用到产品之中，其效用就无法充分体现。正如人们通常所说，土豆不值钱，但当高级厨师将其加工成酸辣土豆丝，变成一道美味菜肴、一道可以食用的产品，价格马上翻番。番茄不值钱，当把它变成番茄酱，再将土豆变成薯条，薯条与番茄酱合在一起，就是一种现代化的产品，其价格就能翻出几十倍。

就像知识若没有变成技能，仅停留在书本上的死记硬背，或者虽然应用于实际，但属于生搬硬套，就会被人们斥责为迂腐、教条，军事上这叫纸上谈兵。

技能是将知识应用于工作生活实践后，形成的解决实际问题的技术、艺术和能力。技能是由知识的原材料加工转化而成的产成品，是凝聚着个

人和团队的必要劳动时间和剩余劳动时间，可以直接对外"销售"的劳动成果，或者是形成劳动成果的一系列方法、措施、思路、方案，即由理论知识和实践知识（经验）的原材料所制作的半成品。

原材料、产成品、半成品在会计上统称为存货，属于流动资产，需要在短期内变现。为啥？

因为人们都有喜新厌旧的好奇心，有欲壑难填的本性，这个本能驱使新的原材料不断出现，旧材料被替代，人们会在各种产品中好中选好、优中选优。产成品若不及时更新换代，就可能形成库存积压，无人问津。原来的采购、生产工作等于白干了，今后的采购、生产活动因缺资金、没库房、拖欠职工工资而难以为继，企业的生存就会面临巨大压力。

现实生活中，因知识老化、技能贬值而被无情淘汰的事例不胜枚举。

原来的补锅匠、补鞋匠、编席匠、剃头匠、弹棉花匠现在几乎见不到踪影，原来的汽车修理工、打字员、收发电报人员基本被淘汰。就连会计这个技术含量相对较高的职业，自从互联网、云计算兴起，财务集中核算中心建立之后，其职业技能也渐渐丧失了存在的必要。现在会计不需要做账、不需要编报表，一切由计算机自动完成，付款全部实现了电子化，提取和发放现金的必要性大大降低。

不只是会计，银行柜员、高速公路收费员、停车场收费员、工厂的工人、田间的农民、商场的服务员等各行各业都面临着被新技术、机器人、互联网淘汰的危险。

智能手机的照相、摄像、订票、订餐、订宾馆、信息查询、网上办公等功能普及后，淘汰的产品、企业、行业更是不计其数。

知识和技能是流动资产，是随时可能被时代抛弃的资产，其跌价已无可避免，时刻面临被淘汰的危险已不再是危言耸听。

大学生、硕士生请不要沾沾自喜，你们手中的那点流动资产的保质期在不断缩短，如果不学习、不充电，你们迟早会被"停机"或总是不在服务区。大学生找工作难就是证明。

视角十二：站在会计角度看教育

一个人真正拥有的永恒的固定资产是人品，无论从事什么行业、在什么地区、干什么职业，无论过去、现在还是未来，都是如此。

人品始终代表自己的最大规模和最强实力，是能为自己带来长期利益的资产和资源。

人品相当于工厂的厂房和机器设备。无论加工什么材料、生产什么产品，都离不开厂房和机器设备。它们是你的劳动工具，知识的材料和技能产品都是你的劳动对象，劳动者就是你自己。

厂房机器设备是开工厂的基础设施和生产的基本条件，没有它们，就无法生产出产品，也不能称其为工厂。

人品是一个人立足于社会与人打交道的基本条件。没有人品者，被人们称作"禽兽""魔鬼"，有时称作"禽兽不如"。

正常的人谁都不愿意与"禽兽"打交道，他们听不懂人话，常常会伤人甚至吃人，违背了人趋利的本性，所以人们会避而远之。

厂房机器设备是股东投资建设或者购买的，使用久了会老化，所以必须经常保养保修，定期要进行大中修。

人品的种子是父母播撒的，无须花钱购买，想买也买不到。播撒完种子，还必须按时浇水、施肥、除草、打药，让它扎根、发芽、开花、结果。能长出合格果实的种子才是有效的种子，不能长出合格果实的种子属于变异的种子，会结出有毒有害的果实。

如果种子播种延误了季节，则可能扎不了根、发不了芽。如果选错了种子，长出来就可能是杂草或毒花毒果。

人品的种子早期由父母播撒管护，但到中后期，就得完全靠自己。就像一个企业，父辈置地建厂房，购置了前期的机器设备，下一代接手后，需要扩大生产规模、增加厂区面积和厂房数量、添置更新机器设备，总不能等父母去投资吧，必须靠自己。

人品也需要经常检修。古人叫"吾日三省吾身"，需要保养、中修、大修，才能让这个伴随自己终身的固定资产始终处于良好状态。

固定资产有折旧，人品也有折旧，不过不是普通的折旧，而是负折旧。好的人品越用价值越大，差的人品越用价值越小。商业叫商誉价值，对个人叫声誉、名誉、荣誉，又叫名望。德高望重就是一种声誉，就是人品这个固定资产价值的集中体现，也是人品负折旧特征的体现。

信誉是声誉的一个分支，是对一个人诚信程度的衡量指标。除了信誉，声誉中还包括慈悲、感恩、大度、眼光、境界、智慧等多个分支。

建设维护好个人的人品，保护好这个终身受益的永恒的固定资产，比多学几门知识、多掌握几项技能要重要得多。没有好人品，要么是废品、要么是毒品，不仅会贻害他人和社会，还会成为害自己、害子女、害父母的"害人虫"。

愿大家充分了解人品的作用，力争成为有人品、有能力的"优质品"。

视角十三

站在会计角度看生活

视角十三：站在会计角度看生活

■ 生活中的折旧

衣服每穿一次旧一次，洗一次、折叠一次旧一次，是生活中最典型、最直观的折旧案例。皮鞋、皮带、手机、电视机、冰箱、洗衣机、电饭煲、锅碗瓢盆都有折旧。

所有物品由新到旧的过程，就是折旧的过程，折旧体现了物品的新旧程度。凡物品皆有寿命，皆有保质期。时间一分不停地走着，保质期一点一点在缩短，人不能阻止。

蔬菜水果保质期短，折旧快；药品、食品保质期也不长，即使不用，时间到了就不能再用，只能报废、销毁。

很多大件商品刚从商场购入，没有使用但觉得不适合，要求退货或转手倒卖，就得降价，否则就难以成交。但该商品若放在商场，没有人购买，还是原价，一分也不能少，这就叫折旧。但这种折旧与时间无关、与商品的质量和寿命无关，只与人和地方有关。

商场售出的商品可信度高，有问题好处理。但同样的东西一旦离开商场，可信度立即打折，处理问题的难度增加，这是与商品质量无关的环境因素和心理因素所制造的折旧。

生活中，除了物质有折旧外，非物质的东西也有折旧。

爱情有折旧。从恋爱初期到爱情成长阶段，价值呈上升态势，到爱情成熟后的订婚之时，达到高峰。之后爱情的价值不再增加而是呈逐步减少态势。有三种转化结果：其一是上升为亲情，变成像手足一样难舍难分的关系；其二是转变为友情，变为像同事朋友一样的合作关系；其三是转为仇情，婚姻解体，变为水火不容的仇敌。

爱情的种子发芽、开花之后，种子就不存在了，维系婚姻的初期是爱情的余热。待爱情有了结果，生了孩子，种子的使命完成，余热用尽，替代它的是亲情和友情的种子。爱情的保质期只有短短几年时间，并非人们所说的永恒。

友情有折旧。酒肉朋友的折旧期较短。只有一面之缘或者因某种目的而走在一起的朋友，当该目的达成之后，从本质上来说，友情的种子也变成了花和果，这个"果"如果是双方期待之果，还有分享的可能，也有合作结出更大更好的果的必要，否则，合作从此结束。就像烧锅的柴用完了，锅的温度会慢慢降低直至冷却。

知己、知心朋友的折旧期较长。由于双方有共同的兴趣爱好，有共同的语言和价值标准，如同烧锅的柴堆满了，够用大半辈子，除非任何一方的兴趣转移、价值标准改变，他们可以成为一辈子的朋友。这又像一条公路，每月都有人保养维护，定期还要大修，其后续支出源源不断，所以能有几十年上百年的使用期。知己和知心朋友的保质期最长，折旧最慢。

亲情会折旧。亲人间长时间不联系会变得陌生，如同陌路人。好比火小了却没有及时加柴，亲人没有持续的感情和物质投入，感情就会产生折旧。

父子情深、母女情深，是因为父亲和母亲首先用了几十年时间，持续为子女的身心加柴加热，之后子女又会用几十年时间为父母加柴加热，才会有永远也不会降温的心里的温度。

但是，如果父母给子女的热量不够，应该烧到100℃的水，烧到80℃、60℃甚至只有微温就停止加热，让子女成了"夹生饭"，很难生成热量、释放热量，亲情的温度就不会高，折旧就会乘虚而入。父母随着年龄变大，身体变弱、疾病增加，自己的热量逐渐减少，需要子女给予补充才能不冷。当儿女长大成人后，自己有了热量，如果不能及时补充父母缺失的热量，而将其自产自销，专供自己的子女享用，上层与中间层的能量循环就会出现断裂,父子亲情就会受损。只有上层、中层、下层三层的能量传递实现良性互动,达到动态平衡,亲情的折旧才会降到最低程度,人间的大爱传承才会持续不断。如果子女不顾及老人,你的子女同样会学着你的做法,不会顾及你们,相信年轻的中流砥柱会明白这个道理。

现在的独生子女普遍没有为父母传热加能量维护亲情的意识,啃老族、月光族纷纷出现,自私、任性、虚荣、奢侈的"富二代""官二代"也带坏了"农二代""工二代"。很多"80后""90后"头脑中好像只有应收的概念,压根没有应付的意识。这首先是父母的责任,父母没有讲清应付与应收的关系,没有教会子女承担责任。其次子女也难辞其咎。读了那么多书,走了那么多地方,连这点基本的道理都不懂,对父母尚且如此,将来在社会上能怎么对待同事朋友,怎么教育自己的子女?自己的子女对你们的一言一行看在眼里、记在心上,让他们如何做人?你们这样做不但是害父母,而且是害自己,更重要的是害子女。这是亲情的折旧产生的根本原因。善待老人就是善待自己,也是善待子女,是延长亲情保质期的秘诀。

生活中的折旧随处可见,懂得加柴、及时保养维护、定期大修,生活的折旧对我们的负面影响就会降到最低,我们的生活就会常新,心情也会常新常爽,每天都能在崭新的环境中度过。

■ 生活中的应收应付

会计上的应收应付概念和事例,在生活中也普遍存在。

父母给孩子交学费、生活费、培训费,就有多对应收应付关系。

对家长而言,是应付孩子的学费、生活费、培训费,应收孩子的学习成绩成果。

对孩子而言,是应付学校、培训班的学费、培训费,应收老师的知识、技能等学习成果。

对老师而言,是应付孩子的知识、技能,应收孩子的学费、培训费。

对学校而言,是应付老师的工资奖金,应收老师的知识技能。

对社会而言,是应付学校合格老师、合规教学场所、合格教学设施、一定量教育经费(国家和地方财力有限,用收取家长的费用作为社会投入的补充),应付社会合格人才。

对家长而言,是应收合格人才,应付教育义务(交学费、生活费是教育义务之一)。

如果采取"丁字"试算平衡法,我们就会发现,整个教育收费、付费的往来关系最后都能抵消,每个账户的期末余额都为零,本核算期往来进出平衡,谁也不欠谁的。

这当然只能是理论上的结论。知识和技能很难用钱衡量,谁付出多收到少,谁吃亏谁占便宜,没有办法严格按照会计原则计量、记录和报告。

经常听到某人说,谁欠自己一个人情,谁欠自己一顿饭,或者说自己欠谁一个人情,欠谁一顿饭,这就是生活中最常见的应收应付关系。

视角十三：站在会计角度看生活

AA 制吃饭就不存在应收应付关系，轮流坐庄则会产生应收应付关系。

中国人最讲究礼尚往来，礼尚往来与会计的往来本质是一模一样的。

晚辈给长辈拜年，长辈给晚辈当场发压岁钱，是礼尚往来。

亲戚朋友同事间互相行人情，是礼尚往来，相互帮忙也是礼尚往来。

来而不往非礼也！

骗子、小偷、强盗、土匪、恶霸等所干的营生，专门破坏礼尚往来的规矩，只收不付，只进不出，比过河拆桥的行为性质更恶劣。是巧取豪夺，是明目张胆抢劫他人的财物，为法律所不容。他们的行为是犯罪行为，要受到法律严惩。他们所收之财叫不义之财，要没收奉还失主或者充公。

还有些人所干之事虽然不违法，没有犯罪，但也不符合有来必有往、往来要对等的规矩。他们只喜欢进，不愿意出，只希望来，不愿意往，甚至干出过河拆桥、卸磨杀驴、翻脸不认人的勾当。人们称他们是忘恩负义之徒，是不可交之人，他们都遭到道义和社会舆论谴责，为大家所不容。

物资是有限的，但天下人都是趋利避害的。老天是公平的，欠债总是要还。你不还，就有人向你的儿子、孙子、曾孙索取。因为谁的血汗都不愿意白流，谁的尊严和人格都不容许别人侮辱和践踏。

父母与子女的应收应付问题是生活中人人关注的问题，但这似乎是一笔永远也算不清的糊涂账。其实这笔账并不糊涂，谁欠谁的，在中国一目了然。至于还与不还、还多少、欠多少，由于作为债主的父母根本不计较，所以常常会一笔勾销。子女如果有心且有力，欠的就会少一些；子女如果心特善、力特大，烧锅的柴一辈子都用不完，父母的锅里就永远有肉吃，父子、母女之情永远都是最亲的，这是父母之功，也是社会之幸。

但是，部分父母与儿女却反目成仇，相互指责，相互埋怨。这首先是父母之过，其次是儿女之过，也是家庭不幸、社会不幸。

一些父母不尽父母之责，与陌路人不相上下。应当提供给子女烧 20 年的柴，父母仅供了 10 年甚至不到 5 年就不供了。子女的热量不够，能量不足，养活自己都很困难，怎么有能力供父母呢？

有的父母在孩子还没有能力砍柴或者刚学会砍柴之时，就要求子女偿还以前欠自己的柴，子女自然完不成，双方就可能产生矛盾。

一些父母胡乱尽责，教儿女学坏，自己不想砍柴，偷别人家的柴，还教儿女去偷、去抢别人家的柴、煮好的饭，别人不答应，教训了孩子，孩子明白事理后就会责怪父母。这样的父母与孩子，已经不再是亲情关系，而是仇敌关系。有意教唆自己孩子干坏事的父母，是极不称职的父母；过分溺爱子女的父母，其本质与教唆自己孩子干坏事的父母相同。父母有不正当、不善良、不诚实、不道德的思想和行为，在孩子心目中种下的就是毒种子，是债务而不是资产。父母应收的只有受到法律、道义、天理惩罚的恶果，是负利益而不是正利益。

没有应付就不存在应收，没有应收也不存在应付，应收与应付始终是相等的。就像输与赢、赚与赔、得与失、舍与得一样，这也符合物质不灭定律。

产生应收与应付的根本原因是时间，次要原因是空间。解决应收应付问题还要靠时间。好在人人都有时间，有还债的可能。但人的生命、事的生命、物的生命都很有限，超过了其时间限度，应收应付问题就会变成死账、呆账，变成终生的遗憾和内疚。

记住应收的背后有应付，没有不付只收的事；应付的背后也有应收，付出多大，收获就有多大。先舍是应付，后得是应收。但切不可将先与后的时间拉得太长。子欲孝而亲不待，就会悔恨终生。

视角十四

站在会计角度看社会

视角十四：站在会计角度看社会

■ 爱的利息

人都有善恶两种本能，有社会与自然两种属性。通俗讲就是有好的一面，也有不好的一面，有优点也有缺点。世界上没有只有优点没有缺点的完人。

善有大善、中善和小善之分。

大善即义，是以牺牲个人巨大利益和生命为代价，换取他人过上美好生活的行为。具有大善行为者被人们尊为圣人、君子。中善即仁爱，是以个人利益的中小损失为代价，换取他人利益的行为。有此种行为者被称为贤人、好人。小善即喜欢，是在不损害自己利益的前提下，为他人谋取利益，或者不损害他人利益的行为。有此类行为者为常人。

恶也有大恶、中恶和小恶之分。

大恶即违法犯罪行为，是以违背法律、伤害他人、剥夺他人财产和生命、牺牲他人利益为手段，以谋取自己最大利益，让自己过上美好生活为目的的行为。有大恶行为者都是罪人，无论是否经过审判，是否坐牢。

坐牢者是已经被法律裁定了的罪人，尚未坐牢者是暂时逃脱了法律制裁的罪人。

中恶是违规违纪，是以违反制度和纪律、牺牲他人利益为手段，以谋取自己较大利益，让自己过上较好生活为目的的行为。有中恶行为者就是坏人。没有达到犯罪程度，但对他人造成的伤害和损失较为严重。

小恶是违反道德，是以违背道德和良知为手段，以自己得利为目的，在不违法、不违规、不违纪的前提下，为了获取自己的利益而有意或者无意伤害他人的行为。有小恶行为者为小人和庸人。

人们常说：种瓜得瓜，种豆得豆；善有善报，恶有恶报；爱出者爱返。这都是从质的规定性上总结的自然和社会规律。

春种一粒粟，秋收万颗籽，是自然界对投入产出在数量上的规定性的体现，是物质繁育的数量规律。这个规律同样可以推广应用到社会，应用到善与恶、爱与恨。

中国人重人情、重礼尚往来，来而不往非礼也，这是人情交往、是善与爱的质的规律。

朋友为我们行礼500元，我们还礼时，一般不能低于500元，也不会刚好500元，而会多出来一点，这是人情交往、是善与爱的数量关系规律。多出来的部分，笔者称其为爱的利息。

为什么要多一点？

人都有趋利避害的本能。我们不能让朋友感到与我们交往会吃亏，会受害。我们还人情，不能只还一半、留一半，一定会一次还清，还会有一点"长头"，让朋友感到有收获、有利益，能尝到交朋友的甜头，满足人们趋利的本能。交往总是吃亏，这样的关系维持不了多久。这是普通人交往的基本规则。

当我们对某个人有较大帮助、有恩于对方时，他一定会心怀感激，会择机报答。

如果我们遇到了较大困难，接受过我们帮助、受过我们大恩的人，会毫不犹豫地伸出双手，无条件地给予我们帮助，一般不止一次，而会反帮助两次甚至三次以上。

从经济角度看，我们的付出有100%、200%的回报，这就是爱的利息。

除了受助者本人对我们有两倍三倍的回报外，受助者的家人、朋友等与其有密切关系者大约有40人，都会对我们产生好感、心怀感激。如果我们有困难，但曾受助者不在场，或者受助者在场但没有能力提供帮助，其家人、朋友一定会替受助者报答我们，我们就有 40 倍以上接受帮助的机会。

其实除了受助者本人外，他的亲人朋友我们根本就不认识，更没有给予其任何帮助，有时我们甚至连受助者也不认识。当我们做善事、献爱心、有见义勇为的事迹，被媒体报道后，社会上就有成千上万个热心观众、市民、国民向我们伸出援助之手，这叫爱的利息的利息。

它是一种几何式回报，已经无法用百分比来表示。对除了受助者之外的人而言，我们的帮助成本为零，属于无功受禄，它比"驴打滚高利贷"要厉害无数倍。

大善大义有超大回报，中善仁爱有大回报，小善喜欢有中小回报。用"春播一份爱，秋收万颗心"表达爱的利息毫不为过。

善的反面是恶，爱的反面是恨。

有大恶的罪人会遭到超大报复，有中恶的坏人会遭到大报复，有小恶的小人会遭到中上报复，是爱的利息规律的另一种形态，笔者称其为恶与恨的罚息。

其原理、计算公式与爱的利息基本相似，叫"春撒一份恶，秋收万种仇"。

不过，种恶恨与种仁善有很大不同。

帮助了别人、播撒了仁善的种子之后，只有在帮助者需要帮助时，受助者才有机会报答。只有在受助者财力和能力许可的情况下，才能完全报答。若帮助者暂时不需要帮助，受助者及亲友就没有机会报答，只能像存款一样，将这份爱连本带息滚存式储存起来，等待时机，要么让子女代为偿还，要么只能遗憾地说一声，我欠你的，只有来世再还了。

若帮助者因重病或其他原因需要巨额资金，或者需要换肾、需要输血，受助者没有能力援助，他也只能将欠账记下，让子女报答帮助者及其子女。用民间的话说，下辈子再还你吧。

伤害了别人、播下了恶的种子，则难以避免被报复、被报仇。

中国人最爱面子。被人伤害、被人欺凌、侮辱，就是伤害面子、伤害尊严的重大事件，被伤害者及其家人亲友会将伤害者视为仇人，把伤害行为当作欠下自己或自己人的债。

若被伤害者不是圣人，其亲友也非圣人，报复行为就必然发生。这种加倍偿还比爱的几何式还要更凶猛，必须让加害者付出沉重代价、承诺加倍赔偿一切损失，不再加害，彻底认输，报复才会停止。若加害者不轻易投降认输，其群殴性、惨烈性、持续性、循环往复性常常会让双方都付出金钱、时间、财产、身体甚至生命代价，不可避免地会殃及双方的子女和亲友，延续到下一代，双方结为世仇，不共戴天。

爱与善的利息巨大，叫人一辈子享受不完；恨与恶的罚息更大，叫人一辈子偿还不清。

享受不完、偿还不清，却不会一笔勾销。它会自动过转到下一代，记到子女的头上，由子女继续无条件地享受或者偿还。

朱元璋小时候家里很穷，父亲和哥哥同时饿死，没有土地埋葬。他挨家挨户乞求，终于有一户人家愿意拿出自家的一小块土地，他这才安葬了父兄。他当皇帝后，就封这家人为侯，世袭罔替。

吕不韦当年做生意感觉赚钱太辛苦，他虽然钱多，却没有地位，便寻求改变之法。

公元前265年，他贩货来到赵国都城邯郸，看见一辆插着黄旗写有"秦"字的老牛旧车。车中坐着一位衣冠无华、面容消瘦、目光含忧、随从寥寥的年轻人。他听说这个年轻人叫异人，是秦国送到赵国的"质子"，乃是秦昭襄王之孙、秦太子安国君的庶子。吕不韦看到了商机，认为此人奇货可居。

回家后，他问父亲："农夫一年到头，日出而作，日落而息，辛苦一年能获利多少？""如果遇上丰收年月，可以获利十倍。"他又问："贩珠卖玉呢？""如果经营得当，可以获利百倍。"他又问："若是能拥立一国之君，能获利多少呢？"父亲奇怪地看着儿子，想了想道："此事难以预料，若拥立成功，可获利无数。若拥立不成，连身家性命都要赔进去。我儿为何有此奇怪念头？"

吕不韦将异人在赵当人质境遇不佳，他想通过改变异人的身份来提高自己地位的打算告诉了父亲。父亲听后称赞，认为其利无数。

吕不韦也向异人提出了自己的设想：太子安国君接王位已成定局。安国君最宠爱的华阳夫人尚无子嗣。公子奉华阳为母，便可由庶变嫡。华阳夫人当了皇后，你就是太子，将来就是国君。不韦愿毁家破产，携千金为公子周旋。异人顿首发誓："先生此计若得成功，异人当与先生共享秦国。"

吕不韦的计谋变成了现实，异人备受华阳夫人的宠爱，改名子楚。安国君继位，是为秦孝文王，子楚成为太子。

一年后，子楚继位，是为秦庄襄王。他拜吕不韦为丞相，封其为文信侯。

三年后，秦庄襄王去世，太子嬴政继位。嬴政只有13岁，不懂治国理政，一切军国事务由吕不韦裁决，吕不韦被嬴政尊为"仲父"，成了货真价实的"太上皇"。

一本万利就是吕不韦留给世人的宝贵遗产。

普通人没有吕不韦的野心和雄才大略，一本万利的生意做不到。但一本百利、一本千利的生意，投资人的利息，不但可靠，而且可行。

投资帮助人、培养人的事业，一定会一本千利、一本万利，自己享受不尽，子孙后代还会享福。

投资伤害人的事，一定会千本一利、万本一利，甚至会付出生命代价，自己遭罪，子孙后代也得帮着还债。

这就是爱与善的利息规律、恨与恶的罚息规律。

论知识折旧与技能贬值

如今,社会上普遍认为,现在的大学生、硕士生、博士生比起20世纪80年代的,差远了。甚至有人认为,现在的教授、博导、讲师、工程师、经济师、会计师、作家、书法家、画家、电影导演、电影演员等,比过去都有退步。难道长江后浪推前浪,一代更比一代强的发展规律,青出于蓝而胜于蓝的进化规律有误?非也!

习近平总书记在中央党校建校80周年庆祝会上讲话指出:"在农耕时代,一个人读几年书,就可以用一辈子;在工业经济时代,一个人读十几年书,才够用一辈子;到了知识经济时代,一个人必须学习一辈子,才能跟上时代前进的脚步。"

习总书记对领导干部"本领恐慌"、能力不足问题进行了形象、深刻、具体的阐释。他指出,很多同志有做好工作的真诚愿望,也有干劲,但缺乏新形势下做好工作的本领,面对新情况新问题,由于不懂规律、不懂门道、缺乏知识、缺乏本领,还是习惯于用老思路老套路来应付,蛮干盲干,结果是虽然做了工作,有时做得还很辛苦,但不是不对路子,就是事与愿违,甚至搞出一些南辕北辙的事情来。这就叫新办法不会用,老办法不管用,硬办法不敢用,软办法不顶用。

会计上,为了计量长期资产的贬值情况,同时为了反映固定资产在产品中的贡献价值,提出了折旧概念。折旧就是原值损耗的部分,是将固定资产名义价值(原值)调整为实际价值(净值)的手段。对由于技术进步、产品更新换代较快、贬值较大的固定资产加速折旧,客观准确计量报

视角十四：站在会计角度看社会

告固定资产的原有价值、新旧程度和现时价值。

机器设备会老化，人的知识和技能也会老化。

曾经的BB机，286、386、486计算机早已无影无踪；我们学到的计划经济理论、方法已经没有用处；过去的剃头、补锅、补席、弹棉花等技能，如今已少有用武之地。这就是知识技能的老化、贬值和淘汰。借用会计专业术语，笔者称此现象为知识折旧与技能贬值。

知识折旧与技能贬值是社会进步、人类文明程度提高的反向印证。

我们回头看看农耕时代，社会生产力水平低下，生产关系简单，经济基础薄弱，上层建筑方面只用吏、户、礼、刑、兵、工六部派出很少官吏就可让全国正常运转。全社会对知识和技能的需求不高，社会文明程度很低。民众掌握的知识和技能并不多，一切都围绕农业，围绕当良民、当顺民展开。由于多数人懂得不多，别人怎么说就怎么做，别人让怎么做就怎么做，社会管理简单。此时的知识和技能数量与品种均不多，折旧很慢。知识技能的净值一直处于接近于原值的水平，所以念几年书就够一辈子用。

再看工业经济时代，社会生产力水平大幅度提高，生产关系较为复杂，经济基础相对雄厚，上层建筑方面用几十个部委、几百万公务人员管理社会还难以应付。社会对知识的需求较农耕时代有很大提高，知识的供给由于需求的刺激，也不断增加。社会文明程度有所提高。人们的民主意识、自由意识、公平意识、权利意识、法制意识都有所增强。全社会有知识有文化的人明显增多，他们掌握的知识技能数量门类也越来越多。多数人都受过较为系统的教育，别人怎么说自己都有各自的观点，能分析是否正确，不正确的就不去听。此时知识技能的绝对价值要高于农耕时代，但相对价值则因许多人拥有、社会需要的数量和品种更大而略有降低。知识折旧技能贬值程度较农耕时代要大得多、快得多，知识技能的净值与原值的差距越来越大，却始终有净值，读十几年书一辈子够用。

到了知识经济时代，社会生产力水平提升到更高的程度，生产关系极为复杂，经济基础更加雄厚，上层建筑方面不断增加人力、物力、财力也很难应付。社会对知识技能的需求较工业经济时代又有很大提高，知识的供给更为充沛，社会文明程度大大提高。人们获取知识技能的途径更多，掌握的内容更为丰富和全面。全社会几乎人人有知识，社会上受过高等教育的人数增加。别人怎么说，自己能用更高明的方式分析判断并提出自己的独到见解。人们的民主意识、自由意识、公平意识、权利意识、法制意识都达到了更高层次。多数人有自己的远大理想和抱负，生理、安全、社交等中低级需求已不再是大家的主要目标，尊重和自我实现成为全社会的主流追求。

此时，知识技能的绝对价值要高于工业经济时代，但相对价值因更多人受过高等教育、社会需求更大而大大降低。人们的需求更为高级和复杂，并不断快速变化，人们所拥有的知识技能因难以满足日益增长的物质和精神文化需求，供需匹配度差距越拉越大，知识更新速度极快，导致原有知识和技能全部或大部分被淘汰，学完即无用或大部分无用，知识技能的净值等于零或接近于零，必须从头学起，以充电大于放电的速度，才能满足现实需要，才能跟上时代前进的脚步。

知识折旧加快、技能贬值加速是社会进步的象征，是人类文明程度提高的表现，它是一种客观规律，不以人的意志为转移。

知识折旧加快、技能贬值加速，要求我们的知识和技能更新速度必须高于淘汰速度，要不断补充新知识、替换新技能。

知识折旧加快、技能贬值加速的比较基础有两个，即纵向基础与横向基础。

纵向基础就是农耕时代、工业经济时代与知识经济时代三个时代之间比较，前已述及，其原因在于时代进步、社会发展、人类文明程度提高。

横向基础就是同时站在知识经济时代背景下，比较我们所拥有的知识和技能与时代需要的知识与技能。知识与技能供应的绝对量确实比工业经济时代有所增加和提高，但时代和社会对其需求则增加得更多、更快，供不应求的矛盾愈发突出。如果说社会需求的知识和技能是一种客观的刚性指标，那么我们所供给的知识和技能则是一种主观的柔性指标。硬需求不易改变，只有增加软供给，用软供给去适应和满足硬需求，供需之间的矛盾才能得到缓解、化解。

增加我们知识和技能的软供给，加快提升知识更新、加速能力，加强本领提高，才是符合知识经济时代需求和社会规律的唯一选择。

大学生所用非所学告诉我们，知识折旧技能贬值已经成为严酷的社会现实。

近年来，大学生、研究生所用非所学、所学非所用现象日益突出，多数大学生、研究生从事的是与所学专业无关的工作。大学生、研究生当环卫工、收费员、治超员、售楼员、售货员、打字员、服务员等，已经不是新鲜事，而是普遍存在、普遍认可的社会现象。难道国家花那么多钱培养的高级人才多得用不了吗？难道我们的各项技术已经达到世界领先水平，我们的各项管理已经到了国际先进水平？当然不是。大学生、研究生所学的知识、所掌握的技能，社会上根本不需要，社会需要的知识技能，现在的大学生根本不掌握，才导致学非所用、用非所学。这就是知识折旧技能贬值的现实写照。

当代的许多年轻人，根本没有认清知识经济时代的要求和这个时代背景下知识折旧加快、技能贬值加速的社会规律，依然抱着工业时代的老观念、老标准来认识自己、认识社会，觉得自己是专科生、本科生、硕士生、博士生，应当得到社会认可和重用，应当受到尊重，应当给自己一片天地，让自己个人价值充分展示。

他们中有不少人高不成、低不就。刚大学毕业就要求工作环境要好、工作要轻松。不愿意到基层去，不愿意到边贫等祖国最需要的地方去，不愿意当蓝领干一线技术工人的工作，更不愿意做苦工。

由于对自己认识不清，对时代认识不清，许多年轻人为自己定下了不切实际的高指标、严重脱离实际的高目标。面对新时代、新形势、新情况、新问题,他们在学校中学到的知识、本领早已过时,但他们却全然不知。因为不懂规律、不懂门道,缺乏新知识、缺少新本领,他们只会蛮干盲干,结果自然是事与愿违、南辕北辙。他们没有从自身本领不足、知识老化找问题,而是怪单位、怨领导,把责任推给同事,频繁换单位,越换越失望,越干越没有自信。领导不喜欢,同事不信任,自己也一直在烦恼与怨恨中苦苦度日。别说无人尊重,不能自我实现,就是要过一个正常人平静、平凡、快乐、幸福的小日子都很难。

知识折旧、技能贬值是当代知识分子面临的普遍问题,能力不足是全社会、全民的危险。

只有正确认识知识折旧、技能贬值、能力退化的客观现实,坦然接受、积极应对、不断学习和实践,尽快补足所缺的知识,练够需要积累的经验、磨砺出时代需要的各种能力,我们才不至于被时代淘汰。

视角十四：站在会计角度看社会

■ 金钱是天下最具诱惑力的陷阱

有一种东西，从古至今、从中到外，持续了几千年，人们对它的感情始终如一。几乎所有事都要用到它，各个角落的人都在争夺它。没有第二个东西能够超过它，它就是金钱。

它能够把社会精英变成罪犯；能把家庭搞得家破人亡、妻离子散；能把活生生的生命带进坟墓；能把人变成魔鬼和禽兽。在这个世界上，除了金钱，再也找不出比它诱惑力更大的陷阱。

全世界90%以上的法制节目，内容和金钱有关。金钱诱惑下数以亿万计的民众，都踩上了法律的红线。全球80%以上的犯罪起因是金钱，金钱诱惑了成千上万的官员和民众落入法网。全人类80%以上的邻里纠纷、朋友分歧、家庭矛盾、经济案件等，多达数百亿人次的道德问题，焦点都是金钱。

金钱为何有如此巨大的魅力和能量，能把整个社会搞得天翻地覆、乌烟瘴气？能让世界变得如此混乱？

笔者以为，金钱的特性与人的特性有很大的交集，你中有我，我中有你，才让人分不清自己和金钱到底谁是谁，才搞乱了本该一清二楚的两者关系。

钱无法了解人的特性，但人可以了解钱的特性。问题的根子在人，不在钱。

人的意识若始终处在动物本能阶段或者将动物本能放大、拔高之时，人就走不出由金钱铺设的陷阱。

只要是人，不管是古代人还是现代人，无论是中国人还是外国人，都有共同的人性、有共同的欲望和需求。金钱能满足人性的很多欲望和需求。

人有生理需求，必须吃穿住行、睡觉如厕，谁也不例外。

金钱可以换来各个品种、各种档次、各种数量的食品饮料来满足人的吃喝需求；金钱可以换来男女老少春夏秋冬所需的又漂亮质量又好的衣物饰品，能满足人的穿戴需求；金钱可以换来大小房子、豪宅别墅及房内所有陈设，能满足人的居住需求；金钱可以换来自行车、摩托车、汽车、火车、轮船、飞机以及手机等各种交通和通信工具，能满足人出行的需求、沟通交流传递信息的需求。

人要生存，就离不开生活用品。所有生活用品必须由人通过劳动生产出来。劳动成果需要劳动者、劳动工具和材料等劳动对象才能产出。劳动工具和劳动材料是其他劳动者生产出来的，有材料成本、工具成本和人的成本，还有税金和利润，是五者的价值总和。

要获得一件劳动产品，必须支付全部成本、税金和利润，交换时少收回其中一部分，劳动者再生活、产品再生产、企业再发展、国家再繁荣，都将受到影响，就不能继续生产，就没有可以用来交换的物品。

金钱是社会上有价值、可以用来交换的物品的总代表，有多少物品就印发多少金钱，有多少金钱就有多少可以让人们相互交换的商品。所以金钱不仅是全社会所生产、所拥有的所有物质财富和部分精神财富的总代表，还是每一件劳动产品价值的个别代表，也是人的劳动价值的个体代表。金钱既代表了劳动者的价值，又代表了劳动工具价值，还代表了产品对社会贡献的价值，还能代表生产企业的价值、行业的价值、地区的价值、国家的价值，其综合性、必要性、充分性、必备性、交换性、流通性、尺度性、储藏性等，没有任何其他商品、物品可以替代，这也是金钱的最大诱惑所在。

人有安全需要，维护人身和财产安全的设施、设备、人员投入需要金

视角十四：站在会计角度看社会

钱。越有钱，越需要安全。然而，越有钱却越不安全。人们为了安全又掉入金钱的陷阱。

人有社交需要，社交需要花钱。吃饭、喝酒、喝茶、打牌、跳舞、唱歌、打球、爬山、旅游、婚丧嫁娶、相互帮忙办事，多数社交活动需要以金钱付出为代价。

你付出少我付出多，你大方他吝啬，你爱较真我不在乎，时间久了就可能产生怨念、纠纷、争吵甚至打架。

够朋友不够朋友的评判标准，常常是舍不舍得为朋友花钱。

没有永远的朋友、只有永远的利益是很多人的交友理念，实现自己的利益最大化是不少人的社交活动目标。如果能够为自己带来利益则交往，否则拒绝交往；如果可以让自己利益最大化，则扩大社交，否则，一拍两散。酒肉朋友翻脸不认人时，就会闹出许多社会矛盾。社交活动稍不留神就落入金钱的陷阱。

更有一种以吃饭、打牌等为名，行行贿受贿之实的社交方式。这些在社交的幌子下见不得光的违法勾当，以损害国家和集体利益为代价，以谋求个人利益为目的，是金钱在社交领域扮演的最不光彩的角色。

人有尊重需要，尊重一般不需要花钱或者只需要花适当或者较少的钱。尊重是对自己认可的尊贵且重要的人物之态度。

受尊重者包括尊者和重者两种人。

尊者是有人格魅力、有威望、有尊严、有能力、有功绩、对自己有恩惠之人。

重者是在重要岗位、拥有重大权力、对自己的前途命运有重大影响之人。重者不一定是尊者，但尊者一定是重者。但是，曾经的某些尊者到达重位之后，就把持不住自己，居功自傲，放纵自己和身边人，让尊重变味，成为掉入金钱陷阱的一员。

说你行你就行，不行也行；说你不行你就不行，行也不行的领导，绝对算得上重者，他们能一手遮天，想干啥就干啥、想咋干就咋干。他们认为官大就是尊，权大就是重。

这样胆大包天、胡作非为的领导，实际与尊无缘，其卖尊换重的做法，亵渎了尊重，不是有功有德之重，而是有罪损德之重。有尊严的人，金钱对他们无可奈何。没有尊严徒有高位重权之人，是金钱捕猎的重点对象，是这个陷阱最受欢迎的人，也是常客。

自我实现是人类需求的最高境界，是人类在生理、安全需要完全满足之后，在社交和尊重需要基本满足的前提下，才产生的需要。

按理说，达到这个层次的人，一般不缺钱，不需要钱。所以大部分到达自我实现阶段的人，漠视金钱，甚至会将自己的钱财物捐出去。故达到自我实现阶段的人，因钱犯罪极少。

个别人将自我实现的概念搞错了，误认为当了大官就是自我实现，成为"大款"就是自我实现。结果为了当大官、成为"大款"，贪财走穴，走上了犯罪道路。

人有动物本能（自然属性），也有社会属性。

私、贪、懒是人的动物属性之表现。公、廉、勤是人的社会属性之表现。不同的选择往往可以从对金钱的态度上加以分辨。

只考虑自己，不考虑他人、社会和国家谓之私；自私自利就会失去朋友、失掉尊重、失掉安全网保护、失掉生存保障，自我实现更是无从谈起。

需要大大超过可能，谓之贪；为了满足需要和欲望，可能采取非法手段、攫取不义之财的冲动就不可避免。冲动一旦失去控制或控制不足，就会酿出祸端、生出罪恶。

该付出不付出，该付出多实际付出少谓之懒。好逸恶劳、好吃懒做、等着天上掉馅饼是懒的基本表现。

自私的背后有自利的动机，有钱的祸根；贪婪的主要对象是钱财，有钱的毒苗；懒惰的后台有侥幸心理和天上掉馅饼的期盼。人的动物本能几乎离不开金钱作祟。

私、贪、懒是被放大了的动物本能，动物的私没有人类专注度高；动物之贪没有人类的胃口大；动物之懒没有人类的借口和掩饰多。

如果说生理需求和安全需求是社会底层人士犯罪的主要根源，那么，社交、尊重和自我实现需求则是社会中上层人士犯罪的重要根源。

由此可见，金钱具有最宜人、最宜事、最宜时、最宜地的特点。

人人离不开金钱，事事离不开金钱，时时离不开金钱，处处离不开金钱，这是人世间的基本规律。人在一定的时间和空间范围内办事需要钱，钱是为人办事服务的。人、事、时、地四者的核心是人，不是事，不是时，不是地，更不是钱。

事由人定、由人办。什么事该办，什么事不该办由人决策，不该办之事就不需要钱。该办之事办到什么程度、怎么办由人决定。办到中等程度用钱适中，到低等程度用钱较少，到高等程度用钱较多，道理谁都清楚。自己手中有多少钱、需要办多少事、每个事计划花多少钱，再通过计算和分配，决定某件事办到什么程度、花多少钱，这是常识。办事应当符合办事的要求和规矩，不能胡来，这是理智。

人一旦丧失理智、不按规矩行事、不懂常识、不知道取舍、分不清是非好坏，就可能被事牵着鼻子走，事又被钱牵着鼻子走。结果钱变成了事和人的主人，人变成了金钱的奴隶。

当人成为金钱的奴隶之后，金钱这匹"有奶便是娘、谁叫跟谁走"的恶狼、魔鬼，对它的奴隶就会毫不留情。

人们总骂金钱是罪恶之源。其实真正的罪恶之源是人类自己。金钱永远都是人类的工具，是人类自己先丧失理智、放弃社会属性回归动物，变恶造罪，落入金钱的陷阱。人们却把不会说话的金钱拉出来当替罪羊，将灾祸与罪恶全部推到金钱头上。

恢复人的理智和社会属性，才能认清金钱陷阱，躲开这个陷阱，填平这个陷阱，让自己和更多的亲人朋友不被其诱惑和捕获。

金钱信仰者的四大缺陷

金钱信仰者是指：信奉"有钱能使鬼推磨""金钱是万能的，没有金钱是万万不能的"，崇拜金钱、追求金钱之流。

金钱信仰者的最终目标是挣钱，生活的最高目标是成为有钱人，成为百万、千万、亿万富翁。认为能荣登福布斯财富榜、胡润财富榜就等于成功，能成为全球、全国、全省、全市、全县最有钱的人，能拥有全球最豪华的车、船、飞机，最高档的别墅、公寓，所拥有的物品都是全世界最好，就是他们自豪的源泉和骄傲的资本。

由于完全彻底相信金钱的作用和魅力，极力崇拜和羡慕有钱人的生活，敬仰金钱胜过一切，金钱信仰者的意识已被金钱牢牢控制，思想始终围着金钱转，行动的动机、目标都放在金钱和物质上，行为规范与是非标准变为是否有利于获取并拥有更多金钱及物质利益。有利则会积极主动干，无利则拒绝或逃避。

金钱信仰者至少存在以下四大缺陷：

其一，人生方向错误，人生目标低于最低目标。

人生的方向应当是向善、向上、向好，成为人人喜爱的正人君子，成为仁善之人、正直之人、诚实之人、智慧之人。成为有益于国家、民族、地区、行业、单位、家族、家庭之人。

笔者认为，人生目标可以分为三个档次。

最高档次是成为国家和民族英雄，能够名垂青史、流芳千古。

老子、孔子、孟子、汉武帝、诸葛亮、唐太宗、李白、文天祥、林则徐、毛泽东、周恩来等都属于这样的人。

中档目标是地区性、行业性永远的楷模。

鲁班、扁鹊、张骞、蔡伦、郑成功、詹天佑、鲁迅、李四光、焦裕禄、王进喜、雷锋，各省市县的历史和当代名人等，属于这种类型。

低档目标是家庭、家族的楷模。

能让家人和家族之人幸福、快乐。没有能力成为国家和民族英雄，也没有能力成为地区和行业英雄之人，最低目标应该是让家庭和家族过上幸福、快乐的生活。如果连这个最低目标也达不到，一个人来到世上与一个动物就没有什么两样。

金钱信仰者很难达到让家庭和家族幸福快乐的目标。

一切为了钱、为了一切钱之人，会将自己与其他人当成矛盾的两个对立面，就算是父母、配偶、子女也不例外。

他们经常因为钱，闹得父子反目、夫妻离婚、兄弟不和。兄弟两人为继承父母遗产，大打出手；婆媳为分配儿子的事故赔偿，闹得如同仇敌；兄弟姐妹为赡养老人相互攻击，让老人大冬天住在楼道无人过问。名义上为了多赚钱养好家，常年外出打工，不顾子女的学业，让孩子缺失父爱母爱，心灵荒芜；不关心老人身体，将未成年子女留给年迈的父母，加重老人负担。这都是以牺牲家人的幸福、快乐为代价，以赚钱为名，行不孝之实、不忠之举，不尽父母职责之事，这不是发展和稳定家庭，而是破坏家庭的不道德、不理智的做法，属于本末倒置。

方向错了，方法越正确，用力越猛，起效越快，离正确的目标却只会越远。

其二，人格扭曲，道德沦丧。

公正无私、善良、正直、诚实、有情有义、有礼有智，是人们公认的优秀人格和良好道德。

金钱信仰者以能让自己和自己的小团体获得最大物质利益为行动指南和是非标准。

十商九诈,奸商是对获利过程、获利手段的规律性总结。奸诈就是不诚实、不正直、不善良的表现,是无情、无义、无礼的表现,是投机钻营甚至违法乱纪的行为。

群居社会中,人与人之间交往频繁,相互联系非常密切,相互影响不仅广泛而且深入,只有以双赢为原则的人际关系,才能持久与和谐。

以金钱为信仰的人,其为人处事以能给自己带来最大经济利益为基本原则,不顾及他人的利益,甚至以牺牲他人利益换取自己利益为骄傲和自豪,利欲熏心、利令智昏,严重扭曲了自己的人格,破坏了社会公平公正和市场秩序。违反社会公德、职业道德、家庭美德和个人品德要求之事,在他们看来根本不值得大惊小怪,这并没有违反他们获取自己经济利益最大化的原则,表现出违背人性和社会规律的严重人格缺陷和道德缺陷。

其三,人生高度缺陷。

不想当将军的士兵不是好士兵,不想当冠军的运动员不是好运动员,不想当楷模的人永远成不了楷模。将军是士兵的楷模,冠军是运动员的楷模。

古语有云:欲得上上者得上,欲得上者得中,欲得中者得下,欲得下者得下下。

金钱信仰者追求的人生目标不是为国家和民族,也不是为地区和行业,就连最低目标为家庭和家族也不够格。

这就好比将目标定为当县长、乡长、村主任、族长、家长一样,当县长没有必要考虑市上的9万件事,管好自己的1万件事足够;当族长没有必要过问村上的900件事,管好自己家族的100件事就成;当家长没有必要考虑别人家的事,管好自己家的10件事就完成任务。

目标低了,管的事少了,考虑问题的范围、角度就会缩得很小,能力自然降低、萎缩,缩到除了有赚钱能力,其他能力皆失;关注范围变小,小到只认识钱,其他一概不关心;眼界自然变窄、变短,短到只看到眼前,看不清长远;胸怀自然变小,小到只容得下自己,容不下他人;境界自然变低，低到连小学生的觉悟也达不到。

家庭的和睦与幸福，仅仅靠金钱是永远不够的。

家长身教占90%、言传占10%是教育子女的规律性总结，身教与言传花钱买不到；孩子需要父母陪伴、鼓励与安慰，花钱也找不到替身；孩子身上存在的问题和各种不良习惯需要及时发现与纠正，花再多的钱，雇佣再高级的老师，也难以达到父母的效果。

子不教父之过，你有生孩子的权利，就有养孩子的责任，谁家的孩子谁家管，这是人间规律、国家法律，只能服从，不可违背。

一年只见一次面，何谈言传？哪来身教？何来陪伴、安慰、鼓励？怎能及时发现和纠正问题？远水解不了近渴，父母对孩子的关爱与管教，任何人也无法替代。包括金钱在内的任何东西，都无法替代父母的一句话、一次陪伴、一个微笑、一个眼神。

将对儿女的爱折算成金钱，不仅是愚蠢的，而且是十分有害的。

夫妻生活在一起的幸福，花多少钱也买不到。

给父母说说心里话、捶捶背、揉揉肩、喂一次饭、熬一次药，虽然不用花一分钱，但可以达到人生幸福的最大值。

金钱信仰者的人生高度，按照古人的标准，最大为"下下"，实际比它要低很多级。

其四，人生底线缺失。

如果人生高度是人能够达到的上限，人生底线就是人生高度的另一个方向，即人达到的下限。

历史和现实一再证明：金钱信仰者没有人生底线，其表现比动物还要动物。

由于金钱信仰者将是否有利于自己多得钱当作衡量一切人、一切事的唯一或者最主要标准，其他有关人性、道德要求的标准，仅作参考或者干脆弃用。

将毒生姜、毒大米、病死猪肉、进口变质食品卖给同胞之事屡屡发生,这些人没有底线。

拐卖妇女儿童可以赚钱,自己生的孩子卖掉能挣钱,出租自己的孩子让人带出去偷手机可以挣钱,这些人没有底线。

办事吃拿卡要可以赚钱、贪污受贿可以赚钱、偷工减料偷逃税金可以赚钱,这些符合金钱信仰者的标准,他们会主动作为。

在金钱信仰者眼中,当老实人吃亏,人善被人欺,守法遵规按制度办太麻烦,投入太大,得利太小,不干!

金钱信仰者不但冲破了法律底线,还冲破了道德底线、人性底线,或者说他们已经没有底线,才干出了许多匪夷所思之事!

信仰金钱、崇拜金钱、一切向金钱看的人醒醒吧!

金钱绝对不是万能的。

视角十四：站在会计角度看社会

■ 金钱的本质、特点及对其应有的认识

金钱，学名叫货币，是用作交易媒介、储藏价值和记账单位的一种工具，是专门在物资和服务交换中，充当等价物的特殊商品，是人们商品价值观的物质附属物和符号附属物。

货币是商品交换发展到一定阶段的产物，其本质就是一般等价物，就是一种商品。它不同于其他商品的地方在于，它具有价值尺度、流通手段、支付手段和贮藏手段职能。

哲学家西美尔在其《金钱·性别·现代生活风格》中指出："人们将货币——一种获得其他物品的纯粹手段——当成一件独立的物品，货币的整个意义作为过程，只是要向最后一个目标和享用的一系列步骤的一个环节。如果在心理上这一系列步骤中断在这一个环节上，我们对目的的意义就会停留在金钱上。"

由此可知，货币本质上就是一种工具、一种商品、一种手段、一个环节，只有在进行商品交换时它才起作用。

如果全社会的物质达到了极大的丰富，人们的思想境界达到了极高的程度，即达到马克思所描绘的"各尽所能，按需分配，没有阶级，没有剥削，没有压迫"的共产主义社会形态，货币存在的意义就会消失。

如果有人为了获得一辆汽车、一部手机、一件衣服、一枚戒指而甘愿犯罪坐牢，大家肯定会认为这个人太傻。但当有人为了另外一种工具——金钱去坐牢时，大家却不认为这个人傻，其实两者的本质是相同的。

从古到今，从中到外，人为财死、鸟为食亡的案例，从来就没有停止

过发生。"金钱是万能的，没有金钱是万万不能的"之理念在许多人的脑海中，成了颠扑不破的真理。有钱就有一切，有钱就等于成功，有钱便能使鬼推磨，在现实生活中屡试不爽。

金钱这种工具、商品、手段，诱惑力如此之大，破坏性如此之强，估计当初的发明者始料未及。如同武器、炸药等破坏性发明的发明者始料未及一样。但是，当武器禁私人拥有、炸药实行管制后，它们对社会造成的破坏，并没有想象中那么可怕。可见，人是可以控制一切工具的，就看我们是否愿意。

有控制权力和责任的人愿意控制，其他人愿意接受控制，金钱就会像其他工具一样，乖乖地听命于人，而不像脱缰的野马、失控的汽车，到处伤人害人。

要能控制住金钱，就必须对金钱的本质和特点特性有清醒的认识。只有充分了解金钱，了解控制金钱的各项制度措施给自己、给自己的子女和家人、亲戚朋友，给全社会带来的好处，了解不控制金钱可能产生的伤害和损失，大家才会自觉自愿地产生出自主控制意识。

金钱是全社会物质财富和精神财富的代表。也就是说，一个国家有多少财富，这个国家就会发行与这些财富等值的货币。超额发行货币就会产生通货膨胀，不足额则会形成通货紧缩，两者对货币价值尺度的准确性都会造成误差。

在一定时期，一个国家的财富总量基本衡定，即该国应当发行的货币总量恒定，人均货币量也基本恒定。当一部分人的财富和货币总量达到全社会平均值的100倍、1000倍、10000倍时，亿万富豪就会出现。相应地，达不到全社会平均值的社会成员增多，赤贫阶层就会大量涌现，社会公平正义的实现就会出现困难。

当个人财富超出社会平均水平过多时，超富者应当具有回报社会的意识。这不仅是善良的表现，也是一种义举，更是一种智慧的选择。自己闲置不用，是一种浪费。留给子女又很容易让子女变成只会享受不会奉献的

视角十四：站在会计角度看社会

"废物"。回馈社会会赢得更多人的感恩、尊重。当子女有困难时，获得资助者肯定会伸出援手，鼎力相助。此举对自己、对子女、对他人、对社会四方均有益。

金钱是一种价值尺度，不是衡量所有东西的唯一尺度。换句话说，只有有价值、有商品属性的东西，才可以用金钱去衡量。没有商品价值，不属于商品的东西，一概不能用金钱去衡量。

世间万物中，属于商品的东西很少，而不属于商品的东西多得简直不计其数。我们的生命、健康、思想、理想、情感、友谊、道德、道理、知识、智慧、良心、人品、修养、文化、科学等，无法用金钱衡量。艺术品等，看似有价，实则无价。用金钱衡量它们，是对它们的本质属性没有看透，是一种扭曲和不敬。情义无价、信仰无价、幸福无价、快乐无价，我们每个人都要依靠它们，追求它们。

金钱的价值尺度职能局限了人们的视野，误导了人们的价值观、人生观和世界观。

我们应当对金钱作用的有限性有清醒的认识，不能一叶障目，不能成为井底之蛙。

金钱是一种支付手段，即金钱在实际支付后才有意义。没有支付出去的金钱，仅仅属于名义上的财富，无法转化为实际财富。就像我们平常所说，花出去的钱才是自己的，没有花出去的，还不知道是谁的。

作为一种支付手段，金钱主要有三种存在价值：生存和安全的物质基础，维护人际关系的物质条件，获得自我发展机会、自我实现的物质条件。

生存和安全确实需要金钱，但金钱是基本条件之一而不是全部条件。做饭能力，干家务能力，处理家庭矛盾纠纷能力，教育子女能力，对金钱管理的能力，处理人情世故、亲友关系能力，等等，这些金钱之外的能力和态度深深影响并决定着家庭生活、邻里关系等。它们都与金钱关系不大，甚至一点关系都没有。

维护人际关系的核心，是人的兴趣爱好，金钱仅仅起辅助作用。人品不好、兴趣不相投，有再多的金钱，也难交到真朋友。获得自我发展机会、达到自我实现的核心也取决于个人素质、个人潜能，取决于一个人的能力和态度。智商不高、情商偏低的人，有再多的金钱，也难得到担当大任的机会。作为个人发展的物质基础，金钱与人品、能力、态度相比，几乎可以忽略不计。

一句话，作为支付手段，金钱能支付的范围非常有限，许多事情必须依靠金钱、感情、理智、责任等组合支付手段才可以解决。

金钱有限的使用范围和有限的作用告诉我们：对金钱的拥有也应当有限，不是钱越多越好；对金钱的使用范围应当控制，不是在任何地方、任何时候，对任何事、任何人都可以用金钱解决。正如有人所说，能用钱解决的问题，根本不算问题。真正的问题，是用钱也无法解决的。如提升情商、提高人格魅力等，必须借助于信仰、道德、理智、感情、责任、担当等第二种、第三种工具才可以解决。一把钥匙开一把锁，金钱绝不是万能的钥匙，它仅仅可以开属于自己的那把小锁。

金钱的流通手段职能是指金钱就像河水一样，在不停流动着。

每个人钱包里的百元大钞，一年之内不知道变换过多少次号码。这个月的1000元与三个月前的1000元，编号一般都不一样，这就是金钱流通职能的体现。

金钱生不带来，死不带走。这是金钱对每个人一生来说的一大流通规律。

一个人生命有限，在有生之年所需的金钱自然也有限，这就决定了每个人一生中拥有的金钱应当是有限的。在有限的生存之年，针对有限的需求，提供和赚取的金钱应当有限。

在金钱获得和拥有一定的情况下，如何控制和调整所需，如何发挥出所拥有金钱的最大效用，如何控制自己对金钱的长期占有欲望，如何规划有限资金的支付方向、额度、时间，如何合理合法地获取，等等，都是每个人一生所面临的一系列重大课题、重大难题。可惜不少人被难住了，不会答，或者答错了。有的人甚至到临终才醒悟，自己一生对金钱认识不清、被钱绑架，干出很多亏心事。

金钱的贮藏手段职能被很多人误解。

其实具有储藏价值的货币只有金属货币，如金银。纸币、其他货币根本没有储藏价值，只有储存价值，且只有存在银行才合法安全。藏在墙缝中、花盆里、柜子中的货币，会发霉变质腐烂，失去储藏价值。

金钱的本质就是工具，金钱的作用非常有限，使用范围非常有限，需求量十分有限，供应量、拥有量适合其需求量、作用和范围，才符合规律，才称得上是理智者的做法。

愿金钱崇拜者、金钱万能观持有者正确地认识、获取、使用、管理金钱。

后 记

《换个角度看会计》，原名叫《会计之桥》，意在给领导架设一座了解会计之桥，给会计打造一个了解领导之桥，让两个本来有密切联系的群体的心灵多走动，情感有互动，达到心往一处想、事能一起干，工作有推动的目的。

在写作的过程中，我不断征求会计、企业领导、政府部门领导等很多人的意见和建议。

有部分领导一听书名，就说这是想让领导学会计吧？

我说不是让领导学会计知识和会计方法，而是想让领导了解会计、理解会计，同时也让会计了解领导、理解领导。

大家认为我的想法非常好，现在社会上就缺协调会计与领导之间关系的书籍。市场上的会计书太专业，领导看不懂，没兴趣看。很多会计看问题想事情的角度太窄，只从会计专业的角度出发，根本不了解、不理解领导的意图。双方隔了两条专业鸿沟，会计乘坐财会的专列看世界，领导乘坐自己的非财会专列看世界。双方走的路线不同，看到的是不同的风景，没有交集，变成了两个阵营的人。

就像两个人在两条平行的马路上行走，相互看得见对方的身影，永远不可能握手，不可能交心，很难一起共事。

领导和朋友们的支持鼓励，给了我强大的写作动力。能成为会计与领导之间的"大媒人"，让他们借助我的桥走到一起，变成能够彼此了解理解的一家人，能同心同德想事，齐心协力干事，是我最大的愿望。

后 记

同时，因《会计之桥》容易让人产生误解，我决定把书名改为《换个角度看会计》，也就是让他人站在不同的角度去认识和了解会计，从而达到理解与支持会计的目的。另一层意思是让会计站在不同的角度去看问题，看会计历史、看会计未来、看国家、看社会、看生活、看教育、看单位、看领导。

通俗点说，就是全面换位思考，双方相向而行，达到靠近、了解和理解的目的。

本书严格说不是一本会计专业书，而是一本有关专业前期工作与后期工作的专业外延书，是进入专业前的铺垫和润滑油。就像打仗前要备好人马和粮草一样，又像高速公路建设前期要有预可研、工可研，有了工可研批复，才算正式立项。工可研的前置条件包括土地、环评、水利、文物、地震、林业等一系列手续，它们都是高速公路建设以外的工作，却是高速公路开工的必要条件。后期工作是指走出专业之后要面临的问题，比如审计问题，财政、财务、税务检查问题，投诉举报问题，等等，就像战斗结束后的战场打扫、战俘与战利品处理等，又像高速公路通车前的交工验收、通车两年内的竣工验收，要进行竣工质量检验、竣工审计、尾留工程安排、财产物资移交等。

本书是写会计环境与会计文化的专业延展内容，是填补我国会计理论空白的尝试之作，就像物理学中研究电场、磁场等物理环境一样，又像把"会计生产"向"会计供应"与"会计销售"两端延伸。

传统的会计专业书是指导"会计生产"活动的，本书则是指导"会计供应"与"会计销售"活动的，即我所指的会计环境和会计文化。

由于会计环境非常复杂，包括法治环境、制度环境、道德环境、经济环境、社会环境、文化环境、消费习惯形成的消费环境，以及外国的政治、经济、文化对中国会计环境的影响等诸多方面，我的了解研究还有待拓宽加深。

会计文化的概念更为广泛，包括会计的历史文化、地区文化、行业文化、民族文化、时代文化、单位文化等，同样是一个非常浩大的课题。

书中的文章只能当作会计环境与会计文化大厦建设中数量很少、质量一般的砖石。该大厦建设所需的四梁八柱与其他材料还需投入更大的精力去打造和搜罗。我一直在构思设计，其施工建设、建成投入使用，尚需时日。

本书在编辑出版过程中，得到了很多财会同行与非财会领域领导、朋友的大力支持和热情帮助。蒲力民、彭凡、延飞、杨慧贤、李海莹、张晓峰、董军、王一平、任政、王炳艳、石勇强、韩伟、王渊、徐秉惠、曾有全等老领导、老同事、老朋友为本书提出了很好的修改意见和建议，近十位年轻的财会同行为文章打印付出了辛劳，在此一并衷心感谢！

西北大学总会计师张增芳、西北大学出版社马来社长为本书的出版付出了极大努力，在此一并表示衷心的感谢。

作为会计类非财会专业书籍，本书是一种全新的探索和尝试。书中的不足与缺点在所难免，希望广大读者海涵并给予批评指正。我一定悉心接受，完善提高今后的作品！

史罕明
2019 年 10 月